中央编译局文库编辑委员会

主　任：贾高建
副主任：俞可平　魏海生　王学东　陈和平　杨金海
委　员：贾高建　俞可平　魏海生　王学东　陈和平　杨金海
　　　　柴方国　何增科　季正聚　郝卫东　张文成　曹荣湘
　　　　卿学民　刘明清　薛晓源

中央编译出版社文库编辑中心编辑小组

薛晓源　董　巍　苗永姝　冯　章　侯天保　李媛媛　盛菊艳
薛迎春　董　妍

中国的民主治理
理论与实践

Democratic Governance in China
Theory and Practice

主编 俞可平
副主编 何增科

国家出版基金项目
NATIONAL PUBLICATION FOUNDATION

效率政府
EFFICIENT GOVERNMENT

陈雪莲 主编

中央编译出版社
CCTP Central Compilation & Translation Press

《中国的民主治理：理论与实践》编辑委员会

主　编：俞可平
副主编：何增科
委　员：陈国权　丁元竹　龚维斌　何增科　黄卫平　姜晓萍　景跃进　蓝志勇
　　　　马　骏　米加宁　浦兴祖　王长江　王绍光　王正绪　吴建南　徐　勇
　　　　薛　澜　燕继荣　杨大利　杨光斌　杨雪冬　俞可平　余逊达　赵树凯
　　　　周光辉　朱光磊

总　序 · 俞可平 · 1
导　论　从效率政府到回应性政府 · 陈雪莲 · 1

迈向服务型政府的大部门体制改革
　　——广东省佛山市顺德区大部门体制改革案例研究 · 郭伟伟 · 3
综合配套改革试验区的大部制改革：模式与趋势
　　——广东深圳、上海浦东、天津滨海的比较研究 · 陈家喜 · 31
地方政府变革的动力机制分析
　　——对河南省三次乡镇机构改革的观察 · 张新光 · 42
湖北省咸安区乡镇行政管理体制改革 · 袁方成 · 53
行政体制改革创新
　　——以深圳市行政审批制度改革为例 · 陈雪莲 · 83
以制度创新推动地方治理转型
　　——海口市推行"三制"实践的个案分析 · 陈家刚 · 103
吉林省政府深化行政审批制度改革研究 · 张锐昕 · 130
从天津市南开区"超时默许"机制看行政审批创新 · 包雅钧 · 151

玉林市电子政务建设的发展与分析 · 龙 虎 · 164

辽宁"民心网"民意诉求反馈机制研究 · 李月军 · 174

地方政府效能建设的问题与思考
　　——以温州"效能革命"为例 · 黄相怀 · 196

政府绩效管理体制改革的制度环境和发展空间
　　——以北京市"三效一创"绩效管理体系为个案的研究 · 陈雪莲 · 230

地方政府绩效评估改革的突破与局限
　　——以杭州市"综合考评制"为个案的研究 · 陈雪莲 · 245

让民众成为政府绩效评估体系的主体
　　——"幸福江阴综合评价指标体系"的创新及其意义 · 冯 雷 · 260

参考文献 · 275

后 记 · 279

· 插图图次 ·

图1　佛山市顺德区党政机构改革示意图 · 30
图2　原有的社会系统与政治系统之间的关系
　　　（箭头的实虚分别代表输出、输入的强弱）· 181
图3　"民心网"：沟通政治系统与社会系统
　　　（箭头的实虚分别代表输出、输入的强弱）· 182
图4　2004—2012年"民心网"接受办理诉求量的变化与对比 · 185
图5　2006—2012年通过"民心网"还利于民和促进的
　　　政府公益投资金额变化趋势 · 186
图6　2007—2012年通过"民心网"投诉查处的
　　　违纪违法违规的人数变化趋势 · 188
图7　2006—2012年责任部门办理"民心网"投诉件的反馈率、
　　　及时率与满意率和优秀率变化趋势 · 190
图8　2006—2012年"民心网"参评诉求件各星级所占参评总件的
　　　比例与变化趋势 · 190
图9　北京市绩效评估指标体系构成图 · 234
图10　北京市绩效管理体系流程图 · 236
图11　杭州市综合考评流程示意图 · 250
图12　核心指标数据 · 262

· 插表表次 ·

表 1　综合考评内容一览表　· 252
表 2　领导考评的评分标准　· 254

总　序

　　尽管与社会经济迅速发展的进程和人们日益增长的需求相比，我国的政治体制还存在许多严峻的挑战，深化政治体制改革依然是一项极为紧迫的任务，但不能否认，改革开放30多年来中国的政治发展取得了重大的进步。30多年的改革开放进程，是一个包括政治生活、经济生活和文化生活在内的全方位的社会进步过程。然而，坦率地说，与人们对经济改革成就的评价不同，对政治改革的成就充满着争议。典型的争论呈两个极端：一种观点认为，中国的政治改革与经济改革一样，进步迅速，成就巨大；另一种观点则认为，与中国的经济发展不同，中国的政治发展几乎停滞不前，没有多少重大成就。海外一些专家甚至认为，不改革政治只改革经济，正是中国创造经济发展奇迹的原因所在。

　　其实，上述争论在相当程度上是因为观察问题的立场和视角不同，如果从宏观政治框架上看，那么中国的政治变迁确实很少。中共一党执政的政党体制没有变，人民代表大会和人民政协的基本制度没有变，党领导行政、立法、司法的政治格局没有变，马克思主义主导的一元化政治意识形态也没有变。然而，如果换一种视角和立场，从国家治理的角度来观察中国的政治变迁，就会发现截然不同的另一幅景象：中国的政治生活在过去30多年中也同样发生了巨大的变化。例如，从人治开始逐渐走向法治，首次确立了建设法治国家的根本目标，着手建构较为完备的法律体制，政府行为更多地受到法律的约束；从封闭政治逐渐走向透明政治，首次颁布了政务公开的法规，各级党政权力部门逐渐推行政务公开；从管制政府走向服务政府，出台一系列的措施，大幅度减少行政审批事项，同时为公民提供更多的公共服务；从高度集权走向适度分权，中央政府从财政、税收、审批等多个方面向地方政府分权，同时将更多原先政府管制的事务转交给民间组织，开始向社会分权。

毋庸讳言，国家治理更多属于工具理性的范畴。换言之，无论哪一种社会政治体制中，统治者都希望有更高的行政效率、更加稳定的社会环境、更加完善的公共服务，从而有广泛的民意基础。但是，工具理性与价值理性之间并非存在不可跨越的鸿沟，工具理性的改革通常需要价值理性的指导，而且也或迟或早会催生新的价值理性。更进一步说，国家治理的改革虽然是达到既定政治和经济目标的手段，是一种工具理性的改革，但治理改革本身必然体现着某种政治价值，而且势必导致新的政治需求。因此，我一直坚持认为，治理改革是政治改革的重要内容，甚至也是政治体制改革的组成部分。改革开放以来，中国政治生活的进步与变革，主要体现在国家治理领域和社会治理领域的改革和进步。

迄今为止，我一直是增量改革的倡导者和践行者。我在20世纪末提出了"增量民主"理论，并且在21世纪初主持发起了"中国地方政府改革创新研究与奖励计划"。在社会各界已有广泛影响力的"中国地方政府创新奖"，便是该计划的重要内容，也是以"增量民主"推动社会政治进步的一个重要尝试。从2000年开始，我与中共中央编译局比较政治与经济研究中心的同事们一道，利用"中国地方政府创新奖"这个重要平台，对过去十多年中各级政府的改革创新案例进行了搜集、整理、分析和研究，对其中的先进案例进行了奖励、宣传和推广。可以自豪地说，关于中国的民主治理改革和政府创新，我们中央编译局比较政治与经济研究中心拥有最齐全的案例数据库。我们一直希望能够通过某种方式，使我们的案例数据和研究成果能够为更多的学术同行和党政官员分享，这套丛书便是这种努力的一个重要结果。展示在读者面前的这套《中国的民主治理：理论与实践》，按主题共分十卷，分别由"中国地方政府改革创新研究与奖励计划"的骨干成员主持编选。这十卷的目录和主编依次是：《民主选举》（闫健）、《民主决策》（陈家刚）、《民主管理》（龙宁丽）、《民主监督》（何增科）、《党内民主》（靳呈伟）、《法治政府》

(李月军)、《透明政府》(刘承礼)、《效率政府》(陈雪莲)、《服务政府》(徐焕)和《社会管理创新》(周红云)。

丛书各卷的选材主要依据"中国地方政府改革创新研究与奖励计划"的案例和成果,但并非局限于此。除此之外,我们还广泛选取了在相关主题方面的经典案例和代表性研究成果。从这个意义上说,这套丛书是我国在民主治理的实践探索和理论研究方面较为重要的一个成果汇编,读者从中可以大体了解21世纪以来我国治理改革的现实进展和研究现状。所以,作为丛书的主编,我特别希望这套丛书对于党政部门的实践者来说,具有一定的借鉴意义;对于学术部门的研究者来说,则具有一定的史料价值。

俞可平

2013年端午节于京郊方圆阁

导 论

从效率政府到回应性政府

陈雪莲
(中央编译局世界发展战略研究部)

民主,可能不是所有政府都会秉持的理念或目标,但是提高有效性和回应性,是每一个现代政府都会赞成的价值取向。美国哈佛大学肯尼迪政府学院的伊莱恩·卡马克在总结世纪之交前后20年来世界各国政府创新与改革的主要内容和应该借鉴的经验与教训时提出,低成本政府、专业政府、优质政府、较少管制的政府、电子政府、廉洁和透明的政府是政府改革的历史趋势。缩减政府规模,控制政府开支,降低政府成本;改革落后的公务员管理制度打造专业的公务员队伍;引入一站式政务超市等新形式推动公共服务标准化、优质化;精简政府管制程序和内容;使用信息技术优化政府流程、提高政府决策质量;打造透明的公共部门减少腐败,这六方面的改革实际上都以提升政府效率为核心。落实到中国语境中,这些方向的改革以政府机构改革、行政审批制度改革、电子政务和绩效管理改革为主要载体和形式。

威尔逊(Woodrow Wilson)在确立行政学研究之初即提出政府需建立一套兼具效率与效能的制度,政府最重要的任务是以最少的成本、最高的效率做适当的事。如何实现最少的成本、最高的效率是行政学研究的范围，可什么是政府适当做的事？由公众决定政府适当做什么，政府的任务是回应公众的需求。这一问题追问的转向，意味着传统公共行政向现代公共管理的转变，行政理念的建构经历了从工具理性到价值理性的历史性变迁，新公共行政随之由传统的价值中立、技术理性优先转向以公正和民主为价值指向。新公共行政的价值追求是社会公平正义而不是单纯的行政效率，回应政府需求、追求公众满意度是现代行政管理区别于传统行政管理的根本性标志，现代行政管理的任务是满足顾客（公众）的需要，而不是官僚政治的需要。

  改革开放确定社会主义市场经济体制之始，我国便开始了相应转变政府职能的行政管理体制改革。这30多年的行政管理体制改革，以机构精简、转变政府职能、提高政府效能为主，后期提出增强政府绩效管理的科学性和参与性，意味着对政府回应性和责任性的关注增强，即由效率优先转向效率与回应性兼顾，这一转向赋予中国行政管理体制改革新的意义。在中央权威性公告中，相较于1984年10月20日十二届三中全会就已在《中共中央关于经济体制改革的决定》中对经济体制改革进行全面部署，直到2008年2月27日的十七届二中全会才在《关于深化行政管理体制改革的意见》中提出行政管理体制改革的指导思想、基本原则和总体目标。该《意见》系统总结了我国现行行政管理体制存在的一系列问题："政府职能转变还不到位，对微观经济运行干预过多，社会管理和公共服务仍比较薄弱；部门职责交叉、权责脱节和效率不高的问题仍比较突出；政府机构设置不尽合理，行政运行和管理制度不够健全；对行政权力的监督制约机制还不完善，滥用职权、以权谋私、贪污腐败等现象仍然存在。"本书从机构改革、行政审批制度改革、电子政务和绩效管理改革等领域内选取了自本世纪初期开始的一些创新案例，力图为解决行政管理体制中有关效率与回应性的相关问题提供可能的改革思路。在开始具体的案例之前，先看看相关议题近年来在中国的发展概况。

一、机构改革

我国的行政管理体制模式来源于苏联。政府职能按照计划经济的要求设计，内容庞杂、范围宽泛，以微观管理为主，管理方式简单化，呈现出高度集中、过度管制、单一手段、全面干预的格局。自改革开放以来，中国政府在 34 年中进行了 6 次大的政府机构改革，大致每隔五年进行一次：1982、1988、1993、1998、2003、2008 年。1982 年改革以机构精简和干部人事制度规范化为主；[1] 1988 年改革以转变政府职能和职责"三定"为主；[2] 1993 年的改革重在精兵简政以减轻财政负担；1998 年的改革提出政企分离；2003 年的改革没有对政府机构人员精简提出具体的数量指标，而是重在解决行政管理体制中存在的一些突出矛盾和问题，提出在行政审批、电子政务、政府绩效评估、决策听证、问责制等领域进行改革；2008 年的改革方案中以加快法治政府建设、规范政府行为、健全对行政权力的监督为改革重点。总的来看，历次机构改革都是为了适应经济和社会发展的需要，围绕着机构调整、职能精简展开，以实现权责配置合理、管理流程优化、效能提高为改革目标。这六轮改革也呈现出明显的发展转向：由最初的结构调整、机构精简为首，逐渐转为职能转变、体制改革为主。

2013 年，第七轮机构改革启动。《国务院机构改革和职能转变方案》中承认政府部门在职能定位、机构设置、职责分工、运行机制等方面还存在不少问题，提出新一轮机构改革将重点围绕转变职能和理顺职责关系开展。与德、法等传统欧洲国家推行机构改革时优先厘清政府职能边界的改革思路相同，机构精简不是本轮机构改革的重点。国务院正部级机构减少 4 个，副部

---

1. 政府机构由 100 个精简至 61 个，领导干部废除终身制，倡导干部"四化"。
2. 这次改革提出从 5 个方面转变政府职能，即由微观管理转向宏观管理、由直接管理转向间接管理、由部门管理转向全行业管理、由"管"字当头转向服务监督、由机关办社会转向机关后勤服务工作社会化。

级机构增减相抵数量不变。改革后的国务院组成部门为 25 个，仍然明显多于多数发达国家 14—18 个大部的设置。目前来看，第七轮机构改革方案最大的突破在于高度认识到政府职能转变的重要性和优先性。政府职能转变是行政体制改革的核心，没有职能转变为基础前提，机构改革终将沦为形式。

学术界和理论界对过去几轮机构改革成效的评价和总结，毁誉参半。赞同者认为我国的政府机构改革取得了明显的成效，一是撤销了适应计划经济体制的专业经济管理部门，调整了适应市场经济体制的政府职能定位和机构设置；二是在政企分开、政社分开方面有明显的进展，强化了政府宏观管理、市场监管和公共服务职能；三是编制法制化加强，普遍实行"三定"方案；四是政务综合管理迈出了新步伐，如 2003 年组建的商务部；五是精简了机构和人员，提高了行政效率。[1] 批评者认为我国的机构改革陷入"精简—膨胀—再精简—再膨胀"的怪圈，政府职能转变仍不到位，明显存在着越位、错位和缺位问题，例如政企不分、政事不分、政社不分的现象屡见不鲜，一些地方政府热衷于经济项目投资，片面强调 GDP 增长速度，而忽视社会的管理职能和必要的公共服务。[2]

关于下一步机构改革的思路，很多学者提出了自己的看法。2005 年，吴江在梳理前五次机构改革的历史发展脉络后，认为"理顺公共权力关系是机构改革的难点"。[3] 陈天祥在 2008 年肯定前五次改革的成果后，提出了"实行大部门制、转变政府职能以及决策、执行、监管适度分离"的改革设想。李军鹏指出，新一轮改革的方向是改变目前适应计划经济体制的小部门体制，实行市场经济条件下的大部门体制。[4] 鲍静、解亚红在将机构改革分作三个阶段的基础上，从与政治体制改革相结合、与政府职能转变相结合、与管理方

---

1. 喻匀：《继续推进我国政府机构改革——访国家行政学院副院长唐铁汉》，载《新视野》，2007 年第 1 期。
2. 周天勇：《中国行政体制改革 30 年》，上海：格致出版社 2008 年版。
3. 吴江：《我国政府机构改革的历史经验》，载《中国行政管理》，2005 年第 3 期。
4. 李军鹏：《论中国行政体制改革的总体战略》，载《新视野》，2011 年第 3 期。

式改革相结合等五个方面阐述了大部门体制的改革策略。[1] 这些改革建议打破了认为机构改革就是机构精简的认识误区。实际上，机构改革不仅仅是政府组织架构的调整，更重要的是政府运行机制的再造。政府机构设置与政府的运作效率和工作效能密切相关。

第七轮机构改革方案中提出了推动政府职能转变的十项措施，这些改革措施力图以政府职能外移、下放为基础，解决政府部门职责交叉、错位、缺位问题，最终实现各级政府职能合理复位。具体说来，力图通过深化行政审批制度改革减少政府对市场和社会的干预，引入社会力量参与社会管理，实现政府职能外移；以中央政府权力下放经济管理权限为着力点逐步实现职权下放，进而厘清各级政府职责边界；通过社会信用体系和行政问责机制建设，实现对政府机构行政权力的有效监督。但是，这十项促进职能转变的措施中，只有部分措施提出明确的政策目标和执行方案，还有不少措施尚停留于政策引导层面，缺乏制度约束力。

本书收录的4个相关案例涵盖了从乡镇机构改革到大部制改革，这些案例给我们提供的机构改革思路包括：1. 转变职能、精简职能，厘清权力边界，是机构改革的基础和关键；2. 以"结构调整"替代"机构精简"，稳步推进大部制改革，健全部门职责体系；3. 理顺政府部门间和行政层级间的行政协调机制；4. 推进包括事业单位改革、预算编制改革等相关配套改革的深入。

二、行政审批制度改革

行政审批制度改革是我国政府减少管制和转变管制方式、规范行政权力的直接体现。1997年，深圳市在全国率先实行行政审批制度改革试点，2001年10月，国务院召开行政审批制度改革工作电视电话会议，正式启动行政审

---

[1]. 鲍静、解亚红：《科学确定大部门体制改革的推进策略》，载《中国行政管理》，2008年第4期。

批制度改革工作。截至2013年3月，国务院分6批共取消和调整行政审批事项2497项，占原有总数的69.3%，各地区取消和调整的行政审批事项占原有总数的一半以上。[1] 从数量上来看，行政审批事项精简显著。但是，当前的行政审批仍然存在一些问题：1. 变相设定行政审批的现象较为严重。一些部门和地区利用"红头文件"、规章等，以登记、备案、年检、监制、认定、审定以及准销证、准运证等形式，变相设置审批事项；2. 对非行政许可审批项目，管理不规范，随意性大。部分本来属于行政许可的审批项目被纳入非行政许可审批项目范围保留下来，规避了《行政许可法》的约束。[2]

此外，审批制度改革的根本不在于数字上精简了多少审批项目，而是在于整个行政管理体制与观念的真正转换，在于政府的职能定位与角色转换，政府只有真正地放权，真正地实现"小政府、大社会"，审批制度改革才谈得上真正有效。本书"行政审批制度改革"部分中收录的4个案例，有初期以精简行政审批事项为主的深圳和海口经验，也有转变政府管制方式、完善政府审批服务的吉林和天津经验，行政审批制度改革不能止步于审批事项精简、审批方式转变本身，更重要的是要以实现服务型的社会管理和经济宏观调控，减少政府对日常经济活动的不当干预，最大限度地减少政府部门对事权的重叠配置，理顺政府行政程序，才可能最终实现符合善治理念的现代公共行政体制。

但是，正如徐湘林教授指出的，行政审批制度改革的体制性制约是由我国传统行政执行体制的一些主要特征决定的。传统执行体制的首要特征是集权主义结构下的管制型政府行政建构。在集权主义结构下，政府作为国家意志执行机构具有超强制性地位，政府的主要职能是对社会进行指导和管制，社会则屈从于政府，政府行政权力凌驾于社会权利之上，政府的权力、职能

---

1. 十二届全国人大一次会议，《2013年政府工作报告》。
2. 应松年：《行政审批制度改革：反思与创新》，载《人民论坛·学术前沿》，2012年第3期。

和规模不受或很少受到立法机构和社会的制约。在我国向社会主义市场经济转型的过程中,这种管制型行政建构很容易造成行政权力的滥用和行政权力的经济化运行。审批事项过多过滥,审批程序复杂,环节多、时限长,一些行政部门利用审批乱收费,千方百计地"找事"、"争权",把审批作为增加部门权力和利益的一种手段,造成审批过程中权力部门化、部门利益化、利益法制化的现象严重,这些都是行政权力滥用和经济化运行的结果。而管制型政府权力过大而且职权范围不清晰,缺乏有效的外部和内部监督控制,行政执行体制的非制度化和非法治化,则是造成行政权力的滥用和经济化运行的主要原因。[1]因此,深化行政审批制度改革不仅需要进一步取消和调整行政审批项目,推进行政审批规范化建设,健全行政审批服务体系,还需要加快推进事业单位改革和社会组织管理改革,发挥社会组织的市场和社会监管主体的作用。

三、电子政务

信息时代不但改变了社会的私人领域,也改变了公共部门。联合国经济社会理事会(UNDESA)将电子政务定义为,政府通过信息通信技术手段的密集性和战略性应用组织公共管理的方式,旨在提高效率、增强政府的透明度、改善财政约束、改进公共政策的质量和决策的科学性,建立良好的政府之间、政府与社会、社区以及政府与公民之间的关系,提高公共服务的质量,赢得广泛的社会参与度。按照这个定义,联合国经济社会理事会每两年进行一次"全球电子政务调查"(Global E-Government Survey),该调查结果主要体现为电子政务发展指数。2012 年,中国电子政务发展指数排在 191 个国家中的第 78 位,比 2010 年的第 72 位下降了 6 位。另一方面,中国的官方数字显

---

1. 徐湘林:《行政审批制度改革的体制制约与制度创新》,载《国家行政学院学报》,2002 年第 6 期。

示，截至2011年底，中央和省级政府网站普及率已达到100%，地、市级达到99.1%，区、县级超过85%；全国县级以上的行政服务大厅100%实现了信息化支撑。中央部委核心业务信息化总体覆盖率达50%。其中，2002年以来中央投资建设了"金财"、"金审"、"金盾"、"金保"、"金农"等40多项电子政务工程项目。海关、税务、公安、国土、社保等有"金"字工程支撑的重点领域核心业务信息化覆盖率达90%。中国电子政务在国际排名上的较落后地位与国内数据上的显著成绩有较大差距，这一方面是因为电子政务是全球各个政府的发展重点，各个国家的电子政务发展速度都很快，另一方面是对电子政务内涵理解的差异。

电子政务不只是政府信息的网络介绍或者是网上办事大厅，电子政务的核心功能可以实现降低政府成本、加强公民对政府的信息输入、改善政府决策质量、提高政府透明度并抑制腐败。辽宁省"民心网"案例体现出可以通过网络等技术手段扩大社会参与、密切政府与公民之间的联系，进而提高决策质量和公共服务质量，实现机制上的转化，最终推动制度性的变革——电子政务在这一层面上的效果和意义一直没有得到充分的重视和认可。而这将是中国未来电子政务的发展方向。

四、政府绩效评估与管理

政府绩效评估的传统工作模式是"组织掌控、内部实施"——上级对下级评估为主，政府自评为辅，公众评估缺失。这种管理模式导致政府工作仅向上负责，对公众的回应性和责任性不足，随着社会的发展，公众对政府管理与服务的质量、效率和公正性等要求不断提高，以"向上"负责制为基础的传统行政管理模式破坏了公众对政府的信任和支持。传统工作模式中考核标准不明确和考核程序、考核结果不透明等问题也严重影响政府工作人员的责任感和效能感。自20世纪80年代以来，绩效理念随着新公共管理运动的兴起逐步受到世界各国尤其是发达国家的普遍重视，并得以广泛应用。从90年代开始，我国一些地方政府和行政部门结合实际，引入现代绩效评估的理念、方法和技术，开展了政府绩效评估实践。经过近20年的发展，绩效考评以各种形式在各级政府中得到运用和推广。中央政府总结各地经验，于2005年明确提出要建立科学的政府绩效评估体系。[1]提高绩效水平是每一个现代政府不可回避的任务，要提高绩效，除了需要了解和评估政府及其部门现有绩效水平，应用科学的方法、标准和程序，对政府及其部门的运行过程、工作业绩作出尽可能准确的评价之外，还需要运用绩效评估的结果优化政府管理流程，后者是绩效评估的意义所在。从建立和完善政府绩效评估机制到推行政府绩效管理，是近年来中国行政改革的重要组成部分。2008年，中央政府在深化行政管理体制改革方案中明确"建立科学合理的政府绩效评估指标体系和评估机制"的目标，要求"推行政府绩效管理制度"。[2]

绩效理念运用于中国政府管理的雏形是80年代中期开始的"目标责任制"和"效能监察"，这一阶段的"目标管理"以"首长目标责任制"为主要形式，而不是系统评估组织绩效状况；"效能监察"的内容是纪检监察部门对党政机关和国有企事业单位管理和经营中的效率、效果、效益、质量等进行监督检查，重在为经济建设服务。随着行政理念和行政环境的变化，进入90年代，各级地方政府开始重视行政效率、服务质量和群众满意度等指标，积极探索形式多样的政府绩效评估机制，积累了诸多绩效评估的技术和经验。本书有关"政府绩效评估与管理"的4个案例中包括初期以单纯提升政府绩效为目的的效能改革，也包括重视公共参与、注重绩效结果运用、以提升民众幸福感为目标的绩效评估与管理模式。浙江杭州和江苏江阴的案例充分展示了效率政府建设由效率优先转向增强政府对公众需求的回应性。

---

1. 十届全国人大三次会议，《2005年政府工作报告》。
2. 中共中央十七届二中全会，《关于深化行政管理体制改革的意见》，2008年。

与传统政府管理机制相比,绩效导向的政府管理机制强调"效率、效益、公平、成本",为了实现这些目标,绩效管理体系的设计和实施至少需要遵循三个基本原则:第一,增值产出原则,注重成本控制,强调"投入—产出"比;第二,结果导向,变注重程序到侧重结果;第三,公民导向,变向上负责到向下负责。以这些目标为标准,我们可以发现在全国范围内的绩效评估与管理实践[1]中或多或少存在着一个尚未解决的根本问题:重技术环节、评估环节,轻绩效评估结果的运用。绩效评估结果运用是否科学化、规范化、制度化是从推行绩效评估深化到建立绩效管理机制的根本标志。

从世界范围内来看,绩效管理是新公共管理改革运动中的一项重要内容,起源于英、美等行政程序和法律法规已相对成熟的发达国家。在这些国家里,公共管理改革的任务是提升政府管理能力、改善政府管理绩效,绩效管理改革对于他们来说,是一个单纯的公共行政议题。而在中国的行政环境下,实施绩效管理不仅是一种管理工具的革新,更意味着行政理念和制度模式的转变。建立绩效导向的政府管理机制,需要同时解决好三个方面的问题。

首先,明确政府绩效管理的价值取向。政府的任务是提供公共产品,公共产品必须由消费者——公众来评价,所以,评价政府行为的基本标准该是从公众需求出发,为公众提供安全、秩序、正义、自由和福利等核心公共产品;[2]以绩效为导向改善政府管理流程的目标应该是提高政府管理能力、扩大公众参与、实现财富增长、保障社会分配公平。因而,政府绩效管理的基本价值取向可以确定为以实现增长、公平、民主、稳定为目标。增长主要是经济增长和民众物质利益的普遍提高,公平是指财富和社会福利的分配公平,

---

1. 如第三方评价政府绩效的"甘肃模式"、实施目标绩效管理的"青岛模式"、"万人评政府"的南京模式、"综合考评"的杭州模式等。
2. 阿尔蒙德:《比较政治学:体系、过程和政策》,曹沛霖等译,上海:上海译文出版社1987年版,第458—460页。

民主是指个人基本权利和自由得到体现和保护，稳定是公共秩序的良性维持和社会安全的实现。

其次，科学界定政府绩效评估的内容。由于政府职能在不同层次、不同地区和不同部门差异较大，而且政策目标具有多元性，或与政治相关、或与管理效率相关、或与政府责任相关，是极其复杂、模糊甚至是相互冲突的，要把这些法定的职能和目标转化成具体的、清晰的、量化的、广为接受的、可考核的目标难度不小。实现绩效管理的前提是对政府工作的内容和领域应该有清晰的界定。随着政府工作重心的调整，绩效评估的重点也应该随之发生变化。当前阶段，政府的工作重心是提供公共服务、维护社会安全、保障社会公平与正义。因此，政府绩效评估指标的设计除了要考评出政府社会管理能力，更应强调政府提供公共服务的能力和质量。

第三，在政府绩效管理流程中的绩效评估和绩效监督环节扩大公共参与。由于政府部门主要是通过公共财政资源的支持，向社会提供公共物品和公共服务的部门，而公共物品和公共服务的非营利性和公共垄断性导致政府工作的效益体现具有一定的滞后性。与此同时，政府与公众之间的信息不对称性，使得公众获取准确政府绩效信息的难度较大。因此，如何将打造"透明政府"和"绩效政府"有机整合，在评估指标体系中提高公民评估的权重，设置制度化平台吸引和方便公众监督政绩效，是个很大的议题。一些地方政府已经在探索利用电子政务平台扩大公众获取信息的渠道，从而提供公众评价的准确性和效率。

当绩效管理改革触及如何扩大公共参与、提升政府回应性的问题时，我们的效率政府建设也实现了从传统公共行政向现代公共管理的理念转变。2008年《关于深化行政管理体制改革的意见》中提出，深化行政管理体制改革的总体目标是到2020年建立起比较完善的中国特色社会主义行政管理体制。通过改革，实现政府职能向创造良好发展环境、提供优质公共服务、维护社会公平正义的根本转变，实现政府组织机构及人员编制向科学化、规范化、法制化的根本转变，实现行政运行机制和政府管理方式向规范有序、公开透明、便民高效的根本转变，建设人民满意的政府。以上述要求为标准，秉持建设高效、较少管制、较高回应性政府的现代公共管理理念，我国的效率政府建设还有许多方面亟待完善。

迈向服务型政府的大部门体制改革

——广东省佛山市顺德区大部门体制改革案例研究[*]

郭伟伟

（中央编译局世界发展战略研究部）

  实行大部制是市场经济发展成熟的西方发达国家率先探索并普遍采用的一种政府管理模式。受20世纪70年代末80年代初以公共部门的改革为重点的新公共管理运动的影响，世界主要发达国家和地区的政府一般都建立起大部制。美国、英国、法国、澳大利亚、新西兰等国从中央（联邦）政府到地方政府一般都设置15—20个部门。其中最早实行大部制的英国，中央政府机构有19个，美国有15个，法国有15个，俄罗斯有16个，日本仅有12个省厅，瑞典仅设10个部门。州（省）一级设置15个左右，郡（县）一级设置10个左右。

  比较而言，我国政府机构设置明显偏多，形成于计划经济时代的职能分

---

[*] 2011年11月23日到11月25日，第六届"中国地方政府创新奖"调研组郭伟伟、陈文、徐晓全一行3人，对广东省机构编制委员会办公室申报的"顺德区大部门体制改革"项目进行了实地考察。调研组先后在佛山市顺德区参加了项目执行者座谈会、项目受益者座谈会，在广州市参加了项目发起者和专家学者座谈会，并实地参观了顺德区行政服务中心、顺德区委区政府，以及查阅了相关档案、文件等资料。在此对广东省机构编制委员会办公室行政管理体制改革处对本次调研给予的大力支持表示衷心的感谢。

散、部门多且"小而全"、上下同构、条块分割的政府机构设置和职能配置模式，随着市场经济的不断深化越来越成为阻碍经济社会发展的体制性障碍。

2006年党的十六届六中全会通过的《中共中央关于构建社会主义和谐社会若干重大问题的决定》指出，"建设服务型政府，强化社会管理和公共服务职能"，这是第一次在党的文件中提出建设服务型政府的主张。2007年党的十七大报告明确提出，"加大机构整合力度，探索实行职能有机统一的大部门体制"[1]，表明党通过探索职能有机统一的大部制来实现建设服务型政府的目标。2008年党的十七届二中全会通过的《关于深化行政管理体制改革的意见》提出，"按照精简、统一、效能的原则和决策权、执行权、监督权既相互制约又相互协调的要求，紧紧围绕职能转变和理顺职责关系，进一步优化政府组织结构，规范机构设置，探索实行职能有机统一的大部门体制。"[2]2008年中共中央、国务院《关于地方政府机构改革的意见》指出，"各地要结合实际，积极探索实行职能有机统一的大部门体制"[3]。两个文件的出台进一步为我国未来的政治改革勾画了蓝图，从此拉开了以转变政府职能为核心、以大部门体制改革为重点、以建设服务型政府为目标的新一轮政府机构改革的序幕。

2008年，《国务院机构改革方案》实施，以加强政府宏观调控能力、理顺政府部门职责关系、强化社会管理和公共服务为重点，国务院组成部门调整为27个，中央政府基本建立起了大部制。

大部门体制改革的探索和推行，需要中央统一部署和率先垂范，同时也鼓励各级地方政府的积极探索和创新。从2000年开始，重庆市以及湖北省随州市、四川省成都市、浙江省富阳市等已经进行了类似"大部制"改革的试点。[4]

---

1. 中共十七大报告：《高举中国特色社会主义伟大旗帜　为夺取全面建设小康社会新胜利而奋斗》，北京：人民出版社2007年版。
2. 《关于深化行政管理体制改革的意见》，2008年2月27日中共十七届二中全会通过。
3. 《关于地方政府机构改革的意见》，中共中央、国务院2008年8月20日发布。
4. 史卫民：《"政策主导型"的渐进式改革——改革开放以来中国政治发展的因素分析》，北京：中国社会科学出版社2011年版，第106页。

广东省的大部制改革在深圳市、佛山市顺德区率先启动。2009年3月，广东省委省政府根据中共中央《关于深化行政管理体制改革的意见》精神，出台了《关于深圳等地深化行政管理体制改革先行先试的意见》，明确要求："深圳市和佛山市顺德区要着力全面创新行政管理体制，系统推进各领域的体制改革，在建立职能有机统一的大部门体制改革方面迈出更大步伐"。2009年9月，顺德区作为广东改革的"标兵"，根据党中央和广东省委省政府的有关部署进行了新一轮全方位、宽幅度、深层次的行政管理体制改革和创新，其力度之大、创新之多、效果之佳引起了社会各界的广泛关注，被称为"石破天惊"之举。在2012年1月8日第六届"中国地方政府创新奖"评选中，"顺德大部门体制改革"得到了评审专家的高度认可，从全国入围的25个参评项目里脱颖而出，荣登第六届"中国地方政府创新奖"优胜奖榜首。本文力图对顺德区大部门体制改革的背景和动因、做法和创新、成效和影响、存在的问题、经验和启示进行总结性分析，并从全国改革全局视域中思考顺德区乃至广东改革在全国改革中的重要意义。

一、顺德区大部门体制改革的背景和动因

（一）顺德区具有良好的改革基础

改革开放以来，顺德一直是广东乃至全国改革先行先试的探路者，曾先后开展了1992年以产权改革为核心的综合改革和1999年以现代化建设为核心的综合改革。2008年11月，在改革开放实施30周年之际，在全国新一轮深化地方政府机构改革启动之时，顺德区被广东省委省政府列为"科学发展、先行先试"的地区，又一次站到了改革开放的最前沿。

1992年3月，顺德区被广东省委省政府列为全省综合改革试点单位，顺德区开展了以产权改革为核心，包括行政体制改革、农村管理体制改

革、社会保障制度改革、城市综合执行执法改革等在内的综合改革,[1]目标是建立一个适应社会主义市场经济发展需要的行政体制。通过改革,顺德区初步建立了与社会主义市场经济体制相适应的行政管理体制,最大限度地释放了生产力,一大批大企业崛起,逐步形成了具有顺德特色的"本土经济",奠定了顺德区此后经济快速发展的基础。此外,1992年的综合改革,顺德区已经在政府职能转变和建立大部门体制方面进行了有效探索,56个党政部门合并为28个,试行党政合署办公,建立起四位一体的决策机制,具备了大部制雏形,为新时期探索大部门体制改革积累了宝贵经验。

1999年7月,顺德被广东省委省政府确定为率先基本实现现代化的试点单位,要求顺德用6年时间,即从1999年到2005年,率先基本实现社会主义现代化。改革的目标是在经济发展、体制创新、城市化水平、生活条件和国际化程度等方面稳步推进。顺德启动了以现代化建设为核心的综合改革并取得了巨大成就,2000—2003年顺德连续4年位列全国县域经济百强之首;2005年实现生产总值849.62亿元,比2000年增长1.2倍;[2]2006年成为中国首个产值超千亿的县级经济体。改革取得的经济成就为顺德继续深化改革提供了强大的物质基础。

2008年9月,在全国上下贯彻落实科学发展观之际,顺德被广东省委省政府确定为全省深入学习实践科学发展观活动的县(市、区)试点单位。顺德肩负起了新的改革使命:努力成为城乡经济社会发展一体化的示范区,现代产业体系参与全球竞争的先锋队,科学发展综合改革的试验区,珠三角一体化发展的参与者,探索科学发展模式的排头兵。同时要为其他地方建立完善社会主义市场经济体制探索新路子,为各地贯彻落实科学发展观提供有益

---

1. 《大部制改革:"顺德区模式"探出一条路》,载《广东省大部门体制改革——探索和实践》,广东省机构编制委员会办公室2011年11月编,第245页。
2. 同上,第246页。

经验。[1] 新的改革使命为顺德开启新一轮改革提供了强有力的政策支持。

总之，无论是过去的改革传统及其积累的经验，还是经济发展带来的强大物质基础，以及新时期赋予顺德的新改革使命及政策支持，都给顺德进一步推进改革提供了得天独厚的资源和奠定了良好的改革基础。

（二）市场经济的深入发展倒逼顺德区开启新一轮行政改革

行政体制作为政治体制的重要组成部分，应与经济体制相适应。行政体制改革是深化经济体制改革的必然选择。邓小平曾反复强调政治体制改革对于经济体制改革的重要性。"政治体制改革同经济体制改革应该相互依赖，相互配合。只搞经济体制改革，不搞政治体制改革，经济体制改革也搞不通。"[2]"我们提出改革时，就包括政治体制改革。现在经济体制改革每前进一步，都深深感到政治体制改革的必要性。不改革政治体制，就不能保障经济体制改革的成果，不能使经济体制改革继续前进，就会阻碍生产力的发展，阻碍四个现代化的实现。"[3] 社会主义市场经济的深入发展要求建立与之相适应的行政体制。顺德区1992年、1999年的综合改革是适应建设社会主义市场经济和社会主义现代化建设的需要，顺德区大部门体制改革同样是市场经济深入发展倒逼的结果，是完善社会主义市场经济体制的必然选择。

进入新世纪以来，我国传统的发展模式遇到了挑战。作为经济发达城市的顺德区，率先遇到了一系列深层次矛盾和问题，新旧矛盾相互交织，体制越来越不适应经济发展的需要，并成为制约未来经济社会发展的瓶颈。在新的节点上探索继续发展的空间和动力，成为摆在顺德面前的迫切问题。

---

1. 《大部制改革："顺德区模式"探出一条路》，载《广东省大部门体制改革——探索和实践》，广东省机构编制委员会办公室2011年11月编，第243页。
2. 《邓小平文选》（第三卷），北京：人民出版社1992年版，第164页。
3. 同上，第176页。

市场经济体制要求发挥市场在资源配置中的基础作用。尽管顺德为适应经济体制改革进行了多轮行政体制改革，但传统的行政体制并没有完全改变，政府作为全能政府、管制政府的性质没有改变，现有行政体制呈现出诸多弊端：政府部门机构过多，形成职能交叉、权责脱节，既造成部门之间推诿扯皮，又导致政出多门，削弱了政府的决策职能，并导致了管理低效。特别是政府职能在社会公平方面缺位，在市场管理方面越位，同时又存在政府参与市场运作的错位现象。政府部门职能配置状况已经不适应经济社会发展和市场经济体制的需要，政府机构改革相对滞后、机构设置过细导致了一系列弊端的产生，从而难以实现经济发展方式由政府主导向市场主导转变，难以发挥市场在资源配置中的基础作用。另外，在市场经济中不断壮大的公民社会对于建立高效、廉洁、服务型政府的要求和呼声，也给顺德区行政体制带来了改革压力。

　　由此可见，市场经济发展对顺德区行政体制形成倒逼压力，顺德区迫切需要转变政府职能，由"重管理、轻服务"的管制型政府向"公民本位、社会本位"的服务型政府转变。因此，改革行政体制，转变政府职能，建设服务型政府，为社会、市场、公民提供优质服务，促进社会和谐，推动经济良性发展，维护人民群众的根本利益，成为市场经济体制不断深化和现代化建设快速发展给顺德区行政体制提出的改革要求。

　　总之，顺德区历次综合改革为行政改革积累了宝贵经验，良好的经济社会发展情况为行政改革提供了强大的物质基础，新的改革使命为行政改革提供了强有力的政策支持。广东省委书记汪洋曾用"三个最"对顺德区作了精辟概括："传统的发展模式遇到的挑战，在顺德最早；破解发展难题的能力，顺德最强；实现科学发展的影响，顺德最大"[1]。在得天独厚的改革基础上，

---

1. 《大部制改革："顺德区模式"探出一条路》，载《广东省大部门体制改革——探索和实践》，广东省机构编制委员会办公室2011年11月编，第243页。

市场经济的深入发展倒逼顺德区开启新一轮的行政改革，从而破解发展中遇到的新问题和继续在科学发展中发挥先行先试的作用。

二、顺德区大部门体制改革的主要做法和创新

市场经济发达国家的政府一般发挥经济调节、宏观调控、市场监督、社会管理和公共服务的职能，并且是通过理顺政府职能、实行大部门体制来实现的。在广泛借鉴发达国家经验的基础上，2009年9月16日，《顺德区党政机构改革方案》实施，顺德区大部门体制改革正式拉开帷幕。改革方案一经推出，因改革力度之大、创新之多，受到社会广泛关注。具体来说，顺德区大部门体制改革的主要做法和创新如下：

（一）合理界定和切实转变政府职能，建立职能有机统一的大部门体制

职能整合是部门有机统一的基础，大部门体制改革的核心是合理界定和切实转变政府职能。顺德区按照"改善经济调节、严格市场监管、加强社会管理、注重公共服务"的职能定位，将机构职能分为"政务管理、经济调节与市场监管、社会管理与公共服务"三大类型，根据"职能配置科学合理、机构设置精干、权责明确清晰"的原则，对原有党政机构中职责相同、相近、相关的部门进行合并和有机整合。

第一，部门同类项合并。顺德区对党政部门进行全面重组，原来的41个机构被一次性重组为16个。其中政府部门由29个缩减为10个，精简机构近2/3。6个党委机构全部与相应政府机构合署办公。通过部门同类项合并，顺德区建立起职能有机统一的党政组织架构。例如，顺德区将区委统一战线工作部、区外事侨务局、民族宗教事务局、工商业联合会机关的职责，区残疾人联合会机关除残疾人就业培训以外的职责，区农业局管理农村集体经济组

织的职责，区民政局双拥优抚、基层政权建设、民间组织管理的职责，整合划入区委社会工作部。区委社会工作部与区民政宗教与外事侨务局合署办公。[1]

第二，职能同类项合并。顺德区对分散在各个部门的相同、相近、相关的机构职能进行同类项调整、合并和重组，原来一个部门的职能往往被分置到多个部门，一个大部门又囊括了相同、相近、相关领域的所有职能，形成了职能有机统一的大规划、大经济、大建设、大监管、大文化、大保障的大部门格局。同时，在机构整合过程中采取职能不随原部门走的原则，避免机构和职能简单机械"物理组合"易导致的旧体制复归问题，从而确保职能有机统一。例如，顺德区将佛山市顺德区工商行政管理局、质量技术监督局、区安全生产监督管理局的职责，区卫生局的食品安全卫生许可和餐饮业、食堂等消费环节食品安全监管职责，区文体广电新闻出版局的文体许可及文化综合执法职责，区农业局的农业市场管理职责，整合划入市场安全监管局。[2]

第三，内设机构和人员同类项合并。顺德区整合部门内部职能和机构，组建大科室，将原来各部门文秘、综合、纪检监察、党务、执法机构以及职能相近的内设机构进行合并，以及从事同类工作和相同专业的人员也相应整合，实现内设机构与人员职能的有机统一。

第四，垂直管理变属地管理。为实现通过职能同类项合并建立真正的大部门体制，顺德区将设在县级的省和市以下垂直管理机构，由垂直管理调整为属地管理。除了国税、海关、检验检疫等职能部门继续由省和市垂直管理之外，工商、地税、质监、药监、公安、国土、规划、社保、气象局9个部门均划归顺德区地方政府管理，纳入相应的大部门，通过理顺"条"与"块"关系，实现了职能有机统一。例如，佛山市顺德区气象局由垂直

---

1. 《佛山市顺德区党政机构改革方案》，载《广东省大部门体制改革——探索和实践》，广东省机构编制委员会办公室2011年11月编，第50页。
2. 同上，第52页。

管理调整为顺德区政府管理，挂区地震办公室牌子，归口区环境运输和城市管理局联系；佛山市规划局顺德区分局归口新组建的区发展规划和统计局管理等。

从顺德区机构整合的方式和力度可以看出，顺德区大部制改革不是机构和人员的简单合并，更不是部门权力的片面集中，而是以转变政府职能为核心，对机构、职能、编制、人员和运行机制进行重新整合，按照权责一致的原则优化权责和资源配置，重视调整后的部门内部的职能、权责的科学、合理配置，形成新的组织结构和工作格局，以保证实现政府部门职能的有机统一。改革的主要任务是推动政府职能由以经济建设为主，向创造良好发展环境、提供优质服务、维护社会公平正义转变；由以提供经济性公共物品为主，向以提供经济性公共物品和社会性公共物品转变；由以政府管理为主，向以吸纳社会全面参与的公共治理转变。[1] 因此，顺德区大部门体制改革以转变政府职能为核心，建立的是职能有机统一的大部门体制，其目标是实现政府职能向服务型政府的转变。

（二）通过党政合署办公实现党政联动，强化党的执政能力和政府的执行力

新中国成立之后按照苏联模式建立了党政部门归口管理制度。党的一元化领导和归口管理制度造成的"条条关系"、党政不分等带来了诸多弊端。自从1987年党的十三大报告提出党政分开以来，党政分开还是党政合一成为长期存在争论的重大理论与实践问题，党政分开也被普遍认为是中国政治体制改革的突破口。

---

1. 《佛山市顺德区党政机构改革方案》，载《广东省大部门体制改革——探索和实践》，广东省机构编制委员会办公室2011年11月编，第49页。

效率政府
Efficient Government

顺德区大部门体制改革统筹党委、政府机构设置，对党政机构有同类项的职能进行合并，党委不设置与政府对口的部门，通过党政合署办公的形式避免机构的重复设置和职能的交叉。调整后的6个党委部门与相应政府部门全部合署办公。即党委办与政府办合署办公；组织部与人事局以及编制办合署办公；宣传部和文体广电新闻出版局合署办公；社会工作部和统战部、工会、共青团、妇联、残联等合署办公；民族宗教和外事侨务局同侨联合署办公；政法委员会和司法局合署办公。[1] 通过党政部门合署办公实现了党政联动和党政合一。

事实上，党政合一在顺德区并不新鲜。早在1992年的综合改革中，顺德区就把党委、政府的同类职能机构进行合并设置，把党委办和政府办，纪检委和监察局，组织部、机关党委和人事局、老干部局等合并在一起，实行合署办公，并且纪委与监察局合署办公目前已经在全国推广。而此次大部门体制改革实现了所有党政部门合署办公，建立起完全的党政合一政府组织架构，显然突破了原来党政分开的传统观念。

党政分开是针对改革开放前党政不分的弊端进行的改革，但在实际的运行中却是党委和政府各设一套机构，经常相互重叠交叉，导致重复行政、人员庞杂、权责不清，不利于资源整合和行政效率的提高。顺德区以是否有利于解决实际问题为设置机构的标准。时任区委书记刘海指出，"在基层最关键的就是要解决问题，这是我们的出发点"[2]。顺德区把所有党政系统中职责相同的机构合并及合署办公，目的是改善以往党政机构重叠问题，形成职能配置科学合理、机构设置综合精干、权责明确清晰的党政组织架构。对此，许多专家学者给予了充分肯定。国家行政学院许耀桐教授认为，党政合一"创

---

1. 《佛山市顺德区党政机构改革方案》，载《广东省大部门体制改革——探索和实践》，广东省机构编制委员会办公室2011年11月编，第49—50页。
2. 《顺德区大部制改革"石破天惊"》，载《广东省大部门体制改革——探索和实践》，广东省机构编制委员会办公室2011年11月编，第220页。

新性地实现了'党政同心、目标同向、工作同步'的三同要求。这样的合署办公开创了党政'同心共治'的新型管理模式,即'党政同体、同心共治'"[1]。新加坡国立大学郑永年教授认为:"党政合一在提高效率的同时可以把这一级政府的行政责任制(政府方面)和政治责任制(党方面)有机统一起来。从长远来看,这种体制比较有利于一个对社会负责的清廉政府出现"[2]。中国人民大学任剑涛教授认为,党政联动"正是中国行政体制改革更深层次的地方。因为真正的决策在党委,政府在某种程度上是执行。因此只有党政联动,才能切中行政体制改革中最关键的问题"[3]。由此可见,顺德区大部门体制改革通过切中政治体制改革要害的党政联动来强化党的执政能力和政府的执行力,以实现提高政府行政效率和建设服务型政府的目标。

(三)建立决策权、执行权、监督权相互制约又相互协调的权力结构和行政运行机制

顺德区大部门体制改革的创新之处还体现在完善四位一体的区重大决策联席会议机制上。早在1992年的综合改革中,顺德区已建立起四位一体的联席会议制度。本次改革按照"决策民主化和扁平化,执行集中化和统一化,监督外部化和独立化"的原则,在完善联席会议制度的基础上建立党政决策权、执行权、监督权既分工明晰又统一协调的高效运行新机制。

第一,决策民主化和扁平化。顺德区全局性重大决策集中由四位一体的区联席会议行使。联席会议由区委常委、区人大常委会主任、区政府正副区

---

1. 许耀桐:《顺德区机构改革:新坐标与新亮点》,载《上海行政学院学报》,2010年第5期。
2. 《郑永年把脉广东发展 解读深圳顺德区行政改革》,原载《南方日报》2009年11月2日,转引自《广东省大部门体制改革——探索和实践》,广东省机构编制委员会办公室2011年11月编,第313页。
3. 《顺德区"大部制"专家很震撼》,载《广东省大部门体制改革——探索和实践》,广东省机构编制委员会办公室2011年11月编,第305页。

长、区政协主席以及新增设的担任大部门首长的区政务委员组成。调整后的每个大部门都在联席会议中拥有发言权,最大限度地实现决策民主化。同时,组建区委决策咨询和政策研究委员会,强化决策的民意咨询和专家论证,反映民意和吸纳民智,辅助区联席会议决策。另外,区联席会议的决策直接由大部门执行,减少了过去区领导分管和副秘书长协调两个环节,实现了行政层次上的扁平化。原来的"区委书记、区长—副区长—副秘书长—业务部门科局长—下辖科室"的五层行政管理机制,变为"区委书记、区长—业务部门科局长—下辖科室"三层行政管理体制。

第二,执行集中化和统一化。顺德区各个大部门集中统一执行联席会议的决策,并实行部门首长负责制。顺德区根据县级政府偏重执行而非决策的特点,党政大部门首长分别由区委常委、副区长和新设立的区政务委员兼任,区领导走上一线抓区委、区政府决策的执行并直接负责,从而把党政副职逼入了第一线,实现了行政决策执行的集中化和统一化。

第三,监督外部化和独立化。顺德区通过外移监督权改变以往同体监督的单一模式。一是对政务监察和审计职能进行整合,由新组建的区纪委(政务监察和审计局)向各局派驻纪检(政务监察)机构或专职人员,负责对所驻部门进行纪律和政务绩效监督,解决纪委"有权力缺技术"和审计部门"有技术缺权力"问题。二是强化人大、政协、新闻媒体监督和社会监督,健全以党政领导、大部门首长为重点对象的行政问责制。

通过以上措施,顺德区在党政联动的大部门体制框架内,初步形成了决策权、执行权、监督权既相互制约又相互协调的权力结构和行政运行机制。

总之,顺德区大部门体制改革,不仅建立起职能有机统一的大部门体制,而且通过党政联动实现了党政关系的创造性探索,并以此为依托完善了权力结构和行政运行机制,其改革力度已经远远超出了机构改革的范畴而具有了政治改革的意义。顺德区大部制改革表面上是机构的精简和调整,实质上是在中国政治体制的前提下,对党政职能定位、组织架构、运作流程的全新再造，特别是创新部门首长负责制、党政联动运作模式、决策执行监督相互制约和协调的运行体制等，进一步加强了党的执政能力，明晰了决策、执行、监督分工，搭建了公共治理型政府的框架。[1] 正是基于这些创新举措，顺德区大部门体制改革引起了社会的广泛关注。

（四）以转变政府职能为核心，大力简政放权

一是"上"对"下"放权。顺德区被赋予除少数特殊领域外的其他所有地级市经济社会管理权限。同时推行"简政强镇"，大幅向镇街放权；二是"内"对"外"简政。顺德区加大向市场、社会和基层自治组织转移职能力度，加快培育社会组织，实现政府治理和基层自治的良性互动和有效衔接；三是理顺"条"与"块"关系，大力调整垂直管理体制。除法律法规有特别规定外，省市垂直管理的工商、地税、质监、药监、公安、国土、规划、社保、气象局9个部门全部改为顺德属地管理并被整合进入大部门体制。

（五）以人为本，制定了完善周密的干部安排配套方案

在改革中，顺德区坚持以人为本，充分考虑和兼顾各方利益，制定了完善周密的干部安排配套方案，人员分流上坚持"编制不突破、人员不降级、转岗不下岗"的原则，最大限度地减少了改革阻力，保障了干部队伍思想稳定。

三、顺德区大部门体制改革的成效和影响

顺德区大部门体制改革摆脱了以往简单着眼于"精兵简政"的思维模

---

1. 《顺德区委、区政府关于顺德区大部制改革一周年情况报告》，载《广东省大部门体制改革——探索和实践》，广东省机构编制委员会办公室2011年11月编，第169页。

式，针对的是行政效率低下、政府管制太多等传统行政体制带来的弊端，顺应了市场经济深入发展对政府职能转变提出的改革要求，因而改革以转变政府职能为核心，进一步理顺部门间职责关系，着力解决职责交叉、推诿扯皮、权责脱节等问题，以建立服务型政府为目标，真正实现了政府部门关系的理顺和职能的转变。因此，衡量顺德区大部门体制改革成效的直接标准是政府的行政效率是否得到提高、服务水平是否得到提升，根本标准要看人民群众对改革效果是否满意。另外，衡量顺德区大部门体制改革影响的标准是看它在多大程度上得到了推广，以及将会在多大程度上产生示范意义。

（一）顺德区大部门体制改革使政府职能得到切实转变，大大提高了行政效率和提升了服务水平，群众普遍表示满意

从顺德区大部门体制改革两年的实践可以看出，改革理顺了政府部门之间职责关系，理顺了政府层级关系，理顺了权力结构关系，政府职能实现了从"物理机械组合"到"化学有机融合"的转变，产生了1+1>2的整体效应，行政效率大大提高，服务水平大大提升，群众普遍表示满意。

顺德区大部门体制改革大大提高了政府行政效率。改革后有效地解决了过去部门间职能交叉重叠、政出多门、多头管理、多头执法、相互扯皮等问题，促进了行政资源优化配置，提高了部门的协调性和执行力。例如，顺德区将涉及市场监管的工商、质监、安监、文化、卫生等多个部门整合成市场安全监管局，成立市场安全监管执法队伍，避免了改革前政出多门、互相推诿扯皮的现象，提高了行政执法效率。同时减少了行政程序和审批环节。如为配合部门调整和职能统一，区行政服务中心根据大部门体制改革调整行政服务窗口，原来分散在不同楼层不同窗口的相关审批事项都根据职能安置到一起，原来企业和社会需要层层报批的事项就地处理，尽可能让前来办事的

市民和企业享受一站式服务，大大方便了企业和群众。对此，群众普遍感到满意和欢迎，纷纷称赞这次改革见到了实效。中山大学2010年5月随机发放的2200份问卷调查结果表明，多数群众看好大部制改革前景，认为改革后效率和服务均向积极方向变化，办事效率得到提高。例如，有近七成的受访者表示改革后到政府机关办事的次数有所减少或明显减少，有超六成的受访者认为改革后的办事时间有所减少。[1]

顺德区大部门体制改革在提升政府服务水平的同时，还促进了政府职能向公共服务型政府转变。顺德区政府主动摒弃"大包大揽，万事都管"的全能政府理念，转微观管理为宏观管理，转管制型政府为服务型政府，建设"大部门，小政府，大社会"，较好地解决了政府职能越位、缺位和错位的问题。在两年的改革中，顺德区政府从宏观上把握市场经济的运行规律，弱化政府的经济微观管理职能，腾出更多的时间精力强化社会管理与公共服务，注重提升顺德的投资环境，为经济和市场的运行创造坚实的保障；同时将更多的精力投入到解决民众最关心的卫生医疗、教育、住房以及社会保障等民生问题，大大增强了政府的公共服务职能，迈出了建设公共服务型政府的重要一步。

（二）顺德区大部门体制改革已经在广东30个县（市、区）得到了因地制宜的推广及有效"复制"

顺德区以大部门体制改革为重点的行政管理体制改革，为广东省乃至全国县级行政管理体制改革积累了经验，提供了有益借鉴。为及时总结和推广顺德经验，2010年5月12日，佛山市印发了《佛山市区级党政机构改

---

1. 《中山大学课题组关于顺德区大部制改革调研报告》，载《广东省大部门体制改革——探索和实践》，广东省机构编制委员会办公室2011年11月编，第125页。

革实施意见》，顺德区大部门体制改革率先在佛山市的禅城区、南海区、高明区和三水区得到全面推广。6月底，佛山四区对党政部门进行全面梳理，原有的45—50个党政机构统一被整合为16个，精简超过2/3，基本复制了顺德模式。2010年11月25日，广东省委省政府出台了《关于推广顺德经验在全省部分县（市、区）深化行政管理体制改革的指导意见》，顺德区大部门体制改革在广东省25个试点县（市、区）得到推广。[1]2011年8月25日，茂名市茂南区被确定为推广顺德模式试点单位，至此复制顺德模式的县级行政单位达到30个，占广东省121个县级行政单位的1/4。2012年1月，广东省委十届十一次全会再次提出，要向全省推广大部制改革——总结推广深圳、顺德大部制改革试点的经验，在每个市选择一个县（市、区）试点的基础上，逐步扩大试点到全省各县（市、区）。大部门体制改革将在广东全省铺开。

此外，顺德区大部门体制改革还激发了各地探索和深化改革的热潮。很多试点县（市、区）不仅复制了顺德模式，而且结合本地实际进行了力度更大的探索，在大部门体制改革、社会体制改革、体制机制创新、简政放权等重点领域和关键环节迈出了新步伐，顺德模式产生了强烈的示范效应。

（三）顺德区大部门体制改革为全国县域行政体制改革树立了榜样，为全国政治体制改革提供了借鉴

在当代中国的地方行政区域层级中，县级政府和省、市政府一样，除了国防外交之外，具有完整的政治、经济、文化、社会、生态等职能，是我国政权体系中最完整的基层政权。相比其他层级，县域处于国家宏观和

---

1. 《广东省大部门体制改革——探索和实践》，广东省机构编制委员会办公室2011年11月编，第32—41页。

微观的结合部,在国家行政管理、经济社会发展中发挥着承上启下、沟通城乡的战略枢纽作用,它直接面对社会管理和公共服务,其治理绩效关系到基层人民的福祉。县政改革可以说是中国总体政治改革最具操作性的起点。

目前全国的县级政权普遍面临的问题是:一是在政府组织架构上,部门设置偏多、职能分散、政出多门、权责不明、推诿扯皮、效率低下等问题十分突出;二是在政府职能定位上,仍偏重于发展经济,对市场干预过多,而公共服务职能明显偏弱;三是在治理理念上,政府全能主义、GDP 主义、管制主义、官本位观念等问题比较突出,亟待进一步向有限政府、透明政府、责任政府、服务政府转变。

顺德区大部门体制改革合理优化党政组织架构,切实转变政府职能,树立服务型政府理念,对破解县域面临的体制性障碍作出了有益探索。因为全国的县级政权普遍采取相同的行政管理模式,顺德模式对县域困境的破解无疑将为全国 2800 多个县域单位提供借鉴经验,这对于促进全国县域经济和社会发展意义重大。如果领悟顺德区"小政府"改革的时代意味,它将成为中国 2800 多个县域政府职能转变的风向标……顺德区"小政府"改革的"蝴蝶效应",将深刻地与经济发展、社会建设、制度创新乃至其他地方的策论、仿效紧密结合。[1] 因此,将顺德模式放在全国 2800 多个县域背景下考察,其改革意义就越发凸显。

此外,顺德区大部门体制改革意义不仅止于对县域改革的示范作用,同时也对全国政治体制改革提供了借鉴。顺德区着眼于以转变政府职能为核心,以建立服务型政府为目标,跳出了精简机构和人员的怪圈,这从根本上区别于改革开放以来历次机构改革的思路。顺德区大部门体制改革不仅仅是单纯的机构改革,而是具有政治改革意义的体制创新,从这个意义上看,它为全

---

[1] 毛巴总:《期待顺德区"小政府"改革的"蝴蝶效应"》,载《珠江商报》,2011 年 11 月 22 日。

国政治体制改革提供了有益思路。

四、顺德区大部门体制改革存在的问题

(一) 上下级部门以及部门内部间的关系有待进一步理顺

在中国现行政治体系中,上下级部门一般存在对应与隶属关系。上级设有什么样的部门,下级设同样职能的部门与之对应,从而形成了自上而下的"条条"关系。由于顺德区大部门体制改革是县级政府层面的改革,省级层面并没有相应实行大部门体制,因此,在纵向上出现了一个下级部门对多个上级部门的问题,部门对接和运行机制需要完善。改革后"下面一根针,上面千条线"现象比较突出。例如,顺德区社会工作部,对应省市部门达35个,仅开会一项事务就应接不暇。即使上下对口比较少的部门也有3—4个,下级对上级的年终汇报总结就得好几个版本。另外,上下级对接不畅让上级对下级的工作颇有微词,甚至出现了改革后的部门又不得不加挂原有部门的牌子和保留该部门公章的情况,让人颇为担心改革回潮的问题。尽管广东省委省政府对顺德区改革给予了诸多政策支持,各个大部门对应的上级部门也给予了理解和相应支持,但传统体制的惯性和实际工作中遇到的摩擦仍然使这一问题变得突出,改革面临的反弹压力很大。

另外,大部门内部以及同级部门之间的横向协调机制有待完善。一是大部门内部的职责和机关文化融合、业务流程重组尚待时日,相关配套制度还有待建立和完善。二是垂直管理变为属地管理并整合设置后,内部工作关系、工资待遇、人员职级关系等的协调、平衡和融合还需要一个过程。例如市场安全监管局,其级别是科级,而整体并入该局的工商局、质监局原为省垂管单位,是副处级。实际上这就造成了来自不同级别的单位和不同部门的人员重组,进而出现了"同工不同酬"、"一区多制(工资)"、"一局多制(工

资)"的现象。[1] 如果不妥善协调,部门合并很可能使原来局与局之间的扯皮演变为局内部科室之间的扯皮。因此需要进一步理顺原来各部门之间的内部规范条例,制定大部门新的可行的管理规范,尽快明确职责分工和理顺各种关系。

(二)法律法规的适用和衔接有待进一步规范

如果说上下对接问题可以通过上级政府的支持和协调来化解,那么一些领域遇到的法律政策"梗阻"则很难依靠普通行政手段来调节。例如,市场安全监管领域部门整合后,面临执法着装、执法程序、执法文书、执法证件等方面的统一问题。目前工商、质监等方面的执法程序均执行原来对应的国家各总局所制定的部门规章,很多执法规定各不相同,甚至存在冲突,需要有关部门加以协调解决。[2] 顺德区大部门体制改革后,原先具有法定权益与法律依据的部门被撤销并入新的部门,而许多新部门本身的法律依据则相对缺乏,这直接导致很多部门行政工作无法可依。例如,地税局的执法主体资格是法律授予的,受法律的保护,而新成立的部门,如财税局,其执法的主体资格在法律中没有明确规定,一旦发生法律纠纷或诉讼,这极有可能成为对其不利的证据。

(三)干部制度改革需要进一步深化

顺德区大部门体制改革坚持"换帽子不摘帽子、挪凳子不撤凳子、变位置不减票子"的原则,充分兼顾各方利益,制定了较为完善周密的干部安排配套方案,在一定程度上减少了改革阻力,保护了干部的利益。但是领导干部虽然没有下岗,但不少从实职变为虚职,正职变为副职,部分人思想上难

---

1. 张占斌:《顺德区大部制改革观察:一个值得认真总结的地方试点》,载《学习时报》,2010年10月9日。
2. 《佛山市顺德区先行先试深化行政管理体制改革总结》,载《广东省大部门体制改革——探索和实践》,广东省机构编制委员会办公室2011年11月编,第160页。

免有抵触。同时，改革导致领导职数减少，多数干部的晋升空间变小、管道变窄、时间跨度变长，一定程度上挫伤了普通干部特别是年轻干部的积极性，可能会不利于人才引进并造成人才流失。因此，今后要考虑不断深化公务员人事制度改革，既要增强基层政府对人才的吸引力，也要考虑从根本上打破官本位思想。

（四）社会组织发展相对滞后，承接政府转移职能的能力欠缺

顺德大部制改革虽然在整合机构、明晰职能等方面取得了重大突破，但是大部制改革必然涉及一些政府职能放归社会，而顺德社会组织的发展相对滞后，社会组织承接政府转移的职能的能力相对欠缺。因此，社会组织发展与大部制改革如何衔接和互动，将成为深化顺德大部制改革必须解决的现实问题。

五、顺德区大部门体制改革的经验和启示

尽管还存在上述诸多需要解决的问题，但顺德区大部门体制改革以转变政府职能为核心和建立服务型政府的目标符合党的十七大以来关于行政体制改革的战略部署，代表了我国行政体制改革的发展趋势，积累了很多值得借鉴的经验和启示。

（一）解放思想是改革取得突破的源泉

党的十七大报告指出，"解放思想是发展中国特色社会主义的一大法宝"[1]。

---

[1] 中共十七大报告：《高举中国特色社会主义伟大旗帜　为夺取全面建设小康社会新胜利而奋斗》，北京：人民出版社2007年版。

解放思想是新时期顺德区改革的最鲜明特点,也是顺德区改革的成功经验。顺德区 1992 年和 1999 年的综合改革得益于解放思想,大部门体制改革取得的突破同样得益于解放思想。顺德区大部门体制改革面临着惯性思维的束缚、既得利益格局的阻碍,所有这些无不考验改革者的智慧和勇气。"政府改革尤其需要进一步解放思想,冲破陈旧观念的束缚,尤其需要发扬'三不足'精神,即'天变不足畏,祖宗不足法,人言不足恤'……政府创新贵在突破性的改革,贵在创造性的制度变革。"[1] 顺德区敢于挑战党政分开,大胆探索出了党政联动的基层政府组织机制;敢于触动既有权力格局,部门调整后原正局职位实际减少 38 个等,所有这些突破性改革都是解放思想、打破传统思维束缚的结果。解放思想是改革取得突破的源泉,这是顺德区大部门体制改革的经验和启示之一。

(二) 多级联动,确保改革顺利推进

"上级领导对基层试验的鼓励和保护是一种潜在的'政策保障'机制。这个机制对于基层开拓性的试验起到了决定性作用……如果上一级领导不支持也不推广下级的政策创新,自下而上的政策试验将是毫无前途的。"[2] 党的十七大提出"探索实行职能有机统一的大部门体制"以来,广东省肩负着先行先试探索深化行政体制改革的重任。顺德区大部门体制改革是省、市(区)、镇、村社等多级联动、通力配合的结果。2009 年 8 月 17 日,广东省委省政府同意顺德区继续开展以落实科学发展观为核心的综合改革试验工作,在维持顺德区目前建制不变的前提下,除党委、纪检监察、法院、检察院系统及需要佛山市统一协调管理的事务外,其他所有经济、社会、文化等方面的事务,均赋予顺德区行使地级市管理权限。[3] 广东省委省政府的支持给顺德区打破传

---

1. 俞可平:《敬畏民意——中国的民主治理与政治改革》,北京:中央编译出版社 2012 年版,第 149 页。
2. [德] 韩博天:《中国经济腾飞中的分级制政策试验》,载《开放时代》,2008 年第 5 期。
3. 《广东省大部门体制改革——探索和实践》,广东省机构编制委员会办公室 2011 年 11 月编,第 316 页。

统的条块分割、合理优化条块关系、建立职能有机统一的大部门体制奠定了基础。此外，广东省委省政府还在顺德区大部门与省级对口部门的联系和对接上给予强有力的政策和法律支持。同时，顺德区通过简政放权和不断推进配套改革，调动了下级及企业、市民、公务员等广泛参与和积极配合改革，从而使改革在多级联动中得以顺利推进。

（三）精心筹划确保改革全面周到，同时又要及时调整确保改革稳步推进

成功的改革建立在精心筹划的基础之上，特别是对于可能遇到的问题要通盘考虑。同时又要采取"试错"的态度，在实践中及时调整和修正改革措施，确保改革稳步推进。大部门体制改革牵涉面广、涉及问题多、难度大。顺德区大部门体制改革方案出台之前，在全国进行了广泛调研，并吸收了港澳地区和新加坡政府机构设置与运行的有益经验，在紧密结合顺德区实际情况的基础上，形成了部署周密的政府机构改革方案。同时，顺德区改革坚持"允许改革失败，不允许不改革"，"不争论，允许试，错了及时纠正，努力降低改革成本，确保改革成功"等原则，确保改革既能大胆推进，又能得到及时调整，以实现改革稳步推进。例如，顺德区改革最初把统一战线工作部并入了社会工作部，但鉴于统战工作在当前重要的战略地位，改革不久又重新加挂了统一战线工作部的牌子。

（四）正确处理好改革、发展、稳定的关系，把改革的力度、推进的速度和社会的承受能力有机结合起来

正确处理好改革、发展、稳定的关系，把改革的力度、推进的速度和社会的承受能力有机结合起来，在保持稳定的前提下推进改革和实现发展是顺

德区大部门体制改革的又一经验。例如，顺德区跳出了精简机构和分流人员的思维，制定了周密的干部安排配套方案，充分兼顾了各方利益，采取"编制不突破、人员不降级、转岗不下岗"的原则，最大限度地减少改革阻力，保持了干部队伍思想稳定，实现了较为平稳的磨合和过渡，从而将改革的力度、推进的速度与社会的承受能力有机结合起来。

（五）以建立服务型政府为目标，把握住了行政体制改革的趋势，满足了群众对政府职能转变和提高行政效率的要求

顺德区大部门体制改革以转变政府职能为核心，以建立服务型政府为目标，把握住了行政体制改革的趋势，从而赢得了群众的广泛支持，这是改革成功的最大经验。新公共管理运动以来，市场经济发达国家政府机构都建立起了大部门体制。随着社会主义市场经济体制的不断完善，转变政府职能、建立服务型政府成为我国深化行政管理体制改革的目标和任务。顺德区大部门体制改革不仅顺应了党的十七大指明的我国行政管理体制改革的方向，而且是在充分借鉴发达国家经验的基础上结合本地实际情况开展的，它契合了社会主义市场经济不断完善的客观需要，把握住了行政体制改革的趋势，满足了群众对政府职能转变和提高行政效率的要求，从而为改革赢得了最大的合法性和最广泛的群众基础。

六、改革全局视域中的顺德区大部门体制改革

本文对顺德区大部门体制改革的背景和动因、做法和创新、成效和影响、存在的问题以及经验和启示进行了总结性分析。实际上，大部门体制改革仅仅是顺德区综合改革的一枚棋子，在中国独特的"分级制政

策试验"[1]这一政策制定过程中,要把顺德区的改革置于整个改革全局视域中才能深刻理解它的含义和把握它的重要意义。

(一)大部门体制改革仅仅是顺德区综合改革的一枚棋子

2008年顺德区被确定为广东省"科学发展,先行先试"地区,拉开了全面和纵深改革的序幕。顺德区的改革不止于政府机构的整合与调整,大部门体制改革仅仅是打开了探索建立服务型政府改革的阀门。大力推进简政放权,推进综合配套改革,从而促进全社会参与公共事务治理是顺德区综合改革的基本特点。

首先,大力推行简政放权。一是向下级放权,推行"简政强镇",大幅向镇(街)放权。通过简政放权,政府逐步将微观事项下放给基层和外移给社会,实现从全能政府向有限政府的转变。此外,顺德区还强化区服务中心的服务功能,并在各镇(街)设立镇级行政服务中心,形成多层次的立体服务网络,大大提高了政府的行政服务效率。例如,2010年9月7日,顺德区召开简政强镇改革事权调整动员大会,正式把3197项行政管理事权划由镇街行使,顺德区10镇(街)获县级管理权限。二是向外放权,加大向市场、社会和基层自治组织转移职能力度,在民间组织参与社区治理方面展开尝试,通过充分发挥市场中介、社会组织和市民的力量,多渠道、多元化、多形式地开展社会管理和公共服务。[2] 通过简政放权,顺德区不断推动政府治理和基层自治的良性互动和从管制型政府向服务型政府迈进。

其次,着眼全局不断创新和推进综合配套改革。在改革中,顺德区把

---

1. 具体可参见〔德〕韩博天:《中国经济腾飞中的分级制政策试验》,载《开放时代》,2008年第5期。
2. 《佛山市顺德区建设服务型政府情况汇报》,载《新跨越 新坐标 新起点——顺德区行政体制改革一周年》,广东省机构编制委员会办公室、中共顺德区委、顺德区人民政府2010年12月编,第139页。

行政体制改革与各项改革加以统筹、系统谋划、协同推进，系统推进事业单位分类改革、行政审批制度改革、社会管理体制改革、农村改革以及干部人事制度改革等综合配套改革，保证行政管理体制改革的系统完整性，有效地推动了地方经济社会协调发展。例如，2011年11月21日，顺德区召开行政审批制度改革、社会体制综合改革和农村综合改革三大改革工作会议，对区镇政府两级职能重新定位优化，将更多管理事务和执行权下放到镇街。作为顺德区大部门体制改革和简政强镇事权改革的深化和延续，三大改革力图解决党委政府职能转变、行政管理和社会管理体制机制创新难题，建设"小政府，大社会"，承担社会建设、社会服务和管理体制改革尖兵的重任。[1]

由此可见，大部门体制改革仅仅是顺德区综合改革的一枚棋子，顺德区的改革不是盆景式的改革，不是"头痛医头、脚痛医脚"的单一改革模式，而是横向与纵向全面展开的综合改革。顺德区力图通过全面的综合改革率先实现迈向服务型政府的目标。

（二）顺德区综合改革仅仅是广东改革全局的一枚棋子

2009年3月19日，广东省委省政府办公厅印发《关于深圳等地深化行政管理体制改革先行先试的意见》，正式确定顺德和广州、深圳、珠海等地为深化行政管理体制改革先行先试地区。顺德、广州、深圳、珠海同时启动改革，它们从不同层级政府不同侧重分别开展，改革在广东全面开花。

在政府层级方面，顺德为县（市、区）探路，深圳为副省级城市改革探

---

1. 《三大改革启动"第二轮放权"》，载《珠江商报》，2011年11月22日。笔者对于顺德区的综合配套改革深有体会。2011年11月23日，调研组对顺德区大部门体制改革项目开展调研的第一天，参阅了《珠江商报》22日大篇幅刊载的顺德区《三大改革启动"第二轮放权"》专题报道，从而对顺德区的综合配套改革留下了深刻的印象。

路，广州为省会城市改革探路，珠海为地级城市改革探路。在改革重点方面，顺德区大部门体制改革以党政联动为核心。深圳的大部门体制改革以行政三分为核心，即把市政府机构统称为工作部门，并根据职能定位作出区分，建立"委"、"局"、"办"政府架构。主要承担制定政策、规划、标准等职能并监督执行的7个大部门，称为"委"；主要承担执行和监管职能的18个机构，称为"局"；主要协助市长办理专门事项、不具有独立行政管理职能的6个机构，称为"办"。同时将一部分主要承担执行和监管职能的"局"，由承担制定政策、规划、标准等职能的"委"归口联系，将一部分"办"交由市政府办公厅归口联系。并对部门内设处室及直属单位设置和职能配置、工作流程等进行了优化。[1] 深圳市力图通过市政府机构工作部门的行政三分，建立起决策权、执行权、监督权既相互制约又相互协调的行政运行机制。而广州、珠海重点在社会管理体制方面进行改革创新，探索政府与社会合作共治的管理模式。

由此可见，顺德、深圳、广州、珠海从不同层级分别开展不同侧重的改革，探索建设服务型政府，寻找破解阻碍发展的体制性障碍。

（三）广东省的改革在全国改革中处于先行先试地位

"中国政府在经济转型过程中经常运用一种'试点'的方法，即允许地方政府根据当地实际情况摸索各种解决问题的方法，成功的地方经验会被吸收到中央制定的政策中，继而在全国范围推而广之。"[2] 在这种分级制政策试验的政策制定过程中，"通过这种中央和地方互动的方式，地方的创新精神被有机融合到中央主导的政策制定过程中，从而提高了中国政府整体的创新能力和

---

1. 《深圳大部门体制改革情况》，载《广东省大部门体制改革——探索和实践》，广东省机构编制委员会办公室2011年11月编，第130页。
2. ［德］韩博天：《通过试验制定政策：中国独具特色的经验》，载《当代中国史研究》，2010年第5期。

适应能力"[1]。

广东省历来是中国改革开放的排头兵和试验区，其各方面的改革往往具有全国性意义。广东今天的改革从某种意义上来说决定着中国未来的发展方向。"在很大程度上说，广东目前正在进行的经济和行政改革方面的意义已经超越了它们各自的领域，而具有了非常重大的政治意义。无论成败，广东的改革都关系到国家的未来。"[2] 因此，广东的改革对于中国特色社会主义的探索具有重要意义。

在经历了30年的经济高速发展之后，我国已经走上了中国特色社会主义道路。改革开放以来的30年主要是经济体制改革，下一个30年将在政治体制改革上有所突破。"我国的政府创新遵循着政治现代化的五个普遍性发展趋势，即从管制型政府走向服务型政府，从全能政府走向有限政府，从人治走向法治，从集权走向分权，从统治走向治理。"[3] 广东省启动的新一轮先行先试的行政体制改革契合了这五个发展趋势，肩负着为下一个30年探索新的发展道路的使命。特别是以转变政府职能为核心、以建设服务型政府为目标的顺德区大部门体制改革，无疑肩负着在广东和全国行政体制改革中探索新道路的使命。将顺德区大部门体制改革置于改革全局的视域中，才能深刻理解其先行先试的标本意义。

---

1. ［德］韩博天：《中国经济腾飞中的分级制政策试验》，载《开放时代》，2008年第5期。
2. 《郑永年把脉广东发展　解读深圳顺德区行政改革》，载《广东省大部门体制改革——探索和实践》，广东省机构编制委员会办公室2011年11月编，第312页。
3. 俞可平主编：《政府创新的中国经验——基于"中国地方政府创新奖"的研究》，北京：中央编译出版社2011年版，第17页。

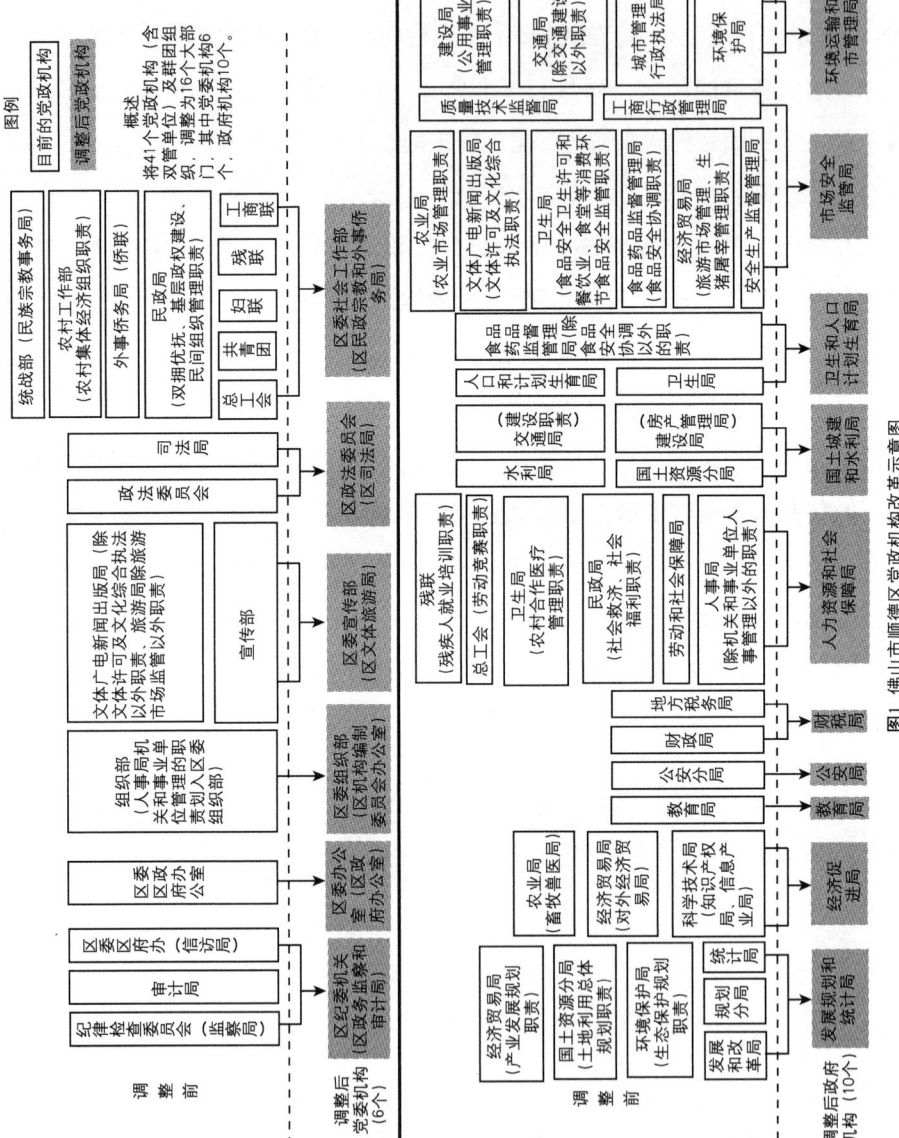

图1 佛山市顺德区党政机构改革示意图

综合配套改革试验区的大部制改革：模式与趋势
——广东深圳、上海浦东、天津滨海的比较研究

陈家喜

（深圳大学当代中国政治研究所）

随着我国政府改革的纵深发展，大部制改革逐渐主导了政府机构改革的方向，从中央到地方，从东部到西部，各级政府都将整合多部门、设立大机构作为政府改革的目标。党的十八大报告明确提出"稳步推进大部门制改革，健全部门的职责体系"。大部制改革既促进了政府组织、规模与人员的收缩，也推动了政府职能、运行和效率的提升。作为我国各项改革的排头兵和先锋队，综合配套改革试验区在经济发展、社会建设、政府创新、城乡统筹、土地开发以及环境保护等进行了诸多超前性的探索。许多综合配套改革试验区，如上海浦东、天津滨海、深圳、成都、海南等在大部制改革上进行了创新性的尝试，并一定程度上引领了地方大部制改革的趋势与方向。基于此，本文试图通过对上海浦东新区、天津滨海新区、深圳的案例比较，把握综合配套改革试验区在推进大部制改革方面的经验模式、实践进展与内在动力，在此基础上探讨地方政府机构改革的基本规律与发展趋向。

效率政府
Efficient Government

一、大部制改革：政府机构改革的新战略

　　从政府的自利属性出发，政府机构与权力的持续膨胀是一个必然的过程。在缺乏有效约束的情况下，掌握公共权力的政府必然通过增加机构、人员和编制实现自身利益的最大化，同时也造成政府的机构臃肿、人浮于事、繁文缛节等，这是帕森斯定律所揭示出的官场病的基本形态。而如何精简政府机构、提升行政效率也是现代政府管理的一大难题。经过历次政府机构改革的探索和尝试，我国逐步确立起大部制的战略来推动政府机构改革。而所谓大部制，就是对于职能和权限相近、交叉或雷同的政府部门，加以整合和重组，形成一个综合性部门进行统一管理，避免职能交叉与多头管理。2008年国务院机构改革明确了大部制改革的方向，通过实行职能有机统一的"大部门体制"，进一步优化部门间协调配合机制。2013年，国务院机构改革继续坚持大部制的战略方向，以职能转变为核心，加强市场经济宏观调控和社会服务与管理的职能，实现职能科学、结构优化和廉洁高效的改革目标。

　　在国务院大部制改革的带动下，地方政府也开始大部制改革的探索。从2009年开始，上海、重庆、陕西、河南、宁夏、云南、吉林、黑龙江、内蒙古、湖北、安徽、西藏、海南、青海、新疆等15个省（自治区、市）的政府机构改革方案先后推出并付诸实施，并形成了一些特色鲜明的地方模式。如广州大部制改革围绕"大城管、大文化、大交通、大建设、大水务、大林业"以及"统一城乡规划、统一人力资源和社会保障以及统一科技与信息化"，形成9大领域的大部门制；将政府部门从49个精简为40个，改革中涉及调整、撤并的机构29个。[1] 重庆探索"大农业"体制，成立农委，囊括了原农办、农业局、农机局、农综办4个部门，机构与人员大为精简。浙江富阳市设立

---

[1] 陈邦明：《广州整合组建9个"大部门" 事业编制将减少1200多名》，载《南方日报》，2009年9月25日。

"专委会"试验，在保持部门设置和人员编制的前提下把分散在部门中的决策权有机地收归到"专委会"。富阳市先后成立计划统筹、规划统筹、公有资产管理运营、土地收储经营、体制改革、社会保障、工业经济、环境保护等15个委员会。[1] 广东顺德市则探索了党政统合联动的大部制，不单是政府部门间的撤并，而是在构建大规划、大经济、大建设、大监管、大文化、大保障的思路下进行党政部门的整合。[2] 这些地方大部制改革的经验模式，既表明中央对于地方大部制改革的多种探索持鼓励和支持态度，也表明实践中的大部制改革还存在地域、问题、战略以及理念等诸多方面的差异。

大部制改革为政府机构改革提供了选项。与早期我国政府机构改革所推行的简单撤并和硬性精简相比，大部制改革更为注重从职能整合出发来推动政府部门的优化设置，梳理、合并和整合职能相同、相近、交叉的部门，实现组织、人员与资源的集约配置，有助于走出"精简—膨胀—再精简—再膨胀"的循环。此外，大部制改革也为政府的运行流程改革提供了前提。大部制改革完成后，政府各部门的职责明晰、界限清楚，部门之间的推诿、扯皮和交叉现象将大为减少，而同时通过大部门制所构建起来的部门间的联系与协调机制，又有助于政府各部门联合开展一些综合性和整体性的行动，避免部门之间"以邻为壑"现象的出现。

二、深圳特区：决策、执行与监督的分化与协调

深圳大部制的构想最早可以追溯至2001年提出的"行政三分制"。2011年12月，深圳启动的第七轮行政体制改革，提出以决策、执行、监督适度分离的改革理念，作为提升政府决策监督力度和执行效率的具体举措。决策机

---

1. 谢云挺：《浙江富阳大部制实践》，载《瞭望》，2010年第35期。
2. 王淼：《县级大部制改革的富阳与顺德模式》，载《中国改革报》，2010年10月29日。

构负责研究、拟定相关行业与领域中长期发展战略、法规规章、行业政策，监督和协调政策执行情况；政府执行体系，负责执行决策机构制定的各项政策法规，监管职责范围内的事项，为民众、企业、社会提供公共服务；政府监督体系，加大审计、监察机构的独立性和监督力度，发挥人大常委会、政协、社会各界、新闻舆论等主体的监督作用。[1] 然而，由于这一改革内容涉及诸多部门的撤并而遭遇较大的改革阻力，而"行政三分制"被媒体广泛报道，并产生与政治上"三权分立"的联系与想象，从而给改革造成了政治上的阻力，因此该方案最终夭折。

综合配套改革试验区的获批为深圳大部制改革注入了新的动力，大部制改革成为综合配套改革的重要组成部分。2009年7月，深圳市出台的《深圳市综合配套改革三年（2009～2011年）实施方案》，明确要求理顺部门行政管理与综合执法的事权关系，合理配置市、区、街道事权，完善大部门管理体制，提高电子政务水平；深化行政层级改革，加快功能区、管理区体制改革，整合街道办事处、社区工作站行政管理资源，缩短管理链条。[2] 上述行政改革的思路与举措，成为深圳随后推进大部制改革的指导思想。

2009年8月深圳市正式启动以大部制改革为内容的机构改革。从具体改革内容来看，此次深圳机构改革坚持"小政府、大部制"的原则，从政府决策权、执行权、监督权相对分离与相互制衡的原则出发，重构政府的部门设置。大部制改革后的政府部门统一分为三类：（1）"委"承担制定政策与规划、设定标准、监督执行的职能。改革之后共设立了7个"委"，包括发展和改革委员会、科技工贸和信息化委员会、财政委员会、规划与国土资源委员会、交通运输管理委员会、卫生和人口计划生育委员会、人居环境委员会。（2）"局"主要承担行政执行和监管的职能。局的调整幅度较大，除了原公安局、教

---

1. 深圳市编委办公室：《深化行政体制改革，创新公共行政体制》，张志坚主编：《中国地方政府机构改革1999—2002》，桂林：广西人民出版社2003年版，第543—548页。
2. 《深圳市综合配套改革三年（2009～2011年）实施方案》，载《深圳市人民政府公报》，2009年第28期。

育局、民政局、司法局、审计局、口岸办、台办等7个部门保持不变之外，新成立了人力资源和社会保障局、文体旅游局、市场监督管理局等部门。（3）"办"负责协助市长办理专门事项，不具有独立行使行政管理职能。2011年12月，深圳按照"撤一建一"的原则，将科技工贸和信息化委员会分解为经济贸易和信息化委员会和深圳市科技创新委员会两个部门，同时不再将农业和渔业局并入经济贸易和信息化委员会。改革后，深圳市政府部门精简12个（由46个调整为34个），政府部门人员编制净减492名，其中公务员编制356名，雇员136名。局级干部包括副局级干部编制几乎减少了1/4。[1]

在市级大部门制改革前后，深圳在推进"新区"体制的同时也进行了区级大部制的试点。从2007年开始，深圳市先后将原先的宝安区和龙岗区加以分解，设置光明、坪山、龙华、大鹏4个"新区"，统归市政府直接领导。这样，深圳的行政区划出现"6个行政区+4个新区"的基本格局。新区设有新区党工委和新区管理委员会，作为市委市政府的派出机构，全面负责辖区内的经济发展、城市建设和管理以及社会事务管理的相关事务，但不设新区人大和新区政协。在具体部门设置上，这些新区也体现出大部制特点，如光明新区政府内设14个局（办），即综合办公室、纪检监察局、组织人事局、社会工作委员会、发展和财政局、公共事业局、社会建设局、经济服务局、城市建设局、城市管理局、建筑工务与土地开发中心、机关后勤服务中心、土地整备中心、规划土地监察大队。市公安、规划国土、市场监管、税务、社保、交委、烟草7个市直部门在新区设立派驻机构。上述部门实现了党政群三位一体，总数控制在21个，不仅远远低于市级政府机构数量，也远低于同级行政区部门数量（深圳区级政府的党、政、群部门总数约在40—45个）。

---

[1]. 刘芳：《深圳大部制改革：以委、局、办作为政府主要架构》，载《中国青年报》，2012年4月23日。

三、上海浦东新区：职能模块的组合

浦东新区成立初期即明确构建一个"小政府、大社会、大服务"的政府架构，通过职能模块的机构设置模式，取代传统的"条条"设置模式，从而保证政府机构的精干和高效。浦东新区按照"区域经济管理、市政管理、社会管理和社会保障"四个职能模块，对政府机构进行梳理和清理，归并相近、重复、交叉的同类部门，实行党政合署和错位设置，从而带有"大部门制"特征。如经济贸易局拥有多重综合经济管理职能，涵盖了经委、外经贸委、外资委、协作办、商委等管理机构的职责；劳动和民政职能整合；监察委与纪委合署办公、人事局与组织部合署办公、文化广播电视管理局与宣传部合署办公。[1] 此外，为了应对政府机构上下对口的问题，浦东新区采取了"增加牌子、不增机构、不添人员"的办法；或者采取归口管理的方式，将一些未进入行政机构序列的部门如信访办、民防办归口区政府办公室管理，从而确保了机构的精简高效。

《2008—2010年浦东综合配套改革试点三年行动计划框架》，较为明确地提出浦东建设大部制政府的基本构想，包括对政府行政管理职能和流程进行重新梳理和界定，强化政府社会管理和公共服务职能，完善多层次公共服务平台；推进建立和完善决策、执行、监督相协调的机制；深化浦东新区区政体制（功能区域体制）改革试点。2009年浦东新区与南汇区的合并，为浦东新区的大部制改革提供了契机。浦东新区除了重新整合两区"四套班子"之外，还调整了职能模块，将新区政府划分为"综合统筹、经济服务、社会建设、城建管理、法制监督"五个职能模块，具体而言：（1）综合统筹模块强化决策统筹、战略研究职能；（2）经济服务模块强化产业研究、专业服务职

---

1. 陈奇星、毛力熊：《浦东新区政府管理体制创新的目标及路径选择》载《中国行政管理》，2006年第10期。

能；(3) 社会建设模块强化服务基层、服务公民职能；(4) 法制监督模块强化监督保障职能；(5) 城建管理模块探索城市建设、管理与执法监督的合理分工，理顺行业指导、行业管理、行业执法和行业监督职能。[1] 按照这一职能模块设置机构，最终确定党委工作部门7个，政府工作部门由原先的13个增加到19个。模块化的机构设置方式与大部制改革具有异曲同工之处，它有利于打破部门壁垒和部门封锁，形成部门间的人、财、物的流动，强化政府部门间的沟通协调，减少政府部门的职能交叉和混乱现象。

与此同时，浦东新区在辖区的开发区也推行带有大部制特征的机构设置模式。浦东新区与南汇区正式合并的同时，新成立的浦东新区取消了在区政府与街道（镇）之间的功能区管理层级，成立开发区管理委员会，调整优化了开发区管理体制，建立了"7+1"的开发区管理格局。具体而言，"7"即上海综合保税区、临港产业区、陆家嘴金融贸易区、金桥出口加工区、张江高科技园区、国际旅游度假区和临港主城区等7个管委会，"1"即世博地区管理办公室。作为浦东新区政府的派出机构，各开发区管委会下设办公室、计划财务、经济发展、规划建设、综合服务等机构，全面行使经济、社会发展规划与计划、政府投资项目审批、企业投资项目管理、规划管理、土地管理、建设管理、经贸管理、环境保护、科技管理、综合执法等经济管理权限。[2] 在社会管理事务管理上，开发区与所在街镇进行交叉配合，并以街镇为主。如在张江高科技园区和金桥出口加工区等成片开发区域，涉及企业的社会管理事务，以开发区管委会为主、街镇配合；涉及居民的社会管理事务，以街镇为主、开发区管委会配合。这样一来，开发区可以集中履行较为单一和集中的经济功能，而社会功能被街镇分担，从而保证了管理机构的精简化

---

1. 李乐：《浦东新区"大部制"行政管理体制改革的回顾与思考》，载《"中国特色社会主义行政管理体制"研讨会暨中国行政管理学会第20届年会论文集》，2010年。
2. 俞晓波：《从层级制到扁平化的行政管理体制变革——以上海浦东模式为例》，载《中国行政管理学会2011年年会暨"加强行政管理研究，推动政府体制改革"研讨会论文集》，2011年。

和高效化。

四、天津滨海新区：功能区基础上的部门整合

天津滨海新区的大部制改革与滨海新区的区划调整密切相关。2008年国务院批准天津滨海新区为国家综合配套改革试验区，随后的2009年11月，滨海新区政府成立，实现了由天津市政府的派出机构到区一级政府的转变，政府机构也进行了相应调整。除了成立了区委、区政府、区人大、区政协"四套班子"之外，滨海新区又组建了两类区委区政府的派出机构：一是城区管理机构，成立塘沽、汉沽、大港3个工委、管委会，主要行使社会管理职能，保留经济管理职能；二是功能区管理机构，成立9个功能区党组、管委会，主要行使经济发展职能，形成了"新区的事在新区办"的运行机制。[1] 通过这一行政区划调整，旨在缓解长期存在的行政体制上的纠结掣肘，实现更大范围的资源整合，增强综合实力、创新能力、服务能力和国际竞争力，拓展城市发展空间和增进区域经济中的辐射功能。

滨海新区政府部门设置上也具有大部制的特点，采取综合、合并、精干和规范的原则设置，重点加强各部门专业处室，减少综合处室，与上级部门强调职能对应，不要求机构对口，力求责权清晰、精干高效、科学合理。同时，在人员编制核定上，实行上下对应整合、编随事走、总量控制和留有余地，确保新区行政编制数低于原塘沽区委、区政府行政编制总额。[2] 在这一原则主导下，新组建的滨海新区区委设组织部、宣传部、统战部等6个工作部门；区政府设发改委、经信委、商务委、国资委、建交局等19个工作部门，

---

1. 中共天津滨海新区区委办公室调研处、天津财经大学公共经济与公共管理研究中心：《国家综合配套改革试验区中的政府管理创新——以天津滨海新区为例》，载《天津经济》，2011年第12期。
2. 天津市滨海新区编办：《天津市滨海新区采取措施加强机构编制工作》，载《中国机构改革与管理》，2011年第6期。

大体相当于天津市其他区县机构设置的2/3。

滨海新区的大部制改革,还体现在经济功能区的管理机构设置方面。根据2008年国务院批复的《天津滨海新区综合配套改革试验总体方案》,滨海新区要求"建立既集中统一领导又发挥各方优势、充满生机与活力的管理体制",实现经济功能区和行政区的职能分解与协同配合,既要延伸经济功能区的开发建设功能,从开发建设向行政区延伸,实现经济区与行政区共同发展经济;同时又要延伸行政区的社会管理和公共服务职能,加强行政区对辖区内经济区的社会管理与公共服务职能。在这一理念主导下,滨海新区9个经济功能区的政府部门设置注重功能定位与突出产业的特点。具体而言:(1)在9大经济功能区,依据其行使经济发展的职能定位,突出经济建设职能,强化经济管理服务机构的设置,综合设置社会事务管理和综合管理机构,避免职责交叉、设置重复。(2)针对各经济功能区的产业发展特点,整合规范共性机构,区别设置个性机构,以共性机构保证正常运转,以个性机构体现功能特色。(3)各经济功能区设置工商、质监、行政审批等管理机构,为驻区企业提供便捷优质"保姆式"服务,实现"功能区的事在功能区办、行政审批不出功能区"。[1] 按照上述要求,开发区、保税区等规模较大、发展成熟的功能区管委会(党组)设置16—18个管理机构。其他功能区管委会(党组)设置6—9个管理机构,再逐步完善。

五、结论与展望

作为"改革特区",深圳市、上海浦东新区、天津滨海新区担当了深化政府改革的使命和任务,在其综合配套改革方案中均有政府改革的目标与内容。从三地推行的大部制改革来看,强调政府职能优化,进一步清理过细过窄、

---

1. 《天津滨海新区综合配套改革试验总体方案》,载《天津市人民政府公报》,2008年第7期。

效率政府
Efficient Government

交叉重叠的部门和组织，适应社会管理与经济发展的新趋势，构建大部门制是共同特点。此外，为了适应区域经济发展和产业功能区的开发，三地在所辖的新区、功能区或者产业区所推行的政府机构设置，也带有特色鲜明的大部制特点，从而形成纵向分层的大部制改革的基本趋势。

与此同时，深圳市、上海浦东新区、天津滨海新区基于不同的改革理念和区域实际，在推进大部制改革上也具有鲜明的特色。其中，深圳市作为全国和广东省大部制改革的试点，更为侧重于政府内部决策权、执行权与监督权的分化与协调关系，并将这一理念付诸政府部门的设置过程中。在试点的新区，深圳还实行党政一体的大部制试点，确保小政府、高效率的改革目标。上海浦东新区的大部制更为注重职能的整合，通过梳理政府的业务范围设置综合统筹、经济服务、社会建设、城建管理、法制监督等若干职能模块，在此基础上精简政府的机构设置。天津滨海新区的大部制的显著特色，体现在对于经济功能区的机构设置上，通过经济功能区与行政区的职能协同配套，突出功能区的经济建设和产业服务的特点。

尽管大部制改革在综合配套改革试验区得到了深入探索，然而这一改革仍然存在一些缺失与不足，如地方大部制与"条条式"行政架构的张力、机构合并与职能悬空的冲突、部门精简与人员分流的难题等。进一步深化这一改革，需要把握两个基本的问题：

一是如何将政府部门间的职能调整，转化为政府与市场、社会的职能分化，构建"有限政府"。政府职能的调整是大部制改革的基本前提，一个职能界定不清、无所不包的政府，势必会是一个机构臃肿的政府。实现"小政府，大社会"的机构改革目标，前提是首先明晰政府与市场、社会的边界，核定政府职能的合理范围，变"无限政府"为"有限政府"。当前，综合配套改革试验区已在政府与市场的边界划分上进行了积极的尝试，接下来需要从增强市场活力和社会自主的立场出发，积极下放行政审批权限，培育社会组织发展。

二是如何将政府部门的合并转化为对政府运行流程的再造,构建高效政府。一个精简的政府不一定是一个高效的政府,政府部门的撤并与精简,并不必然带来行政效率的提升。当前困扰行政效率的一大难题,不在于政府机构的多与少,而是行政系统内部运行流程的梗阻。政府部门之间的衔接协同不畅,相互推诿、以邻为壑、相互掣肘的现象十分突出,导致行政运行成本大为增加,运行效率大打折扣。因此,当务之急,应当借助于信息化手段推进政务信息化的程度,再造行政审批的流程与环节,推动部门间的无缝隙衔接和一体化运转,从制度上确保行政效率的提高。

地方政府变革的动力机制分析
——对河南省三次乡镇机构改革的观察

张新光
(信阳师范学院经济与管理学院)

  自改革开放以来，我国农村行政管理体制大体经历了 4 次较大的变革。总体而言，我国乡镇机构改革的动力源来自于农村经济体制改革的不断深入和实行村民自治的巨大进步，尤其是近年来全面开展农村税费改革的强有力推动。但在具体操作上，它不仅涉及一个地方几十万名乡镇工作人员的去留问题，而且还涉及省、市、县、乡四级政府之间合理分摊改革成本的问题。因此，当前我国乡镇机构改革成功与否的关键在于，必须坚持权责一致、精简效能、配套改革、分类指导、稳步推进的基本原则，统筹考虑各方利益主体之间的关系协调，着力解决改革中所引发的各种复杂矛盾和问题，从而形成有效整合、协调一致的合作型博弈机制。本文通过对河南省于 1998 年、2001 年和 2005 年下半年分别进行的三轮乡镇机构改革的系统分析和实证研究，进一步证实了这个理论命题的成立。

  河南省是中国第一人口大省，也是典型的农业大省，全省总人口为 9600 万人，其中农民人口就有 7300 多万人，"三农"问题显得尤为突出。截至

1998年底，河南省乡镇总数为2137个，行政村总数为4.9万个，村民组总数为40.46万个，全省农村基层管理人员多达150万人，平均每年支出经费都在100亿元左右。最近七八年来，河南省基于缓解地方财政短缺的压力和减轻农民负担的考虑，于1998年、2001年和2005年下半年分别进行了三轮乡镇机构改革。在前二轮改革中，由于省委、省政府没有制定出台相关的配套措施，造成了省、市、县、乡四级政府之间互相推脱分摊改革成本的责任，许多乡镇主要领导和一般工作人员也不能主动配合，其结果是变成了虎头蛇尾的改革；而在第三轮改革中，省委、省政府进一步强化了各项配套措施的跟进，兼顾各方利益主体之间的关系协调和对乡镇机构改革的承受能力，仅用3个多月全省撤并乡镇236个，合并各类事业站所3117个，精简乡镇领导职数接近1/3，清退乡镇临时人员20551人，分流乡镇超编人员170022人，平均每年可为地方财政减少行政经费支出高达20亿元左右。本文重点从分析改革动力机制入手，试图从河南省三轮乡镇机构改革成败得失中总结出带有规律性的一些东西。

一、前两轮乡镇机构改革失败的原因

河南省第一轮乡镇机构改革从1998年12月开始，直到1999年底才草草结束。这次改革的重点是精简机构和分流人员，其主要政策依据是十五届三中全会作出的《中共中央关于农业和农村工作若干重大问题的决定》中提出的乡镇政府要切实转变职能、精简机构、裁减冗员。目前先要坚决把不在编人员精简下来，做到依法行政、规范管理。为此，河南省委、省政府于1998年12月制定出台了《关于在全省开展乡镇机构改革的实施方案》（以下简称《方案》），由此拉开了第一轮乡镇机构改革的帷幕。当时，我在豫南大别山区某镇担任党委书记，直接参与了这次乡镇机构改革的全过程，现在回想起来仍记忆犹新。

该《方案》规定，全省乡镇机构统一设置为五大办公室（即党政综合办公室、农林水办公室、财经办公室、社会事务办公室、科教文卫办公室）；乡镇"七所八站"一律改成服务中心；统一核定乡镇编制人数，坚决清退临时聘用人员和分流超编人员。但在具体操作上，省里对如何解决乡镇合并后债务的分割问题，如何解决乡镇超编正副科级干部的待遇问题，如何解决乡镇工作人员的竞争上岗问题，如何解决乡镇辞退人员和分流人员的补偿问题，如何解决乡镇新分配大中专毕业生和复员退伍军人的安置问题，如何解决县乡机构的衔接问题，如何划分县乡之间"事权"与"财权"的关系问题等，都没有制定相应的配套政策措施。因此，当省里《方案》下发后，大多市、县一直拖延到1999年下半年才召开会议贯彻落实。尤其是乡镇一级普遍处于一种等待观望的状态，有的乡镇干脆把原有内设机构牌子换一下，上报的分流人员和辞退人员工资花名册也是假的。事实上，所谓的"分流人员"，仍然是分而不流、流而未走，工作照样干，工资照样拿，一个人也没有减少。但到了2000年3月，河南官方媒体居然报道称："在这次乡镇机构改革中，全省共精简乡镇富余人员达到10万余人，每年可为农民群众减轻负担8亿元"（即所谓的"河南10万乡官大裁员"）。仅仅时隔一年，河南官方媒体又报道称："据财政厅测算，全省现有乡镇2130个，村委会48900个，村民小组接近40万个，其中需要财政供养者有110万人，需要农民直接负担者有63万人。全省实行税费改革后，乡级财政收入每年将减少84.5亿元，村级集体收入每年将减少23.1亿元。这两笔巨额的资金缺口将主要通过上级财政转移支付、精简乡镇机构、压缩富余人员和调整财政支出结构等方式来消化。"由此不难看出，河南省第一轮乡镇机构改革是流于形式而没有取得任何实际效果。那么，为什么会出现这样一种改革结果呢？

首先，从这次改革的政治大背景上看，由于当时我国政府机构改革的重点主要集中在国务院和省一级，而对于市、县、乡三级政府机构如何改革还没有作出统一部署。这样单凭一个省去推动乡镇机构改革，地方各级政府之间是很难达成一致行动的。尤其是清退乡镇临时聘用人员和分流乡镇超编人员，大都是县乡领导干部的家属、子女或亲戚，而乡镇分配的大中专毕业生和复员退伍军人又是按国家人事政策统一安置的。在这种情况下，"让谁走，不让谁走？"对于乡镇现任领导来说简直比登天还难。如果来真的，不仅会得罪"圈子内的人"（指乡镇临时聘用人员），而且会得罪"体制内的人"（指乡镇超编人员），可以说是"两头做人都难"；如果来硬的，一旦失去了群众基础，势必将危及个人的政治前途，稍有闪失很可能引发集体上访等社会不安定因素，到头来又将受到"一票否决"。可见，在河南省第一轮乡镇机构改革过程中，县、乡承担的政治风险远比省、市要大。当上级组织把自身能够解决或不愿意解决的复杂矛盾和问题强行推卸给基层政府解决时，这种改革就失去了内在原动力。

其次，从这次改革的经济动因上看，尽管河南省委、省政府希望通过精简乡镇机构和分流富余人员，达到缓解基层政府财政压力和减轻农民负担的目的，由于中央财政转移支付没有跟上，省级财政又不会轻易去改变各级地方政府"财政基数包干、超收比例分成"的分配格局，更何况这时乡镇一级承担着全省农村义务教育经费支出80%左右，而村一级管理费支出则全部由农民负担。可以说，正是由于省、市、县、乡四级政府互相推脱分摊改革成本的责任，结果造成了各方利益主体之间分散决策、重复博弈，其结果是缺乏协调一致的行动，最终导致了第一轮乡镇机构改革的失败。总之，如果当乡镇机构改革的时机还不够成熟时就急于去推行，那么很可能会成为"早产儿"。正如邓小平同志多次指出的，政治体制改革要分步骤、有领导、有秩序地进行。

河南省第二轮乡镇机构改革虽然来势较猛，但不到一个月就"中途夭折"了。这次改革的政治大背景是，自1998年以来进行的中央和国家机关以及省级党政机关机构改革已基本结束。2001年2月2日至3日，全国市县乡机构改革工作会议在北京召开，中央提出要确保市县乡行政编制总数精简20%。

效率政府
Efficient Government

2001年2月17日至19日，全国农村税费改革试点工作会议在安徽省召开，国务院要求全国20个省份（其中包括河南省）全面推开农村税费改革试点工作。于是，2001年3月21日至23日，河南省委、省政府在郑州召开了"全省农村税费改革工作会议"和"全省市县乡机构改革工作会议"，提出了这次市县乡行政编制精简比例为24.6%。这是硬任务、硬指标，也是一条硬杠杠。各级都要建立严格的工作责任制，层层有任务，一级抓一级，在改革的每一个步骤、每一个环节上，都要制定出切实可行的配套措施和应急处理办法。要把撤并乡镇、农村税费改革、事业单位改革结合起来进行，重点是规范乡镇机构设置，减少机构和人员编制，妥善安置超编人员，坚决清退各类临时聘用人员。同时要保证在5月底以前完成任务。这充分表明河南省委决策者对市县乡机构改革工作的态度坚决、决心很大。然而，正当全省上下紧锣密鼓、层层发动、准备大干一场的节骨眼上，国务院办公厅于2001年4月25日下发了《关于2001年农村税费改革试点工作有关问题的紧急通知》，要求各地"不得启动农村税费改革全面试点"。2001年4月下旬，河南省农村税费改革试点工作和市县乡机构改革工作被迫停止进行。这进一步说明了，当外部不确定因素增多时，进行乡镇机构改革是很难取得成功的。因为在"强势集团"与"弱势群体"之间进行的利益博弈，"受损者"往往都是基层政府和广大农民群众。

二、第三轮乡镇机构改革成功的动力机制

2005年9月9日到12月底，河南省进行了第三轮乡镇机构改革。若与前两轮改革相比，这次改革的难度明显增大了。据省编制办公布的一组数据显示，"截至2004年底，全省有2100个乡镇，编制总数为16.21万人，实有工作人员为30.23万人，平均每个乡镇超编63.3人，超编幅度为86.5%。其中超编200人以上的有60多个乡镇，个别乡镇甚至超编三四百人，最多的竟然

超编400多人。此外,全省还有乡镇临时聘用人员1.25万人"。而目前河南地方财政收入仅为537.5亿元,财政总支出竟然高达1115.5亿元,2005年中央财政转移支付给该省的资金接近600亿元。尤其是全省县一级财政总收入为201.9亿元,其中有2/3的县人均财力在1.2万元以下,有的县还不足1万元,平均每个县资金缺口都在1亿元左右。此外,全省乡镇一级负债总额为95亿元,平均每个乡镇负债为489万元,其中负债在1000万元以上的有179个乡镇,负债最多的超过了5000万元。因此,当新上任的河南省委书记徐光春同志宣布"从2005年1月1日起免征农业税"时,党中央、国务院着实捏一把汗。所以,河南省委、省政府主要领导在"全省深化和完善乡镇机构改革工作电视电话会议"上讲话时首次使用了"各级党政主要领导都是第一责任人"、"确保全省乡镇机构编制5年内只减不增和保持社会稳定这两条底线"、"无情改革、有情操作"、"不留过渡期,不得拖延"、"2005年底前必须保证完成任务"等词语,掀起了一场声势浩大且牵扯到撤并乡镇、精简机构、分流人员的乡镇机构大改革。试问,河南省为什么会在短短3个月内就把影响全省乡镇机构改革的各种有利因素或不利因素有效整合起来,最终形成了协调互动的合作型博弈机制呢?

  首先,这次改革的时机选择十分恰当,既符合当前我国正在开展以乡镇机构、农村义务教育、县乡财政管理体制为主要内容的农村综合改革试点工作的总体部署,又符合当前河南农村工作面临的实际困难和问题。譬如,农业税取消后,乡镇的功能、任务、范围都发生了新的变化,迫切需要对乡镇政府职能进行重新定位,并对乡镇的机构设置和人员编制进行相应的改革与调整,建立与社会主义市场经济体制相适应的行为规范、运转协调、公正透明、廉洁高效的乡镇行政管理体制和运行机制,不断提高基层社会管理和公共服务水平。再如,2005年河南省全部减免农业税后,给各级地方政府财政带来了29亿元的资金缺口,除了中央财政决定补给该省的18亿元之外,省级财政还需要自身消化10.8亿元,乡镇基层财政一分钱也不用承担。因此,河南省农业税取消后解决基层运转经费困难有两种选择途径：一是通过调整省以下财政分配体制和加大财政转移支付力度来弥补资金"空缺"，二是通过进行乡镇机构改革来压缩基层政府经费支出。很显然，选择第二种方案是与省级政府自身利益目标最为吻合的解决途径。因此，当中央和省级财政承担了农村税费改革和乡镇机构改革的成本时，省、市、县、乡四级政府之间的利益关系就比较容易协调了。

总之，河南省第三轮乡镇机构改革的原动力来自于各级地方政府内部，其突出特点是省委、省政府唱主导，省、市、县、乡四级连动，原来的分散决策、重复博弈变成了有效整合、合作博弈。

其次，为了确保这次乡镇机构改革顺利进行，河南省委、省政府进行了精心准备和周密部署，制定出台了《关于深化和完善全省乡镇机构改革的实施意见》（豫发〔2005〕17号文件）和《关于河南省乡镇机构改革有关财政及社会保障政策的通知》及《河南省撤并乡镇工作的实施意见》、《河南省乡镇机构改革人员分流工作的实施办法》等，不仅提出了乡镇机构改革的指导思想、基本原则、目标任务和主要内容，而且出台了一系列"含金量"较高的奖励措施，甚至把很多细节问题都考虑进去了。譬如：（1）关于部分乡镇撤并，省里规定：平原、丘陵地区原则上不保留3万人以下的乡镇，山区原则上不保留面积不足100平方公里、人口不足2万人的乡镇。每撤并1个乡镇，省财政一次性向县级财政补贴50万元。郑州市又规定：每撤并1个乡镇，市财政再向县级财政追加30万元补助。（2）关于乡镇机构设置，省里规定：乡镇党政机关只设3个综合性办事机构，名称统一规范为：党政办公室、社会事务办公室、经济发展办公室。在党政办公室挂社会治安综合治理办公室牌子，在社会事务办公室挂计划生育办公室牌子。乡镇事业单位统一设置为6个，名称统一规范为：农村经济发展服务中心、村镇建设发展服务中心、文化事业发展服务中心、计划生育服务中心、财税所、民政与劳动保障所。乡镇群团机构按各自的组织章程相应设置。（3）关于乡镇领导职数配备，省里规定：乡镇领导职数从原来的9至12名减少到7至9名，实行党政交叉任职。精简下来的乡镇领导干部，作为过渡可保留原职级待遇，实行高职低配。(4) 关于乡镇人员编制核定，省里规定：人口在4万人以下的乡镇，机关行政编制核定为24名，事业编制核定为40名；人口在4至5万人的乡镇，机关行政编制核定为27名，事业编制核定为43名；人口在5万人以上的乡镇，机关行政编制核定为30名，事业编制核定为46名。乡镇行政和事业编制，由省一级实行宏观管理和总量控制，乡镇领导职数一经确定不得改变。建立和完善机构编制管理台账，实行编制实名制管理和机构编制审核通知单制度。乡镇行政机关、事业单位满编后，一律不准添加新的工作人员；乡镇领导干部调整交流的，必须在编制内和职数内进行。乡镇行政机关和事业单位的编制内人员工资，由县级财政部门实行统一发放。(5) 关于乡镇分流人员，省里规定：每分流1名财政全供人员，省财政一次性补助县财政5000元；每分流1名财政差供人员，省财政一次性补助县财政3000元。同时，对男满55周岁、女满50周岁且工作年限满20年的，或工作年限满30年的，可办理提前退休手续，享受退休人员待遇；乡镇行政机关正式在职人员、依照公务员管理的人员，分流后未就业的，退出编制序列后，每月按本人2005年国家规定工资标准的70%发放基本生活费；乡镇机关正式在职人员，本人自愿、经批准辞去公职自谋职业的，可视其工作年限一次性发给辞职费；乡镇事业单位分流的正式在职人员，退出事业编制序列，可纳入企业职工基本养老保险，建立养老保险关系，从1995年1月起补建基本养老保险个人账户，以1995年以来的档案工资为缴费基数，按11%的比例补缴个人账户资金，退休时按企业办法计发基本养老保险金；乡镇事业单位正式人员，自愿辞去公职并与单位办理解除人事劳动关系手续的，既可以参加企业职工养老保险，也可比照有关规定，给予一次性补偿；未就业的乡镇行政事业单位分流人员，可比照国家和我省有关规定，享受国有企业下岗职工再就业优惠政策；乡镇机构改革分流人员符合申领失业保险条件的，可向当地失业保险经办机构申请享受失业保险金及其他失业保险待遇等。（6）关于清退非正式人员，省里规定：凡是乡镇临时借调、临时聘用的人员；凡是没有经过组织、人事、编制、财政、劳动保障部门办理正式手续的人员；凡是持假身份、假证明、假手续等弄虚作假的人员；一律清退，并张榜公布。乡镇正式人员必须按照公开、公平、公正的原则，竞争上岗。上岗人员和分流人员必须公示。分流人员必须脱岗，不能与在职人员混岗、轮流上岗，严禁编制混用、轮岗分流。可以说，正是由于上述配套政策措施严密、细致、得力，保证了这次乡镇机构改革的成功。

第四，乡镇机构改革的根本问题在于合理划分县乡之间的"事权"与"财权"关系，切实加强基层社会管理和公共服务职能，更好地适应社会主义新农村建设的实际需要。为此，河南省委、省政府在这次改革中，着重强调把乡镇工作从过去直接办企业、抓生产经营、催收催种、收费罚款等烦琐事务中解脱出来，转向典型示范引导、提供政策服务、营造发展环境和维护社会稳定上来。同时规定：凡是法律、法规和有关规范性文件明确规定由县级政府部门承担的职责，一律不准转交给乡镇政府；确需乡镇政府配合的，应明确权利与义务的关系，赋予乡镇相应的办事权限，并提供必要的财力保障。上级主管部门不得以项目、资金、评比、检查、达标等手段，干预下级的机构设置、职能配置和人员编制核定，不得要求上下级机构一一对应；凡是由部门下发文件和召开会议擅自规定机构编制事项的，一律宣布无效；凡不是由中央和省委确定的"一票否决"项目和达标升级评比活动一律取消，需要保留的也不准随意扩大评比检查的内容和范围。

第五，这次改革与前两轮改革相比，其最大的特点是省委、省政府开始就拿出了"杀手锏"——各地在完成乡镇机构改革任务前，市、县、乡"一把手"不作调整，党政主要领导必须亲临第一线指挥，一级抓一级，实行目标责任制管理，并把乡镇机构改革工作纳入领导干部个人政绩档案，严明纪律，不达标者予以通报批评。这样就克服了以往存在的"上推下不动、干打雷不下雨"的被动工作局面。许多县乡领导也反映说："这3个多月就好像是打了一场战役！"为了防止出现乡镇机构改革后的"反弹现象"，河南省委、省政府日前又作出规定：乡镇行政和事业编制实行全省统一管理和总量控制，建立乡镇机构编制台账制度，实行乡镇编制人员实名制管理和机构编制审核通知单制度。通过建立和完善乡镇机构编制管理与县级财政预算管理相配套的约束机制，进一步巩固和提高这次乡镇机构改革的成果。

三、结论与启示

河南省三轮乡镇机构改革的成败得失告诉我们，不管是进行乡镇机构改革，还是进行其他层级的政府机构改革，其成功与否的关键取决于各方利益主体之间的关系协调，并且形成一种有效整合、协调互动的合作型博弈机制。下一步，我国将重点进行市、县、乡机构综合改革，为防止出现低效率的重复博弈现象，应由党中央、国务院直接领导这项复杂而艰巨的系统工程，省一级则具体负责组织实施。其实，这个问题早在20世纪90年代初期就暴露出来了，但时至今日仍然没有得到根本解决。因此，我们应当统筹考虑市、县、乡机构综合改革，尽量避免和压缩政府机构改革的"博弈空间"。

种种迹象表明，当前我国政府机构改革的最大阻力来自于各级政府内部的"既得利益"，除非万不得已几乎没有哪一级政府愿意首先"拿自己开刀"。但迄今为止，我国政府机构改革的路径设计"要么是先从国务院下手，要么是先从底层突破"，这等于是把市、县两级的改革"重头戏"给漏掉了。据财政部一项研究报告显示，目前省一级行政经费支出每年不少于3630亿元，占地方财政支出比例为38.9%；地区一级每年行政经费支出约为1715亿元，占地方财政支出比例为18.4%；县一级每年行政经费支出约在2700亿元，占地方财政支出比例为28.9%；乡镇一级每年行政经费支出约在1280亿元，占地方财政支出比例为13.7%。即使从降低行政成本的角度考虑，我们

也应当把市、县政府机构改革作为重点和突破口。当然,防范和规避各方利益主体分散决策、重复博弈的关键在于能否把政府机构改革的"政治成本"与"经济成本"统一起来,并且选择合理分摊改革成本的适当方式。只有这样,才能把多元的、离散的潜在改革因素转化为一体的、内聚的现实改革力量。这正是我国政府体制改革中多年来都想解决而至今尚未得到根本解决的一道大难题。

(原载《华中师范大学学报》,2006年第5期)

湖北省咸安区乡镇行政管理体制改革

袁方成
（华中师范大学政治学研究院）

咸安，在我国中部地区湖北省范围内，曾经是一个普通的中等区县，湖北省38个贫困县区之一。从2000年春开始，咸安区出台了以乡镇行政管理体制改革为核心内容的一系列改革措施，引起了政界和学界的广泛关注和强烈反响，被誉为"咸安风暴"，其改革领导者宋亚平也获得与仇和、吕日周齐名的"当代中国三大改革家"称号。咸安改革作为地方政府制度创新的典型案例，具有重要的实践贡献和经验价值。

一、咸安改革的动因

咸安改革的推行，既是中西部地区农村基层治理危机催生的结果，同时也与主政者的理想与魄力密不可分。

（一）治理危机中的咸安

"湖广熟、天下足"，农业曾经给地处中部的湖北带来辉煌的历史。然而，

20世纪90年代后期以来，随着种粮比较效益下降，湖北农业背上了沉重的包袱。"农业大省、财政穷省"现实的背后，是各级干部的焦虑与无奈，是全省农民的失望与叹息。据统计，2001年全省农民人均负担140多元。江汉平原有的乡镇亩均负担高达400多元。2001年，国家通报26起农村恶性案件，其中湖北有6起，居全国第一。当年，湖北省农民因负担过重上京告状的总量居全国第三。数字背后，反映的是广大农村地区基层治理矛盾尖锐的现实。

咸安也不能例外。从横向比较看，与湖北其他先进发达市县区乃至与东部发达地区相比，存在很大差距：经济基础脆弱，总量块头小，运行质量低，工业腿短，农业落后；政府机构臃肿，财政捉襟见肘，债务居高不下，"五乱"屡禁不止。2002年咸安全区本级财政收入只有1.2亿元，加上中央和省、市的财政转移支付3000万元，财政总盘子1.5亿元，而可用财力不到6000万元，全区靠财政供养的机关事业单位的干部职工就有12700多人。财政赤字3000多万元，"普九"负债9600万元；各种名目的基金会130多家，非法高息揽储达3.68亿元，基金会储户经常围堵政府，许多干部群众消极悲观情绪浓厚。

客观地评价，咸安所面临的这些困难，是长期以来各种矛盾的积累，是深层次的历史与社会诸方面的交织，体现了我国中西部地区广大市县区在发展过程中所面临的带有共性色彩和典型意义的"成长的烦恼"。正如中央政府集中财权并凭借权威转移事权以改进自身绩效一样，在自上而下的"压力型体制"下，各级地方政府也同样存在以责任下移、财权上收来缓解压力的机制。这种机制层层传导的最终结果是，乡镇一级财政事权和财权联系的脱节，而分税制中税种层次划分的不彻底性，又往往将这种脱节定格于基层财政有事权而无财权的境地。财权和事权的不对称，严重削弱了农村基层治理的财政基础。如全区12个乡镇上缴给区财政的收入大约3000万元左右，区财政返回给乡镇的党政机关干部人头费1000万元、教师工资2000万元、垂直部门工资800万—900万元。不包括农田水利、农业综合开发和城建项目的开支,财政缺口已接近1000万元。而随着"条块分割"格局中乡镇组织的急遽膨胀,加剧了财政短缺的紧张,刺激了基层政府的"自利化"和"赢利性"倾向,恶化了政府与农民之间的固有矛盾,呈现出政权"内卷化"的图景。

简言之,计划经济时代原有的乡镇管理体制,机构庞杂,人浮于事,条块分割,效率低下,严重制约了农村生产力的健康发展和基层政权的正常运转。能否真正做到减人、减事、减支,已成为能否缓解和消解基层治理危机、促进农村经济发展和农民增收的重大政治问题。具体而言,乡镇一级的管理和服务体系与公共服务需求和农村发展的内在要求存在较为明显和突出的矛盾,表现在几个方面:乡镇机构膨胀、人浮于事,与乡镇有限的公共财力不适应;原有的计划经济的管理模式与健全社会主义市场经济体制要求不适应;"条块分割"的乡镇管理体制与整合农村经济资源、重组农村治理结构、发展农村经济的要求不适应;乡镇干部的官本位思想与改革后的客观现实不适应。

基层的短缺财政及由此刺激催生的严重政治社会危机表明,农村基层治理事实上已经走到了这样一个关口:农村社会不能按照原有的方式发展,农民不能按照原有的方式生活,基层政府组织也不能按原有的方式继续生存下去。通过政府自主性的政策和制度改革重新调整政府与农民之间的权利关系,改革,成为一种必然的选择。

(二) 改革"操刀手"

大凡历史上成功的改革离不开具备深厚的理论功底、丰富的实践经验和政治智慧的改革者。在过去的几年里,咸安成了全国知名的改革明星。谈到咸安的改革,首先要提到的就是咸安前任区委书记宋亚平,正是这位拥有独特的经历和抱负的书记,在咸安先后推出了"五保合一"、干部外出打工、乡镇政府机构改革、撤销"七站八所"等一系列动作,被视做中国基层政权冲破"黄宗羲定律"的成功尝试。

1957年，宋亚平出生于湖北省赤壁市。1986年武汉大学硕士毕业后，他被分配到湖北省政府研究室。1988年，他成为当时湖北省政府第一个辞去公职者。宋亚平回忆，当年他怀揣老婆给的280元钱，乘火车南下广东"淘金"。他相继在广州、深圳等地扛过包、卖过报纸、送过盒饭、贩过蔬菜。这段主动"融入"弱势群体的经历，是宋亚平自认为在社会最底层的时候。这让他广泛接触社会底层，广泛了解社会弱势群体。在这段时间里，他形成了对政府职能的看法，一直设想：如果有一个可以施展的舞台，自己会怎么做？

经商赚到钱后，宋亚平回武汉再攻学业，并于1993年获得华中师范大学历史专业博士学位。1993年4月10日，海南省洋浦开发区成立。经国务院批准，洋浦确立为同时享有特区、开发区、保税区和高新技术园区各项优惠政策的经济开发区。曾留学瑞士8年、时年46岁的博士江上舟就在这种背景下就任"特区中的特区"的行政首脑。这里积累的经验，在10年中陆续推上中国政治改革的前台，公务员招考、集中采购、公共财政……甚至深圳后来拟尝试的行政三分制，都有洋浦的"身影"。宋亚平当时奔赴海南洋浦，成为江上舟的主要助手之一，参与了这场名闻全国的"洋浦实验"。1998年，"洋浦实验"以失败告终。

同年，湖北省到沿海发达地区选拔干部，正要寻找一个舞台的宋亚平终于等来了机会，决定回到家乡，"施展自己的才能与抱负"。通过考核后，他得到了枣阳市常务副市长的位子。在枣阳，他制订了一套系统的改革方案，准备在枣阳实现。但是，"推行改革必须要当一把手"。在出任咸安区委书记之后，他终于得以施展，需要重新做的只是将方案中的"枣阳市"改为"咸安区"三个字而已。同时，经过多年的商海沉浮，宋亚平积蓄了可以使他后半生衣食无忧的财富，这让他能够做到为实现政治理想而改革。

二、咸安改革的进程和内容

设计一种根本性、全局性、稳定性、长期性的制度，是咸安改革的初衷。同时，改革还要达到全面调整原有的利益关系、创新乡镇管理体制和运行机制、转变政府职能、推进民主政治建设、建立社会化公共服务体系的目的。从 2000 年以来，咸安率先在全省乃至于全国积极探索和大力推进了以"五保合一"的社会保障制度改革、农村财税体制改革、乡镇政府机构改革、乡镇事业单位改革、鼓励事业单位人员自愿置换身份和"以钱养事"服务机制等为主要内容的农村改革措施。改革大体分为五个阶段：

（一）第一阶段：从 2000 年至 2002 年，主要是建立"五保合一"的保险体制、干部外派、合并乡镇、人员分流的改革

过去一些地方的改革，在实施中得不到有效的贯彻执行，有的甚至半途"流产"失败。除了没有认真设计改革方案和精心组织，或者是改革的程序操作失当之外，还有两大原因：一是改革者在"摸着石头过河"的思维影响下，事先对改革所可能引发的错综复杂的矛盾和社会震荡缺乏必要的思想准备及应对措施；二是未能及时有效地建立和完善包括党政机关、事业单位干部职工在内的社会保障制度，改革缺乏一个能够承受和抗御社会波动和震荡的稳定的"安全屏障"。

因此，咸安改革第一步就是建立改革的"安全网"和"减压阀"。咸安区委、区政府基于对改革前情况的冷静分析，以党中央、国务院关于《建立一个独立于企事业单位之外的社会保障体系》和《探索机关事业单位养老保险制度》等规定为依据，2000 年初区委、区政府制定并下发《关于撤销区劳动局、区劳动就业管理局、区劳动社会保险局和区机关事业单位保险局，组

建咸安区劳动和社会保障局的决定》，进行了机构撤并和人员、业务、财产、社会保险基金的交接，成立了新的劳动和社会保障局。2000年6月1日，咸安区委、区政府制定下发了《中共咸安区委、咸安区人民政府关于全面推行"五保合一"社会保障制度的决定》，全面再造了具有咸安特色的覆盖面广、功能齐全的社会保障体系。新的"五保合一"制度，就是在过去企业和行政事业单位全民合同制工人中实行养老保险的基础上，将原来分散在多家的基本养老保险、基本医疗保险、失业保险、工伤保险和生育保险集中到新成立的劳动和社会保障局，在全区所有用人单位、所有工作人员（包括党政机关、事业单位的干部职工、民营企业主与就业者、工商个体户）中，全面推行基本养老保险、基本医疗保险、失业保险、工伤保险和生育保险，从而建立一个独立于企业和其他用人单位之外的社会保障体系。单位在履行缴费义务后，干部职工的养老、失业、医疗、工伤和生育保险交由社会保障部门负责，实行统一经办机构、统一政策标准、统一参保对象、统一征收管理、统一待遇支付的"五保合一"的新体制。

继而，基于对过去干部外派挂职效果的考虑和反思，基于对以上问题的深刻反思，咸安区委深感干部素质的提高和工作作风的改变，需要某种外在压力和内在动力的驱使。经过反复酝酿，作出了一个大胆的决定：选派干部到沿海打工。通过每年选派一部分干部到经济发达地区自己谋职，让干部通过这种类似野外生存训练的打磨，通过他们在经济发达地区的亲自感受，从而较快地提高干部驾驭市场经济和各种复杂局面的能力，以达到培养锻炼干部的目的。2001年5月，咸安区委下发了《关于选派干部到经济发达地区锻炼的通知》，明确提出："为了加大干部培养的力度，解放干部的思想，更新干部的观念，转变干部的作风，增强干部驾驭市场经济的能力和带领群众致富的本领，在总结以往选派干部到沿海、企业锻炼的成功经验的基础上，区委拟定从2001年开始，每年选派一批干部到经济发达地区（指咸宁市辖区以外）进行实践锻炼。"选派干部到经济发达地区谋职是向现行干部教育培训制度的挑战，是人事制度改革的一项新举措，为了确保选派干部工作达到预期效果，咸安区委坚持高起点运作，突出重点抓管理，使其按预定的"跑道"良性运作。2001年3月，187名咸安干部以打工者的身份登上南下的列车。在深圳、在海南，这些干部通过生存的体验，在全新的环境中重新打造自己，也为咸安打造能够为改革冲锋陷阵的力量。

同时，2001年2月至4月，咸安区委、区政府针对原有乡镇规模较小、管理成本较大的状况，鉴于该区乡镇通讯、交通较为便捷的实际，进行了乡镇合并。在乡镇建制调整中，既尊重历史，又着眼现实，更前瞻未来。合理划分区域，合理确定乡镇机关所在地，合理确定镇名。力求乡镇布局合理，资源配置得到优化，城镇体系更完善，城镇与区域有机结合。改革中将建制乡镇和街道办事处由原来的21个（9乡10镇2办）撤并为12个（9镇1乡2办），其中维持原区域和建制不变的乡镇和街道办事处4个，新建制乡镇8个，精简43%。改革后乡镇办的平均人口规模由原来的2.42万人增加到4.21万人，辖区面积68.27平方公里增加到115.54平方公里。同时，全区乡镇行政编制由774人核定为433名，实际定编到位409名，比改革前的在册人数808人减少399人，精简48%。

（二）第二阶段：从2002年12月到2003年3月，主要是以乡镇党政领导交叉任职、建立乡镇"三办"和以两票推选、竞争择优为内容的乡镇政府体制改革

2003年1月11日，为了既积极又稳妥，确保改革顺利实施，咸安区下发了《关于深化乡镇办管理体制改革的决定》和有关实施方案，先在横沟桥镇、贺胜桥镇进行了管理体制改革试点，进而在全区各乡镇全面铺开。

首先，2003年春咸安区在各乡镇换届的过程中，全面推行党政领导交叉任职、两票直选班子成员。主要是在乡镇换届过程中，将乡镇党委、政府、

人大、政协四大家班子实行交叉任职，乡镇党委成员定为9名，分别为党委书记1名，副书记3名，委员5名。政府班子成员全部由党委委员兼任，其中，党委书记兼乡镇长，副书记3名，分别兼常务副乡镇长、人大主席团主席、纪委书记，3名委员兼任副乡镇长，不再设立乡镇政协机构，其工作由一名党委委员兼管。在操作过程中，该区还考虑到原四大家班子领导职数过多，规定三年的过渡期，在这个过渡期内，设立人大副主席1名，还设立2至3名正、副科级干事，过渡期满予以取消。咸安区严格遵守党代会和人代会规定的议程，坚持依法依章组织两会选举的基础上，在乡镇选举中突出"三个创新"：一是竞职演讲，在选举程序中，增设竞职演讲环节。先由12名党委委员正式候选人分别进行竞职演讲，时间不超过10分钟，演讲完毕后，由全体党代表以无记名投票的方式选举产生9名党委班子成员，从达到应到会总数一半以上的按得票多少依次当选。党委委员选举产生后，由区委确定的2名党委书记兼镇长候选人分别进行竞职演讲，演讲完毕后，党代表现场提问；二是由全体党代表以无记名投票的方式直接选举产生党委书记、乡镇长和党委副书记。由全体党代表投票选出党委书记，然后从落选的党委书记候选人和3名副书记候选人中投票选举产生3名副书记，再从3位副书记中选1名兼职的纪委书记；三是党委委员、党委书记、党委副书记全部实行差额选举，其中，党委委员差额25%，党委书记差额50%，党委副书记差额25%。

同时，建立交叉任职、设置规范的乡镇领导体制。在2003年乡镇换届选举过程中，乡镇党委、政府、人大、政协四大家班子成员实行交叉任职。乡镇党委班子成员定为9名，分别为党委书记1名，副书记3名，委员5名。政府班子成员全部由党委成员兼任，其中党委书记兼任乡镇长，1名副书记兼常务副乡镇长，3名委员兼任副乡镇长。人大主席团主席由1名副书记兼任，不再设立乡镇政协机构，其工作由1名党委成员兼管。另外1名副书记兼任纪委书记。改革后，全区乡镇办班子成员为108名，比改革前的247人减少139

名，精简 61.2%。

改革中咸安区根据农村税费改革的要求，将各乡镇的内设机构由原来 14 个办公室精简统一设置为"四办一局"，即党政综合办公室、经济发展办公室、社会事务办公室、财政税务办公室和农税征收分局。2004 年 4 月，该区按照湖北省委 17 号文件精神，对乡镇内设机构进行了进一步规范，撤销了农税分局，又将财政税务办公室合并到经济发展办公室，统一设立"三办一所"，即党政综合办公室（加挂"社会治安综合治理办公室"的牌子）、经济发展办公室、社会事务办公室（加挂"计划生育办公室"牌子）和乡镇办财政所（为乡镇办直属事业单位）。党政综合办公室的主要职能是承担党委、人大、政府交办的各项日常工作和社会治安综合治理、社会稳定、工青妇及各部门、各方面的综合协调工作，督促检查有关工作的落实；经济发展办公室的主要职能是承担农业、工业、水利、林业与第三产业发展规划、招商引资、公有资产管理等工作，协调与经济发展相关的其他工作；社会事务办公室的主要职能是承担人口与计划生育、国土资源管理、村镇规划建设、民政优抚、民族宗教、人事编制、人才开发、劳动和社会保障、科教文卫等工作，协调与社会事务相关的其他工作。

"三办"人员实行竞争上岗，先是由全体机关干部在机关干部中公开竞选出"三办"主任，即"兵选将"，再由"三办"主任按各办的岗位设置"点兵"或量化评分的办法确定上岗人员，落岗人员自动分流。该区在乡镇办领导班子成员和机构设置到位之后，实行了"一人一编一卡"，严格编制管理。全区乡镇办机关确定行政编制共 433 名。4 个办公室的工作人员，通过公开、平等、竞争、择优的办法产生。先是公开竞选出 4 个办公室的主任，然后是现有的党政机关干部公开竞岗，最后由办公室主任与在竞岗中胜出的机关干部进行优化组合。在编干部工资及办公费用统一由区财政按核定编制数核拨。

（三）第三阶段：从 2003 年 6 月开始的以乡镇"七站八所"转制、组建农村服务实体和建立"以钱养事"的三农服务体系为内容的乡镇站所改革

咸安改革对乡镇事业单位进行彻底的系统重组，主要包括改革"七站八所"，事业站所实行整体转制或撤销，站所工作人员置换身份退出编制，中止财政供养，由"机关人"变成"社会人"、"市场人"，把"养人"变成"养事"。

首先，全面撤销"七站八所"，拆"庙"摘牌。咸安对乡镇农技站、水利站、农机站、城建站、房管所、文化站、广播站、经管站、计划生育服务站等 9 类 102 个直属站所进行"收章、摘牌、改制、人员整体分流"的改革，将农技站、水利站、农机站、城建站、房管所、文化站、广播站、经管站、计划生育服务站、畜牧兽医站、客运站等撤销，全部转制为企业或中介服务机构，单位退出事业序列，职工退出事业编制，供养与财政脱钩，走企业化、市场化、社会化的路子。同时，按照"行政职能整体转移、经营职能走向市场、公益服务职能面向社会"的总体思路转变职能，转移原站所的相关政府职能。其中站所的行政管理职能分别向乡镇办相关办公室转移。司法所的行政管理职能收归乡镇办社会事务办公室管理；农技站和水利站的社会公益事务、经管站的农民负担监督管理等职能、畜牧兽医站的动物检疫、畜禽防疫等社会公益事务职能收归乡镇办经济发展办公室管理；城建站、房产所、文化站、广播站的行政管理职能和社会公益事务收归乡镇办社会发展办公室管理。原站所的行政职能收到各乡镇办后，由区直职能部门与各乡镇办签订相关委托协议书，确保国家的相关法律法规在乡镇得到有效实施。

其次，在撤销站所的基础上，组建新的经济实体。站所撤销后，各乡镇根据农村服务需要，引导原站所人员，自发地组建了农业、广播文化和城建

服务等民营性质的企业或中介服务组织，并与政府彻底脱钩，成为自主经营、自负盈亏、自我约束、自我发展的经济实体和市场主体，参与公益性服务的市场竞争。咸安通过改革改制、引导创业，将原站所人员推向市场，让他们积极参与市场竞争，在市场竞争中求生存、求发展。同时，在改革的过渡阶段，政府通过一系列过渡性措施引导站所人员创业：通过将原站所的资产委托营运的方式，引导他们创业；将乡镇原部分基地和经济实体租赁给无资产的新实体经营创业；乡镇主动让出一部分微观经济服务事务给资不抵债的实体经营创业；同时出台一系列优惠政策，鼓励站所人员自主创业。

再次，转换服务机制，坚持市场取向，变"养人、养机构"为"养事"。站所撤销后，区政府积极转变工作方式和服务方式，做到支持服务"三农"投入不减，加大对农业的扶持，农村公益性农业、畜牧、水利、计生医技、文化体育服务全部以合同形式包给有资质的服务人员或服务部，实行动态管理，有事就由政府发包，一律由政府"买单"，做到"养事不养人"。对政府行政执法由区直部门直接办理或在坚持主体明确、收费依法依规的前提下，聘请有资质和技术专长的实体或个人承办；公共公益性服务责任根据"养事"的类别、目标任务和要求等，通过市场运作、公开招标的办法定向委托给符合资质的法人实体或社会中介组织办理，并根据合同协议给予相应的报酬。政府则本着绝对减人、相对减支、减人不减政府责任、减支不减政府公益性支出的原则，创新政府投入机制：一是以"养事"种类、项目多少定支出，不按人头投入，把钱真正用到农民身上；二是以考核结果定报酬，双方通过合同契约形式明确责权利，按实施情况给予相应经济报酬；三是以办事质量定奖惩。如该区农技服务，按照"定资质、定资金、定目标、定奖惩"的原则，实行"分片发包、公开招标、经费包干、落实奖惩"的管理体制。

最后，在乡镇站所改革过程中，咸安区始终坚持以人为本，有情操作，积极引导新成立的企业和中介服务机构走向市场，为其在市场中求生存、谋发展创造条件。帮助置换身份后的人员谋生活出路，努力解决原站所人员的

效率政府
Efficient Government

养老等后顾之忧。各乡镇办在政策上给予一定的经营服务空间，切实解决各转制企业的实际困难。对转制后新成立的企业或中介服务机构，让其尽快走上正轨。并切实解决落岗人员的生活困难。对落岗的人员，各实体根据其经济能力，发给适当的生活补贴，并积极支持和鼓励他们创业和外出谋职。对落岗后生活困难、缺乏一技之长、谋生就业能力较弱的，由政府购买环卫员、交通协管员、市场卫生监督员、社区服务、门卫等公益性岗位安置就业。

（四）第四阶段：从 2004 年 4 月开始的以乡镇站所人员置换身份、办理基本养老保险为内容的乡镇站所深化改革

为了保证改革有序、稳定地进行，在乡镇直属站所转制之后，从 2004 年 4 月开始，咸安区对原有站所人员实行经济补偿，鼓励置换身份，重点解决乡镇站所人员置换身份、办理基本养老保险问题。

2004 年置换身份前，全区 13 个乡镇事业单位共有人员 1268 人（其中退休 93 人，内部退养 110 人，符合置换条件 1065 人）。置换身份坚持个人自愿申请的原则，由个人提出书面申请，与乡镇办政府签订《咸安区事业单位人员一次性经济补偿置换身份合同书》，《合同书》作为解除劳动关系的法律文书。身份置换补偿标准以工龄和上年度月平均工资为依据，置换身份人员每工作一年支付其本人一个月的上年度月平均工资。对改革的成本资金建立专户管理，改革资金封闭运行，个人补偿金直达个人银行账户。在置换身份的工作中，该区坚持做到按程序规范操作，对每个自愿置换身份人员做到"六个一"：一张表（自愿置换身份申请表）、一份合同（置换身份人员与乡镇政府签订置换身份合同）、一张榜（置换身份人员各种数据公示榜）、一本存折（置换身份人员补偿金由财政直达个人的银行存折账户）、一本手册（置换身份人员发放基本养老保险手册）、一本证（置换身份人员再就业优惠证）。全区 10 个乡镇事业单位（除畜牧兽医站 66 人、客运站 78 人、林业站 387 人放

在下一步改革）的603名干部职工，除28人退休、43人内退和14人因工伤等因素暂未置换身份外，其余518人全部置换了身份，支付经济补偿金730万元，其中已有431人自愿申请置换身份解除关系。据测算，加上养老保险金，每个置换身份人员平均2.5万元左右（含身份置换金、养老保险、再就业补偿金、区政府借款，不含乡镇欠置换人员的工资借款）。为了支付原乡镇站所人员的身份置换补偿金，该区还提前利用了省里一年转移支付的1/3，合1300万元。改革结束后原站所人员比较稳定，没有出现大的矛盾和波动。

同时，咸安为改革中涉及的乡镇办事业单位全体在职职工和退休人员建立了基本养老保险，将社会保险的范围扩大到包括党政机关、人民团体、事业单位在内的所有用人单位。全体乡镇机关干部职工（包括分流人员）从2000年6月开始补缴保险费，参加了养老、失业、医疗、工伤、生育五种保险。乡镇站所人员按全省统一的规定，建立了乡镇事业单位养老保险，补建从1995年1月至2004年6月的个人账户，1995年以前的工作年限算作视同缴费年限。乡镇机关事业单位养老保险解决了干部职工的后顾之忧，确保了离退休人员按时足额领取养老金，维护了社会稳定，确保了乡镇综合配套改革的顺利进行，也增强了干部职工的自我保障意识，均衡了单位负担，强化了政府、单位和职工个人的养老责任，并且乡镇事业养老保险实行了统账结合缴费与待遇挂钩的制度模式，在制度设计上实现了与企业养老保险制度的对接，为全面深化机关事业养老保险制度改革进行了有益的探索。

（五）第五阶段：从2004年8月开始的乡镇机关、财政所、区直延伸派驻单位人员的定编定岗、分流富余人员的改革

2004年11月，该区在乡镇办领导班子和机构到位之后，严格人员编制管理，实行"一人一编一卡"。按省里的要求，并结合该区实际，按一类乡镇39名、二类37名、三类32名定编，全区定编433名。定编定岗以乡镇办为

效率政府
Efficient Government

单位，实行干部竞编竞岗。在站所改革的同时，咸安还规范了区级延伸派出机构设置，严格编制管理。对于区直延伸派出机构，如税务所、工商所等部门按上级要求统一设置，法庭、司法所按区域设置，保留牌子，在乡镇政府设司法助理员，使用政法专项编制。其他垂直管理或以上级部门管理为主的国税所、地税所、工商所、邮政（电信）所、供电所、信用社、卫生院、国土所、林业站、法庭、公安派出所，按上级业务部门的要求推进改革，公安派出所、林业管理站按乡镇设置，这些单位党组织关系实行属地管理，人事任免等重要事项按有关规定征得当地党委同意，其经费按谁设立谁负担的原则，由主管部门负责落实，不增加所在乡镇政府和群众的负担，并对其编制实行严格管理，分流超编人员，清退无编人员和临时工。改革后该区延伸的法庭、公安派出所、林业站3个机构由改革前的577人减少到202人，共分流人员375人，比225个定编少23人。乡镇畜牧兽医站整体转制为集体性质的企业，102名职工退出事业编制，由区畜牧局和乡镇政府从102人中聘用了58名防检员和防检监督员，其他人员转为企业聘用人员。

对于分流人员，该区通过"七个一批"给予适当的安置：即农村"养事"项目消化一批，全区通过"以钱养事"，有91人在新的农村社会化服务中找到岗位；通过鼓励创业扶持一批，有166名干部职工落岗不落志，创业办基地、办实体；外出谋职走一批，有302名干部职工到沿海发达地区和大中城市谋职发展；充实基层安置一批，各乡镇推选了158名工作能力较强的原乡镇机关工作人员到村和社区工作，政府给予适当补贴；转制单位留用一批，102人转入转制后的实体工作；政府购买公益性岗位安排一批，77人在政府购买的公益性岗位上找到了用武之地；内退一批，对男55周岁、女50周岁以上且工龄满20年或工龄30年以上的180人，申请内部退养，发放生活费。

综合、完善的配套措施的实施是乡镇行政管理体制改革成败的关键因素之一，咸安改革通过一系列的"组合拳"，确保了乡镇管理体制改革的目标和成果的实现。改革的成效很快体现出来：在取消农业税的背景下，2004年咸安区实现生产总值30.5亿元，增幅达到12.6%，是十年来增长最快的一年；财政收入达到2.06亿元，按可比口径比增长32.2%；农民人均纯收入达到8302元，比上年增收487元，成为历史上农民增收最多的一年。2005年上半年全区实现了"突破两个大关，四个超历史"，即规模以上工业企业产值首次半年突破10亿元大关，财政收入首次半年突破亿元大关；GDP增长幅度超历史，农民现金收入超历史，夏油、夏粮增产幅度超历史，固定资产投资增长幅度超历史。从找到症结到破解难题，咸安作为中部地区农村基层治理改革的"先锋"，冲出了旧体制的"重围"，建构起新型乡镇管理体制，引导农村社会进入提速发展的新阶段。

三、咸安改革的成效与经验

咸安改革获得了成功，失效的基层公共管理和服务体系开始有效运转起来，将它和历史以及当前各种相似改革的经验与教训作比较，其改革的成功策略和经验值得认真思考。

（一）"使服务运转起来"

咸安通过以乡镇行政管理体制改革为重心的改革，不仅巩固了农村税费改革的成果，达到了"减人"、"减事"、"减支"的目的，提高了政府的行政效率，激活了农村市场的各种资源和要素，引导发挥农村社会各种组织的积极性，初步建立起与农村市场和社会发展需要相适应的新型农村公共管理和服务体系，制度创新的效力和影响已经明显地展现出来。

首先，通过改革，重新确立乡镇政府的职能定位，重塑新型农村公共管理和服务的主导力量。一方面使基层政府退出不该管的领域，另一方面强化那些本该属于政府管理范围的职能，强化基层政府的服务意识和责任。改革使乡镇政府从"无限政府"向"有限政府"转变，基层工作的重心开始由抓大农业生产向抓大市场引导转变，由行政领导和管理向服务和指导转变，由微观管理向宏观引导转变，由收粮派款向经济调节、市场监管、科学管理、公共服务转变。逐渐形成政府创造和维护环境、社会和人民创造财富的新的治理格局。改革有效地实现了基层政府行政职能、公益性事业和经营性事业相分离，明确界定了乡镇政府该干什么、能干什么、该承担什么责任；改变了政府服务经费的支出方式，提高了资金的使用效率，真正集中政府人力、物力、财力，并积极调动社会各种资源和力量，将自己该履行的职能履行好，将自己该办的公益事业办好，而将自己不该管、管不了也管不好的经营性事业推向市场，建立起政府主导、社会力量广泛参与、灵活的市场化服务机制的公共服务平台，使政府的服务职能得到明确和强化。

其次，通过改革，咸安在农村公共服务领域内引进了市场经济的竞争机制，创造性地形成了较为成熟和完善的"以钱养事"这一市场化公共服务的运行机制，提高了农村公共服务生产和提供的质量和效率。改革实现了乡镇政府对农村各类事务的管理和承办任务的分离。改革后，政府不再直接包揽农村的一切事务，对政府应该承担的社会公益性事务采用"以钱养事"的新机制，由过去行政指令和计划任务的方式，通过把市场经济的竞争机制、利益驱动机制引入农村社会公益事业，变成用市场配置农村资源的方法。政府作为投资方、发标人，理所当然地行使管理者和监督者的权力，以合同协议为依据，通过经济、法律的手段实现公共服务提供的有效管理。在市场竞争的激励和驱动下，站所转制后的这些经济实体和社会中介组织人员的积极性、主动性大大地增强，他们由过去依赖财政拨款和收费来维持机构运转和人员开支，"干多干少一个样"，"干好干坏一个样"，转变为充分发挥自身特长、主动搞好服务，积极参与市场竞争求生存、求发展。这样，在"以钱养事"机制驱动下农村公共服务的质量和效率得到显著提高。

再次，通过改革，转变了乡镇政府干部职工的服务观念，大大强化了广大干部职工的服务意识、市场意识和责任意识，锻炼并提高了乡镇组织的管理和服务水平。从广大农民对改革后公共服务的态度上来看，较过去而言有较大改善。在农技服务方面，农民总结了改革前后的八大变化，即：农技人员专业技术由原来的无处用变成了现在的不够用，服务模式由原来围着领导转变成了现在的围着农民转，工作方式由原来的走马观花变成了现在的定点跟踪，工作安排由"要我做"变成了现在的"我要做"，事务管理由过去"要我管"变为现在的"我要管"，农资供应由原来的"上门买"变成现在的主动"送上门"，农民有事要请农技人员由原来的"找不到"变成现在的"送到田"，农情咨询由原来的"问不到"变成现在的"送到人"。乡（镇）政府在项目的确定、发包、考核、兑现过程中，广泛征求广大农民的意见，了解掌握对服务质效的满意度，在吸收群众建议的基础上进行集体决策，既保证农民对公共服务实施有效监督，又保证各项服务符合农民群众需要，提高服务的针对性。

最后，通过改革，农村社会资源得以有效整合，形成了推动农村经济和社会发展的合力。改革之前，在"条块结合"的基层管理体制下，大多数乡镇站所的人、财、物的支配权归属于县有关职能部门掌握，依然是按照乡镇行政区划组建和运作，在机构设置上强调上下对口、层层节制，各乡镇站所掌握的有限的政府资源被行政区划和部门职能界限"分而治之"，得不到有效的综合利用。同时，传统的"条块分割"的封闭管理模式，排斥了各种社会组织和力量，隔断了基层政府和农村社会之间的内在联系，使农村公共服务的生产和提供成为农村社会发展之外的独立体系。这样就使得新中国成立以来以站所为主体所建立的传统公共服务体系，在有限的政府资源的基础上承担起政府庞大的"全能"式的服务和管理职能，必然与不断扩张的农村社会和农民的公共需求产生严重的不对称矛盾，不能满足农村社会的发展需要。咸安在改革中强调坚持市场取向，引入竞争机制，大力推进"七站八所"的市场化、社会化及民营化,并建立乡镇政府与这些社会组织和经济组织之间的"伙伴关系"和"合作关系"。在公共服务的方式上,不是政府完全垄断公共服务,而是尽可能动员和利用社会的力量,参与提供公共服务;不是政府直接提供所有的公共服务,而是通过市场和社会"购买"部分公共服务。通过改革,传统的"条块分割"的封闭管理模式被打破,新型的农村公共服务体系以农村社会发展的公共需求为导向,在基层政府的主导下,聚合起政府部门的各种经济和政策资源,改造乡镇站所组织并转化为社会组织资源,同时也动员和组织其他社会组织力量,通过市场化的运作共同参与农村社会公共服务的生产和提供,相互依存,相互协作,使政府和社会的各种资源得到充分而有机的整合,迅速适应了不断扩大的农村社会和农民的服务需求,并促进农村经济和社会的快速发展,初步展现了新型农村公共服务体系的制度效能。

(二) 为什么是咸安:改革的"政治学"经验

咸安改革为什么会成功?咸安改革是如何操作的?怎样破解改革中的种种难题?回顾咸安的改革历程,我们从对咸安改革的战略决策、整体设计与实践操作的经验思考中,可以总结最全面而深刻的答案。

第一,改革是解放和发展生产力的强大动力。因此,坚定不移地以改革总揽全局,这是当前中西部落后县市区抢抓机遇、摆脱贫困、加速发展、赶超先进的战略决策。客观地看,形成中西部地区经济社会发展落后局面的原因虽有多种,但主要源出于三条:一是思想解放不够,二是改革开放不够,三是干部驾驭市场经济的能力不够。这三个"不够"必然导致生产力发展受阻和经济建设落后。而前者表现出来的封闭保守、安于现状、抱残守缺、不敢改革创新等思维定式和行为方式,在很大程度上又是旧的计划经济体制和运行机制的负面产物。干部队伍工作作风扎实不够和驾驭市场经济的能力不够等问题,也与地方干部人事制度及其一系列相关的制度不完善不健全有着十分密切的关系。所以,只有坚定不移地以改革统揽全局,把改革作为各项工作的"突破口",才能有效地解开制约经济发展的"死结",使许多长期得不到妥善解决的矛盾与问题逐步地从根本上予以扫除。也只有建立起新的充满生机与活力的管理体制和运行机制,才能为落后地区在新一轮发展高潮中赢得先机,争得主动,跃上"快车道",从而迎头赶上并努力超越其他先进县市区。

第二,改革需要深谋远虑、未雨绸缪、精心设计和科学策划,必须首先着力营造一个"安全网"和"降压阀"——社会保障体系,这是保证各项改革顺利进行的重要基础。以改革总揽全局,但从哪些方面进行改革?先改什么?后改什么?怎么改?这看起来是一个操作程序问题,实际上却往往关系到改革的成败。改革是对传统利益关系、权力格局、社会结构的调整和重组,它在为经济生活、政治生活、社会生活注入新的活力的同时,必然会引起一些新的利益冲突和矛盾。随着改革的不断深入,由此带来经济结构和社会关系的新变化,使之面临诸多错综复杂、利弊相伴的问题,遇到不少十分棘手、难以处理的问题。因此,要化解改革过程中的矛盾,避免改革引发大的社会震荡,以保证各项改革顺利进行并最终取得成功,首先必须为改革打造"安全网"和"降压阀",建立和完善一个能够覆盖所有劳动者的社会保障制度。整体看目前社保机构机构分散、政出多门、管理混乱等弊端和险种发展不平衡、基金积累脆弱、覆盖面窄等问题的制约,并没有真正起到保障经济发展和社会稳定"安全网"的作用。而咸安由于有了相对完善的"五保合一"的社会保障体系,这些重大的人事改革没有引发大的社会震荡,保障了改革的平稳进行。

第三,改革要避免"头痛医头,脚痛医脚",必须整体推进,形成一个互相支持、协调配合、相得益彰的系统工程,发挥各项改革的合力,否则就会"按下葫芦浮起瓢",这是改革必须遵循的基本原则。有些地方的改革之所以

"半途而废",最后陷入"死胡同",一个十分重要的原因是其缺乏系统整体性,单项突进,孤军深入,很少甚至没有其他改革措施与之配套、相互呼应与共同促进,不能形成良好的舆论环境和改革氛围的支持,使改革在实施过程中过于集中地裸露在旧的管理体制、运行机制和传统思想观念的"排斥反应"中,从而难以见成效,最后的失败便难以避免。咸安改革从一开始就注重综合设计,整体推进,使之互为条件,又互相促进。如1999年下半年在全区大规模清理整顿基金会,就是为改革打好"外围战";建立"五保合一"的社会保障制度,就是为全面推进各项改革构筑稳定的"安全屏障";改革干部人事制度,特别是面向全国公开招聘区直局委办的领导人,并且将优秀青年干部"赶"到沿海发达地区去"打工锻炼",就是改良干部培养的"土壤",为其他各项改革提供强有力的组织人事保证;干部实行竞争上岗,就是为改革提供组织人事保证;建立行政规费征管中心,不仅是为了整治经济发展环境,而更主要是为了从源头清除腐败,从制度上规范政府;改革统计制度与方式方法,就是为了有效纠正领导干部中的形式主义和官僚主义错误,牢固树立实事求是的思想和切实转变干部的工作作风,以保证各项改革决策的贯彻执行;企业产权制度改革和农村微观组织形式的创新,则把改革引向更深、更广的领域。

咸安推出的多项大的改革来看,其涉及政治、经济、文化、思想各个方面,且各项改革措施互相联系、互为条件、互为因果、互相促进;从改革过程看,每项改革的调查研究、分析论证、民主决策、贯彻实施以及检查督办、总结提高等各个步骤,稳步推进,环环相扣;从改革与其他各项工作的关系看,始终十分注意处理好改革、发展、稳定的关系,十分注意把推进改革与营造良好的舆论环境结合起来,与做深入细致的思想政治工作结合起来,为改革提供强有力的思想动力和舆论主持,使改革在一个相对宽松的环境中顺利向前推进。实践证明,改革的边际效益与横向程度成正比,与纵向程度成反比。改革越是具有综合性、系统性,其边际效益就越好并呈现递增态势。

通过综合改革逐步积累力量再向深度和广度循序渐进，最后形成新体制和新机制。同时，咸安还坚持把大胆改革与依法行政结合起来，确保改革操作的合法性。任何一项改革行为都必须以国家现行的法律法规为规范，在法律允许的框架下进行，并且必须严格依法依规办事。做到改革的政策合法、程序合法、过程合法、结果合法，努力使每一项改革都经得住法律的检验和历史的检验。

第四，改革必须从实际出发，实事求是，符合最大多数人民群众的根本利益，从而让他们自觉地去关心、理解、支持和参与各项改革，这是改革不断推进最为深厚的力量源泉。在认识和处理各种利益关系时，必须高度重视把最大多数人的利益实现好、维护好、发展好，把他们的积极性引导好、保护好、发挥好，这是我们进行改革所必需的最广泛、最坚实、最可靠的群众基础和力量源泉。所以，在改革的整个操作过程中，始终注重几个结合：

一是坚持把加快改革发展的紧迫感与求真务实的科学精神结合起来，确保改革操作的可行性。每制订和出台一项改革方案，咸安区委、区政府事前都要组织专班深入社会基层进行细致的调查研究，反复分析论证，充分考虑各部门、各单位的实际情况，兼顾方方面面的合理利益，尊重干部、职工群众的意愿和要求，努力做到民主决策和科学决策，使改革举措具有很强的针对性和可行性。如咸安区选派青年干部到沿海发达地区"打工"锻炼，前后酝酿了近一年时间，方案上下讨论了6次，最后形成水到渠成的改革局面。

二是坚持把改革的力度、发展的速度和多数人受益的程度结合起来，确保改革操作的群众性。一方面要坚定不移地进行改革，另一方面，注重掌握好改革的时机和力度，注意改革的策略，力求使改革达到既促进发展又巩固稳定的双重目标。在改革中始终坚持人民群众总体受益原则和总体承受能力原则，把实现好、维护好、发展好最广大人民群众的根本利益作为我们制定各项改革政策的出发点和落脚点，在出台改革措施时，最大限度地顾及最大多数人的现实利益，使广大干部群众共同享受到发展的成果。从一开始就把群众拥护不拥护、赞成不赞成、满意不满意、高兴不高兴作为制定和出台改革措施的出发点、归结点，就能获得了绝大多数干部群众的理解和关心，他们通过具体的受益，逐步转变了观念，认识到了改革是社会发展的必然方向，与自己的长远利益和根本利益息息相关，从而激发了他们支持和参与改革的内在积极性。

第五，改革需要比较宽容的社会环境，需要上级领导的爱护和支持，需要一个开拓创新的核心集体，需要一支坚强有力的干部队伍，这是改革获得成功的组织保证。改革是解放和发展生产力，不改革就没有出路。但是，改革又是对既得权力与既得利益的再分配，必然引起方方面面的强烈关注，甚至要遇到这样那样的认识问题和思想阻力。改革也是前无古人的伟大事业，没有现成的模式可以遵循，属于一种最危险的创新活动，因此，真正在第一线搞改革的人又往往最容易捅娄子、犯错误。咸安的改革事业没有出现遗憾，而是自始至终得到了省、市委领导的理解、关心和支持。在每一项重大改革措施的酝酿过程中，湖北省、咸宁市的有关领导总是热情地鼓励他们大胆探索、改革创新，并且具体地出点子、想办法、谋方略、鼓干劲，为咸安区进行大刀阔斧的改革创造了宽松的环境和条件。当改革措施出台之后，省、市委领导又密切关注改革的进展情况，多次听取区委、区政府关于改革的汇报，并深入我区进行调查研究，分析形势、总结经验并推进改革。当咸安的改革政策推行遇到困难和阻力的关键时刻，省、市领导总是及时为改革者撑腰壮胆，满腔热情地帮助他们分析原因、寻求对策并明确方向，使之在不折不挠地推进改革的过程中有了"主心骨"。这是咸安区各项改革得以顺利推进并取得显著成效的政治保证。

在改革过程中，以原咸安区委书记宋亚平为首的咸安区委充分发挥了核心集体的战斗堡垒作用。每推行一项改革之前，都要多次召开书记办公会、常委会、"四大家"领导联席会，让每个班子成员就改革的方案各抒己见、畅所欲言，在班子中形成思想上的共识，凝聚成集体的智慧和力量。改革者也非常冷静地考虑和预见在改革过程中可能会出现的新情况和新问题，始终坚持在政治和社会稳定中推进改革和发展，在改革和发展的推进中实现了政治和社会的稳定。

四、咸安改革的启示及前景

咸安改革取得了明显的成效，改革的基本理念和具体实践，在省级层面上得到充分肯定。由此，咸安作为改革样板直接推动了湖北全省农村综合配套改革的全面实施，并极大地激发了全省各地自主改革的勇气和信心。咸安改革对推动我国广大农村地区的基层治理转型具有重要的启示意义和借鉴价值。

（一）从"咸安风暴"到"湖北政改"

咸安之所以能够做到继续改革，与这场改革得到了湖北省最高领导的支持直接相关。2002 年初，刚刚调任湖北省委书记的俞正声亲赴咸安调研，为咸安改革"撑腰"。时任咸宁市委书记的李明波说，咸安区乡镇管理体制改革符合中央关于深化行政管理体制改革的精神。2004 年 12 月初，宋亚平的继任者、以前的搭档区长王玲，在既有的基础上，将乡镇改革向前推进了一大步。其中，领导干部职务消费（包括招待费、通讯费、交通费 3 个项目）货币化、"七站八所"等改革均已接近尾声。咸安在教育等多个领域实行了一次性买断工龄的做法，彻底斩断了分流人员与原单位的体制纽带。

经过周密部署，2003 年 11 月 4 日，湖北省委、省政府以咸安经验为基础，联合下发《关于推进乡镇综合配套改革的意见（试行）》（省委 17 号文件），随后又印发了《乡镇综合配套改革机构编制工作的实施意见》、《乡镇综合配套改革财政政策和资金筹措意见》、《乡镇综合配套改革加强乡镇领导班子和干部队伍建设的若干意见》和《湖北省试点县（市、区）乡镇事业单位基本养老保险实施意见》4个配套改革文件，将咸安经验作为样板，决定在监利、老河口、安陆、麻城、洪湖、天门等7个地方进行试点。

迄今为止，湖北省105个县（市、区）、1116个乡镇（办）已全部开展了乡镇综合配套改革，分别占总数的70%和60%。湖北省乡镇事业单位具有新的理念、新的目标和新的做法，改革的广度、深度和力度也超过以往及现存其他一些地方的相关改革，改革取得的初步成效已引起社会各界和新闻媒体的广泛关注。改革减轻基层的财政压力，从体制上消除了"食之者众"的弊端，新型的农村公共管理和服务体系在机制上增强农村社会化的服务功能，更新了观念意识并提高了服务质量和效能。

更为重要的是，咸安改革的精神是一种以改革统领全局、以改革求发展的精神，在咸安乃至于湖北的浓厚的改革氛围中，除了乡镇综合配套改革领先全国外，各地政府的自主创新此起彼伏。2002年枣阳在全市基层民主选举中实施"两票制"、"两会制"改革，《人民日报》、《光明日报》、中宣部《党建》杂志社、《湖北日报》等新闻媒体于2004年进行了大量报道，专家学者给予了高度评价，认为是这是加强基层民主建设的一个创新和创举；2003年2月份，罗田和宜都被湖北省委列为全省党代会常任试点的两个县市之一，实行党代表直选制、党代表常任制、党代表年会制、委员制、重大事项表决制、评议制。县委常委会被取消，代之以由县党代表大会直接选出的全委会，领导日常工作；2003年6月26日，全省展开"强县扩权"改革。省委办公厅下发了《关于扩大部分县（市）经济和社会发展管理权限的通知》，将涵盖计划、经贸、外经贸、国土资源、交通等部门的239项权限，下放至大冶、汉川、老河口、监利、石首、当阳等20个县（市）。20个"省管县"的官员，在参加省里会议时，和自己原来的上级"坐在了同一个位置上"；2004年监利县开展农村基础教育改革，秭归推行杨林桥镇"撤组建社"村治新模式等，都在全国引起轰动。

（二）历史与现实的比照

从咸安改革与其他地方改革的横向和纵向的比较来看，事实上，自20世纪70年代末农村经济改革启动后，不少地方也进行过自主性改革。早在1986年山东莱芜在全国率先实行"简政放权"的乡镇站所改革，把属于各"条条"部门的权力"下划"到乡镇一级，充实乡镇权力和健全乡镇职能，被归纳为"莱芜经验"。从根本上看，莱芜的改革及"莱芜经验"是在县市职能部门与乡镇政府权力和利益的重新分配，没有真正解决县市部门与乡镇之间的"条块"体制矛盾。这一改革仍然是在传统的改革思维方式指导下，在计划经济体制时代所建立的基层治理体制中组织体系内部的权力调整，缺乏明确的改革目标和统一的改革依据，并非是真正的"简政放权"，将公共服务的生产、提供、监督和管理的权力给予或者分享于农村社会。莱芜改革对于市场经济条件下政府职能的定位问题缺乏深入的思考和认识，也没有通过改变基层治理的结构和运行机制来实现政府服务职能的转换，改革仍然是低层次的，尚处在单项推进、局部试点的探索阶段，缺乏应有的广度、深度和力度，没有达到预期的目标。

税费改革后，作为一项配套改革，各地在农村税费改革中又纷纷进行了以"减人"、"减事"、"减支"为主线的乡镇管理体制。安徽省早在2000年率先在全国进行农村税费改革试点的同时，就进行了相应的乡镇机构改革，后来，大部分省（市、区）在实行农村税费改革时基本上借鉴了安徽省的这次乡镇机构改革模式。安徽省的新一轮乡镇机构改革从2000年下半年开始，一直持续到2002年。这轮乡镇机构改革实际上包括了乡镇党政机构改革、乡镇事业机构改革等方面的内容。2005年河南等省再次刮起撤并乡镇"风暴"，每撤并一个乡镇省财政奖励50万。

在农村税费改革中，地方政府之所以积极推动这次乡镇撤并风潮，更多

效率政府
Efficient Government

的是基于经济需求及财政压力：一是通过减少乡镇建制数来减少乡镇机构和人员，据此提高效率，减轻财政压力，减轻农民负担，建立适合税费改革后农村经济发展的乡镇政府布局；二是基于加快农村城镇化发展的目的，以扩大乡镇范围作为发展小城镇、实现乡镇规模经济发展的体制支撑。在这一轮乡镇机构改革中，除了黑龙江、湖北、河南等少数地区以外，大部分地区尽管在乡镇机构的数量上做到了精简，但是在"减人"、"减事"和"减支"方面的成效却不尽如人意。

如果把其他地区的改革与咸安改革进行比较，可以发现不同的改革模式及其成效和影响具有很大的差异。如果说莱芜改革以及其他地区的机构改革侧重于在农村基层治理体制的内在制度进行微观调整和改革，那么与传统改革不同的是，咸安改革则强调政府职能根本性的转换和农村公共服务体系的重新构建。传统的改革重视对权力运作的关注，而忽视了权力的归属问题；侧重于讨论基层组织权力的多少或大小，而对于不断转变的外部环境和条件下政府职能如何定位和转变则思考较少。特别是当税费改革改变了中央、基层和农民之间的利益分配关系的同时，基层治理的组织形式及其运行方式也越来越不适应农村社会发展的需要，必须进行公共服务体系的变革和重构。

基于此，咸安改革提出了新的改革思路：中国传统的公共管理和服务体系是计划经济体制下的产物，在我国由传统的计划经济体制向社会主义市场经济转变的过程中，必须对这一体系进行根本性的改造。而要建立适应于市场经济和农村社会发展要求的公共管理服务体系，就必须跳出既定的基层治理体制范围，根据农村社会和农民快速扩展和变化的公共需求，通过公共管理和服务体系的再造和政府职能的转换，对基层政府体系及各部门之间权力和利益关系乃至于政府与乡村社会之间的权力关系进行根本性的改革。

咸安改革无论是从改革的理念、内容、方式以及影响来看，都有着全新的内容和自身的特点，其改革实践的广度、深度和力度无论在历史上的"莱芜改革"还是与其他地区的改革相比较，都是一次巨大的超越。在改革理念上，"简政放权"不是整个政府体系内部的权力重新分配和调整，对政府与乡村社会关系进行调整，而是通过打破既有的权力格局和结构以及"政、企、事"的分开，"还权于社会"；在改革内容上，从一开始就不是单纯的机构和人员的"精简"，而是着眼于"转制"，明确并强化了基层政府的服务职能，创新农村公共服务体系的组织结构、运行机制和财政基础；在改革方式上，通过市场交换和契约的方式，改变了过去对农村"大包大揽"式的"全能"治理模式，面向快速变化的农村经济和社会发展形势和不断扩张的农村公共需求，形成了政府主导、社会参与的现代治理模式。通过改革，初步构建起适应快速变化的农村经济和社会发展和公共需求的新型农村公共服务体系，这无疑是我国农村基层治理从理念到实践的根本性变革。

从基层治理的绩效来看，咸安改革不仅巩固了农村税费改革的成果，达到了"减人"、"减事"、"减支"的目的，而且提高了基层政府的行政效率，激活了农村市场和社会的各种资源和要素，引导发挥农村社会各种组织的积极性，参与到农村市场和社会发展的服务事业中；改革重新确立乡镇政府的职能定位，使基层政府退出不该管的领域，强化基层政府的服务意识和职能，将政府职能转变到了经济调节、市场监管、社会管理、公共服务上来，将"无限政府"变为"有限政府"，重塑新型农村服务体系中的主导力量；改革引进了市场经济的竞争机制，创新了"以钱养事"的新办法，形成了较为成熟和完善的农村公共服务的运行机制，提高了新的基层组织和经济实体的市场竞争意识，提高了新型农村公共服务体系的运行质量和服务水平；改革基层政府和农村社会的各种资源的有机整合，推动农村经济和社会的快速发展，初步展现出农村新型管理和服务体系的制度效能。

(三) 改革前景：农村基层治理的整体转型

理论上，政府的公共职能与基层治理具有紧密的内在关联。随着社会的经济、政治、文化环境的变化和发展，政府的公共职能应当适应社会发展的需要，及时调整自己的权力和职责的范围、内容时，政府的权力运行的效率和效能才能有效地提高，也就能对社会实施有效的治理。如果政府权力运行超过了法定范围，把发展经济当做首要和唯一的目标，用自身利益取代社会公共利益，而忽视向公众提供包括交通、环境、安全等各方面的公共服务职能，公共权力的公共性和合法性就会被削弱。这就会降低政府治理的实际效能，甚至使社会陷入基层治理的困境之中。要提高政府的治理绩效，必须根据社会及其民众在不同的发展阶段、不同的时代环境中整体公共需求的状况及变化，加快政府公共职能的转变，及时调整政府的职能范围和内容，转换政府履行职能的方式和治理模式，才能有效地提高政府公共管理和服务的质量和水平，在以提升农村公共服务水平促进农村社会发展的同时，强化政府对社会发展的实际主导和治理能力，达到治理的善治目标。

跳出咸安改革，将视野放宽到我们的时代和社会，正在发生着的变革图景清晰可见。自我国的农村税费改革推行以来，已经取得了重要的阶段性成效，农民负担明显减轻，干群关系出现积极变化，为全面深化农村改革奠定了基础。

农村税费改革所带来的作用和影响是全面而深刻的，我国农村的基层治理体制、公共服务体系以及乡村公共财政体制也正在发生着巨大变革。在"后税改时代"的背景下，我国广大农村地区农民税费负担不断得以缓解乃至最终取消，农民个体与村集体和乡镇之间的直接矛盾得到缓和，而农村社区公益事业（农村公益性服务和公益事业，是指应由区县、乡镇政府承担，为乡村群众和社会团体的生产、生活和经济社会发展提供的无偿服务）的建设、农村公共产品和公共服务的提供，这一系列集体性事务的重要地位和作用日益显现出来。它关系到农村综合改革的推进、农业综合生产力的提升、对农村治理效率与效能的提高以及农村和谐社会的建设。

特别是在新的改革形势下，原有的计划经济时代所建立的农村治理体制，已经不能满足日益增长的农村社会发展需要，必须借助农村综合改革的有利时机，顺势而上，建立适应农村市场经济发展和满足农村社会全面发展所需的新型农村治理体系。如何构建新型农村治理体系，更好地服务农业、农村和农民，契合了当前我国农村综合改革和全面发展中的热点和关键问题，已成为巩固农村税费改革成果的重要保障，受到党和各级政府的高度关注，具有强烈的时代感和紧迫的现实价值。

从湖北咸安行政管理体制改革的实践演进中，展现了不同时期我国农村基层的治理实态和变革轨迹，以及改革后的农村基层治理所呈现出的新的变化。作为政府为社会提供公共产品和服务、履行公共职能的组织载体，乡镇体系的运作，在不同的历史时期产生了不同的绩效，直接影响到我国农村基层治理的发展面貌和进程。农村公共服务作为市场经济条件下基层政府的一项重要职能，其实施和运行从根本上制约着农村基层治理的实际绩效和政府与乡村社会之间的关系发展。新型农村公共管理和服务体系的建立和运行，从根本上克服基层治理中的"条块矛盾"，充分运用市场化的手段，实现了基层政府公共职能和治理方式根本性的转换，动员和整合了政府和社会各种组织资源和力量，在有效提供公共服务满足农村社会和广大民众的公共需求的同时，保持和维护基层政府对乡村社会实施有效管理，不断促进乡村社会的稳定与发展，在深刻的变革中促成基层治理从过去的"全能"政治朝向现代治理形态的根本性转型。

咸安改革的重要贡献，就在于它为我们的改革提供了成功案例的思路和启示：以目前的乡镇管理体制改革为契机，跳出旧的思维模式和行政管理模式，转变政府职能，以广大农民的生产和生活需求为导向，以市场机制为纽带，以农村基层政府和各种社会组织为载体，以资源整合为保障，营造良好的外部环境，激发农村社会的内在活力，创新农村治理的组织、机制和方式，构建起基层政府、农村社会组织及农民多方协作的新型农村治理体系，不断提高服务"三农"的水平，促进农村经济发展和社会进步，构建农村和谐社会。

咸安改革的创新思路与实践成效，其价值和意义正在于此。

行政体制改革创新
——以深圳市行政审批制度改革为例

陈雪莲
(中央编译局世界发展战略研究部)

提高政府行政管理效率，形成一个高效、精干的公共行政管理体系，是随着我国经济体制改革的深入而提出的又一项重要改革任务。随着经济体制改革确立的市场经济体制的成熟，行政管理体制的改革也由单纯的政企分开转变为以优化政府管理体系为主。优化政府管理体系不仅是对传统管理体制的改革，更是一个将多治理主体纳入公共行政管理体系、形成新行政理念的公共行政创新的过程。1997年，深圳率先进行行政审批制度的专项改革，经过1997年至2002年的三轮行政审批制度的改革和创新，不仅在深圳本地区形成了良好的经济、社会效应，也奏响了全国行政审批制度改革的序曲，为中国公共行政创新进行了有益的探索。

一、改革背景

一般来说，率先冲破旧有体制束缚进行大胆改革创新的往往是矛盾最突出的地域。1979年成为中国第一个"经济特区"的深圳，具有制度创新的传统。深圳在经济体制改革方面率先进行了社会主义市场经济体制改革的尝试，为本地的超常规发展创造了良好的制度环境，并为全国的经济体制改革提供了许多可资借鉴的宝贵经验。当经济体制改革进入更深层次后，政治体制对经济发展的影响受到越来越多的关注。"只搞经济体制改革，不搞政治体制改革，经济体制改革也搞不通"[1]。经济体制改革20年为深圳奠定了良好的市场经济基础，也对政府的行政管理体制提出了很大挑战。传统的行政管理体制与新生的社会主义市场经济体制的冲突越来越明显，以政府对经济事务、社会事务实行一种直接的、微观的管理模式为主要特征的行政审批制度成为企业和市民尤其是占深圳经济成分比例很高的三资企业、民营企业、私营企业意见最多的领域。

在深圳，一个需要配置土地资源的高科技工业建设项目，从提出可行性研究报告到投入生产，一般需要13个部门的审批，收取30多项费用，盖50多个公章，费时6个月以上，其中有4个部门需要进行2次以上审批。改革政府行政管理方式势在必行。此前，深圳进行了5次机构改革，对转变政府职能有一定帮助，但效果不大。仅精简机构还不够，还需要改革其管理方式、管理手段。作为政府主要行政管理方式和手段的行政审批制度存在着一系列不得不正视的问题。[2]

第一，审批事项太多，审批范围太广。据有关部门统计，除人民银行深圳经济特区分行和深圳市证券管理办公室外，深圳市政府40个部门和单位实行许可审批的事项共有723项，实行核准的368项，实行备案的121项，合计1134项，涉及政府的绝大多数部门和几乎所有的行业。在少数部门和行业，政府部门的审批甚至到了事无巨细的程度。

---

1. 《邓小平文选》第三卷，北京：人民出版社1993年版，第164页。
2. 资料来源：①《改革审批制度实现转变政府职能的新突破》，载《深圳特区报》，1997年9月29日；②贾和亭、梁世林主编：《深圳市改革政府审批制度》，深圳：海天出版社1999年版。

第二，许多审批事项超越了规定的审批权限，违反了依法行政的原则。有些事项，按《公司法》或其他法律规定是企业的自主权，但少数部门仍然要求报批。市政府曾明令取消的一部分审批事项，一些部门未经市政府同意，又通过种种途径，将已经取消的审批事项收了回来。有的部门通过制定《条例》、《实施细则》或政府文件等形式将法律、法规规定的审批加以扩大，或者在审批过程中随意解释，扩大审批权限。有的本属于中介组织的工作，政府部门却以"加强宏观调控、严格监督管理"为由进行审批。

第三，行政审批程序烦琐复杂，审批环节太多，审批时间太长。一项事务由多个部门管理，行政审批设置交叉重复。多环节审批主要有三种情况：在市政府各部门及部门内部处室之间重复审批，在市、区之间及部门内部从科员到领导的层层审批，市里初审后报省、国家审批。由于审批环节多，许多事项又没有规定审批时限，导致审批时间长短无法把握，短则一两天，长则一年半载，才能批下来。多头审批、重复审批、"马拉松"式的审批令人生畏。

第四，许多事项缺乏明确的审批内容和审批标准，为"寻租"提供空间。行政审批种类繁多，内涵不一，极不规范，审批、审核、同意、登记、许可、批准、核准等各审批类型区分不明确，导致实际操作的混乱。有些审批事项既无具体内容，又无明确标准。有的审批事项不仅内容、条件含糊不清，连起码的内部操作规程都没有，审批人员只能根据习惯、经验、感觉或关系来决定批准与否。还有些审批事项，从规定的审批内容和审批条件，很难看出审批的目的，不知道通过审批鼓励什么、限制什么，鼓励到什么程度、限制到什么程度。内容和条件不明确，使审批缺乏科学、规范、合理的尺度，带有很大的随意性。审批机关和审批人员的自由裁量权过大，审批权往往就成为"寻租"、腐败的资本。

第五，审批与收费挂钩，设置动机不当，一定程度上助长了腐败现象的

效率政府
Efficient Government

滋生。利用审批"吃、拿、卡、要"的问题较多,"不给好处不办事,给了好处乱办事"。借审批权来设置名目繁多的收费项目,增加了企业运行成本和市民办事的负担,招致社会对政府部门的强烈不满。审批收费成为各相关部门"小金库"的主要来源,导致国家财政的损失和政府各部门之间利益的不平衡。

第六,重审批、轻监管。一是审批部门只强调加大审批权力,而忽视了审批的责任,对行政机关的审批行为缺乏有效的监督措施,发现了问题无法追究审批机关及其工作人员的责任;二是对审批之后的执行情况缺少后续监督,往往是一批了事。审批后的监管不力,使审批流于形式,达不到加强管理的目的。多数部门只注重审批收费,而忽视审批监管。如监管许可证的使用主要通过年审制度来实现,多数年审也只是收费了之。

行政审批制度中存在的上述问题阻碍了社会、经济的发展。此外,在改革开放初期,经济特区即意味着拥有其他地方所不具备的诸多政策优势——宽松的政策环境。事实证明,是相对宽松的政策环境成就了今天的深圳。但是,随着全国范围内经济特区的扩展和各地经济开发区相继设立,深圳原有的一些经济倾斜政策已经没有太多发展空间,经济发展的速度放慢,吸引企业落户的力度也落在了上海之后。随着特区优惠政策和地缘优势逐渐弱化,"深圳新优势"成为深圳人和深圳政府关注的最大问题。

面对行政审批中存在的诸多问题及其带来的社会压力与社会问题,为创造新的宽松政策环境,再造"深圳新优势",深圳市政府下决心进行政府审批制度改革。"放弃审批权力,对于任何一个机体,特别是一个从传统中央集权计划经济体制下生长出来的机体来说,都恐怕需要经历一场从灵魂深处爆发的革命。"[1] 深圳的这场革命为中国的行政审批制度改革提供了具体的运作经验

---

1. 此处借用原证监会副主席、国务院历史上第一个华尔街执业律师出身的副部级官员高西庆描述行政审批式证券监管模式改革的一段话,载《南方周末》,2003年1月16日,B16版。

与操作模式，在公共治理主体多元化等领域的尝试与创新为中国的政府职能转变、公共行政创新作出了新的探索。

二、改革路径

深圳市从 1997 年提出改革思路到今天，共进行了三轮行政审批制度改革，分为四个阶段运作，改革的力度与深度逐步推进。在行政审批制度改革的实际运作过程中，遇到了很多困难，也积累了很多制度创新的经验。[1]

（一）第一阶段：形成创新思路，改革立项阶段——1997 年

制定初期改革方案时，由于国内没有行政审批制度改革的先例可循，市体改办组织相关工作人员去香港、新加坡、英国、美国等国家和地区考察、学习行政改革经验。深圳市政府成立了"改革审批制度转变政府职能调研小组"，由分管副市长任组长，具体工作由市体改办承担。市体改办会同市有关部门对市政府各部门的审批事项进行了全面调查。先在市经发局、贸发局和计划局开展改革行政审批制度、转变政府职能的试点工作，用了半年多的时间基本摸清楚了情况，由体改委向市政府提交报告，主张转变政府职能首先必须改革审批制度、减少审批事项。市委、市人大、市政府广泛征求了各区委、区政府、市属重点企业的意见后，指示体改办起草了《深圳市政府审批制度改革实施方案》。

在试点阶段，改革就遭遇了阻力和困难。各审批部门的职能均有依据，

---

1. 本课题调研小组的工作得到了直接运作深圳行政审批制度改革的深圳市体改办同志们的大力协助，感谢他们提供了大量的第一手资料。

精简其职能很困难。而且各试点单位均认为与内地相比深圳的职能改革已经做得很好,对改革有抵触情绪。对于各审批部门来说,减少审批事项即意味着减少权力和利益,减少职能必然导致编制的减少,影响机构设置。而且,长期以来,各部门的主要精力和时间都放在审批事项上,改革后需要深入企业、调查、监控企业的实际情况,行政审批制度改革提出新的行政标准对政府部门工作机制和工作人员的能力是很大挑战。

为减少改革阻力,市委、市政府决定成立深圳市政府审批制度改革领导小组以加强对审批制度改革工作的领导,做好有关方面的协调工作。市委副书记、市长任改革领导小组组长,两位副组长分别由市委副书记和常务副市长担任,小组成员有8人,多为各有关部门一把手,如市委秘书长、市政府秘书长、市体改办主任、市计划局局长、市财政局局长、市法制局局长等。领导小组办公室设在市体改办,体改办主任兼任办公室主任,办公室由市委办公厅、市府办公厅、市体改办、市编办、市法制局、市计划局、市财政局、市依法治市办公室等单位抽调人员组成。

随后,市委、市政府讨论并通过了《深圳市政府审批制度改革实施方案》,深圳市行政审批制度改革正式立项。

(二)第二阶段:项目启动阶段——第一轮改革,为期两年

考虑到审批制度改革是实现高效机构改革的前提,根据职能确定编制更有利于实现彻底的机构改革,1997年深圳市第一轮行政审批制度改革赶在全国机构改革之前开始实施。第一轮改革由四个工作步骤组成。

第一步:政府各部门自查自报。

深圳市委、市政府于1998年1月颁布《深圳市政府审批制度改革实施

方案》[1]。依据《实施方案》将改革的内容、要求明确向各部门传达，部署改革的任务。要求各部门把现有的审批、核准、备案的事项如实上报，并提出自己的具体改革实施方案，在方案中必须明确提出要保留哪些审批项目，依据是什么，要规范保留审批项目的审批内容和程序。明确规定，不得把大项变小项上报，不得把多个审批事项变一个审批事项上报。凡不上报的审批事项则作为取消的事项。当时曾有3个部门漏报现有审批项目，后又补报，因为担心少报后该事项被取消，编制及职能被削减。

自查自报的结果是，深圳市共有审批事项1091项，涉及法律法规368项。在全部737个审批项目中，法律依据不充分的超过一半，其中由政府部门自定或完全没有法律依据的审批有200多项。另外有300多项审批项目没有批准与不批准的确切规定，审批的灵活性很大。

第二步：逐项审查。

这项工作由体改办的2名工作人员负责，请相对超脱的部门市委党校、市开发研究院、市社科院各派1—3名工作人员参加，成立了审批改革工作小组。工作小组成员来自非审批权力部门，对审批改革能够比较客观地把握，避免了权力干扰，加之成员素质较高，对各部门的工作情况很了解，降低了确定精简项目的阻力。工作人员先后查阅对照了2360多份有关文件，对1000多个项目逐项分析、筛选。他们主要依据《实施方案》中的审批制度改革的

---

[1].《深圳市政府审批制度改革实施方案》（深发〔1998〕1号），主要内容：一、审批制度改革的指导思想是，确定政府在市场经济运行中的地位和作用，调整好政府与市场、政府与企业、政府与社会的关系，使政府从繁忙的审批事务中解脱出来，真正转移到加强宏观调控、制定市场规划、实施监督管理上来。充分发挥市场在资源配置中的基础性作用，创造一个公平竞争的市场环境。改革和完善政府管理内容、管理方式和管理手段，切实做到依法行政，简化手续，提高效率，加强监督，优化服务。二、审批制度改革的原则：1. 凡是能由市场调节的就坚决放开，切实减少审批；2. 对关系到社会经济发展和社会安定团结、确实需要审批的重大事项，要依法审批，公开透明，规范操作；3. 加强审批的后续监管，将政府管理的重点从日常审批转向依法监管；4. 转变机关工作作风，加强廉政建设，提高办事效率，方便办事群众，方便基层，方便企业，服务社会；5. 改革既要坚决、积极，又要稳妥、慎重，对重大审批事项的改革，要争取中央和省有关部门的支持，与国家有关管理制度适当衔接。三、审批制度改革的主要内容：1. 根据市场经济条件下宏观调控和行业管理的需要，加强对社会经济发展中的一些重大事项的审批；2. 根据"三个有利于"的原则，从深圳的实际出发，取消部分审批项目；3. 对继续需要审批的事项，要进一步规范审批事项，改进审批方式，加强审批监督；4. 加强审批后实施情况的监管；5. 加强对核准事项的规范和监督。

指导思想和改革原则来决定取舍。

第三步：思想、观念交锋——各部门协调。

此次改革涉及42个部门，这些部门普遍存在对审批制度改革认识不足的问题。为化解阻力，审批改革工作小组的工作人员查阅相关法律、法规寻找充分的依据，逐个部门上门去协调，做思想工作，让各部门从发展完善市场经济体制的大局出发，过时的、不符合深圳现实的精简掉，符合现实需要的立项。很多部门需要去协调4—5次，有的部门甚至跑了7次，如取消项目较多的公安部门、文化部门。期间，为加大协调力度，主管市长召开了审批制度改革协调会，各职能部门的一把手参加。由于工作做得较细致，取消项目的法律依据充分、理由具有说服力，协调基本都取得了成功。

第四步：召开市政府工作扩大会议审查项目精简结果，以政府令的形式予以公布。

1999年2月深圳市政府发布市政府第83号令，将审批、核准事项减掉了463项，由原来的1091项减少到628项，减幅达42.44%，其中原有审批项目737项，减少了418项，减幅为57.8%。媒体对这一改革结果进行了广泛宣传。同年，《深圳市审批制度改革若干规定》颁布实施，第一轮审批制度改革宣告结束。《规定》中对行政审批的定义、内容、方式以及改革的着重点作了创新性的阐释与规定。

首先，严格界定行政审批的概念，限制自由裁量权。按原有的定义，"审批，就是事先规定某项获得批准的条件，再根据某些情况，如需要量、供应量、配额、指标等，对报批事项进行审核、批准。即使符合条件，也不一定获得批准"。"即使符合条件，也不一定获得批准"，这一界定使得审批机构和审批人员的自由裁量权过大。《规定》中审批的定义有所改变，陈述简洁严密："审批包括审批、批准、许可、资质认证、核准、同意以及其他性质相同或相近的行政行为。凡是符合条件的，必须批准"。这在一定程度上限制了审批机构与审批人员的自由裁量权。

其次，明确指出，对一些关系到经济发展和社会安定团结的重大事项，必须继续保留审批。不能因为审批制度改革而弱化政府的宏观调控能力，避免改革可能给社会经济发展带来不利影响。如，涉及国家安全、社会治安、外事等方面的重要事项，涉及国家重要资源的开发利用项目，涉及城市管理和环境保护方面的重要事项，涉及国有资产管理方面的重大事项，国家和省委托地方政府代行的审批事项等。

随后，针对传统审批制度存在的弊端，《规定》详细指出了行政审批改革的重要内容：

一是最大限度精简审批核准事项。始终把减少审批项目作为审批制度改革的重心。取消的审批和核准事项主要包括：缺乏国家和省法律、法规和行政规章依据或依据不充分的事项；国家和省法律、法规和行政规章虽有规定，但市政府部门执行时超越规定权限或与规定内容不符的事项；国家和省有关部门行政规章、文件出台较早，不符合特区经济发展要求的事项；市一级确定的大部分事项和市政府各部门自行确定的所有审批事项等。

对于取消审批的项目，根据社会经济发展实际情况，主要采取了四种方式处理：一是将202项放开由市场调节，由企业、社会团体、个人自主决定。二是对6项有经营性指标和配额限制的项目实行公开招标、拍卖。三是将41项下放到各区政府有关部门管理，或由行业协会等中介机构运作。四是对确实需要市政府部门进行行政监管、行政统计、备案管理的大多数事项，实行政府备案管理，但无须事前报批。

二是对依法保留的审批和核准事项严格规范，对外公开。严格规定审批内容，明确审批条件，减少审批环节，简化审批手续，限定审批时限，改进审批方式，增加审批透明度，制定严密的审批操作规程，加强对审批行为的监督。办事公开化的方式主要有：在公共传媒和办公场所明文公布，以部门规范性文件形式公布，在办事窗口设立大屏幕和触摸屏公布，通过169声讯系统和网络公布，利用《政务公开手册》、《办事指南》等，加大审批咨询服务和宣传力度。

三是改革审批方式和管理手段。将多部门分散审批，改为联合审批，实行定期会签制度；将多部门审批归口到某一至两个部门依法集中审批；将市政府各局审批，改为授权区政府有关部门代行审批，到市局备案；对审批事项多的部门，实行"窗口式办文"制度，规范部门内部审批流程。

四是加强对审批行为的监督和审批后实施、执行情况的监管。在加强审批监管上，一是建立审批机关内部监督约束机制，实行审监分离制度，做到一审一监、一审一核。二是强化职能部门的专门监督。充分发挥纪检、监察、审计等职能部门的作用，加强对审批工作的监管，在全市推行行政过错责任追究制度[1]。三是加强社会监督。对关系国计民生和社会公众利益的重大事项，推行社会听证制度；对专业性和技术性较强的审批事项，实行专家审查（咨询）制度。完善办事公开制度。将审批事项的有关规定向社会公开；在"政府在线"网站建立监督投诉系统，设立电子投诉信箱；在市政府大门口设立行政效能监督信箱，广泛接受投诉并及时处理。在加强对审批后实施情况的监管上，减少审批人员，加强监督力量，审批人员和监察（稽查）人员分开，监察（稽查）人员严格考核，持证上岗，定期进行岗位交流，实行监察责任制。

第一轮审批制度改革力度较强、减幅较大，在克服行政审批过多过滥弊端、规范政府行为、促进廉政建设和行政职能转变等方面，都收到了明显的效果。改革过程中，破除了传统的行政审批观念，政府工作人员受到一场生动的市场经济意识、依法行政观念的教育，法制观念、市场意识有所加强。法制局清理了几千个红头文件，根据加入 WTO 的新形势也制定了一些新办法新条例。第一轮的改革总体来说是成功的。

---

[1]. 深圳市政府于 2001 年 12 月 18 日颁发了《深圳市行政机关工作人员行政过错责任追究暂行办法》，以加强对行政许可的监督管理，其中规定 63 种行政过错行为应当追究受理、许可责任人的行政过错责任。

第一轮改革的成功离不开改革推进者的这样一种意识——改革的开始阶段应积极、审慎地推进。审批制度改革涉及面广，政策性强，问题敏感，改革起来难度较大。深圳市的经验是着力寻找充分的法律依据以减少改革阻力。然而，这是第一轮改革成功的重要原因也恰恰是其不足之处。

第一轮改革主要是在现有法律、法规的背景下寻找改革依据，从这个意义上，可以说这一轮改革主要是完成清理任务，清理过时的、不符合法规的审批项目。这种情况下，改革不可能很彻底，审批事项多、手续烦琐、时间长、效率低的问题依然存在。改革还需继续推进。

为进一步优化投资环境，推进行政审批制度改革，在新一届市政府的领导下，深圳市于2001年初部署和推行新一轮审批制度改革，开始了深圳市行政审批制度改革的第三阶段。新一轮改革不仅要改革管理的内容，还要改革管理的方式，重点是在继续精简不合时宜的审批项目的基础上加强审批服务方式的创新。

（三）第三阶段：深化改革阶段——第二轮改革，2001年

根据第一轮改革中存在的问题和企业尤其是外商对有关部门的工作作风、工作效率的反映，第二轮改革有针对性地在提高效率、"提速"上下工夫。由市政府办公厅牵头，体改办与法制局协助，共同起草改革方案，提出在第一轮审批制度改革的基础上再精简审批、核准事项30%左右的工作目标。

2001年2月份召开了全市提高行政效率优化投资发展环境大会，15个与经济社会发展和人民生活关系密切的部门向社会作出公开承诺，进一步减少审批事项，改进机关作风，提高办事效率和服务水平。与此同时，成立了新一任的审批制度改革领导小组，制定了《进一步深化审批制度改革实施方案》，正式启动深圳市第二轮审批制度改革。此次改革结合深圳市机构改革进行。10月，市政府发布105号令《深圳市政府审批登记若干规定》，宣布在

第一轮审批制度改革保留 628 项的基础上,再减少审批、核准事项 277 项,减幅接近 38%。至此,第二轮改革基本结束。

第二轮改革的主要内容是,进一步减少行政审批项目和提高审批效率:削减有关企业登记注册、市场准入、企业经营活动等方面的审批;取消政策鼓励和允许项目的行业准入限制和许可证管制,取消有营利性指标和额度限制的审批事项等,特别强调市政府及各部门规范性文件设定的审批项目要一律取消,在审批方式改革上,严格规定每项审批的要件,改"串联"审批为"并联"审批,改前置审批为后置审批,广泛实行"窗口式办文制度"。

第二轮改革继续精简了一批审批项目,对原有审批事项的法规依据有了新的突破,破除了一些不合时宜的法规。并利用深圳作为副省级城市拥有一定立法权的优势,制定了一些新的合乎需要的法律法规。但是,由于地方政府权限所制约,在国家一级审批制度改革没有开始之前,地方政府的改革空间有限,在数量上继续精简审批项目已没有太多余地,这一轮改革的重点是加强审批服务方式的创新,开展配套措施改革。

(四)第四阶段:跨越式改革——第三轮改革正在启动

第三轮改革目前正处于进行阶段。为适应中国加入 WTO 的大形势,这一轮行政审批改革的重点放在与 WTO 规则不适应的方面,改善审批服务方式,提高审批服务质量。

主要改革举措有:从分散审批向集中审批转变,建立行政服务大厅——市民中心,更好地实现联合办公、降低企业和市民审批申请成本;从分散监督管理向集中监督管理转变,统一收费,银行进驻办公大厅,保证落实收支两条线,现场设立集中监督管理机构;结合机构改革提高审批工作人员素质和进一步减少审批事项;加强中介组织管理,使中介组织从官办的事业单位(俗称"二政府"),转变为企业化经营的民间组织,在职能、人事、财务方面与所挂靠的政府部门彻底脱钩,割断其与政府部门的行政隶属关系,实行企业自主经营、行业自律管理。清理"二政府"色彩较浓的中介组织、行业组织,重点清理三个资产经营公司:投资管理公司、建设控股公司、商贸控股公司。

第三轮改革进一步明确了行政审批制度改革的几个要点:

一是改革审批制度绝不只是为了减少几个审批事项,更不是弱化政府部门的宏观管理职能,恰恰相反,通过减少一些不必要的审批事项,促使政府部门转变作风,提高效率,抓大事,办实事,把该管的认真管住、管好,把该放的彻底放开、放活,从而强化和完善政府部门的宏观管理。有些事项取消审批并不等于政府不管,而是改变管理方式和手段,比如,将审批制度改为核准制和备案制,实行招标制和拍卖制,加强后续监管等。即使完全放开,政府还可以利用经济杠杆,通过市场来加以引导和调节,使社会经济活动在政府的宏观调控目标内进行。通过审批制度改革,使政府部门真正从日常审批事务中解脱出来,将自身的职能转到规划、协调、监督、服务上去。

二是严格限定自由裁量权,严格界定行政审批的概念。进一步将自由裁量权法定化、制度化,限制部门、个人审批行为的任意性、随意性。明确区分审批、审核、核准和备案的概念,禁止将审核、核准、备案随意解释为审批。[1]

三是充分发挥中介组织作用,加强中介组织的管理。现行的中介组织主要有三种类型:社会经济监督组织,包括会计师事务所、律师事务所、资产评估公司、质检认证机构、仲裁机构、公证机构、消费者协会等;行业组织,包括行业协会、商会等;咨询服务组织,包括人才中介、职业中介、交易服务、信息咨询及各种经纪代理机构等。在进一步推进行政审批制度改革过程

---

[1] 目前,对是否应有审核、核准概念尚有争议,为减少操作中的混乱,国外一些国家审批操作的经验是只设有自动许可和非自动许可这两个概念。

效率政府
Efficient Government

中，充分发挥中介组织的作用，将一部分原由政府行使的职能转移给市场中介组织行使，政府通过对中介组织的监管和指导，实现宏观管理和间接管理，中介组织则主要从事社会监督和社会服务工作，如社会经济监督、市场服务、社会公证、行业协调，以及大量的技术性、辅助性、群众性和民间性的社会经济活动。

三、改革意义

深圳市行政审批制度经过三轮改革，在制度建设、社会经济效益上取得了较大成效，这些成效不仅仅是地区意义上的，从全国来说，继"经济实验田"之后，深圳充当了"政治实验田"的角色。深圳行政审批制度改革带来的一系列联动效应也不仅仅是地理意义、实践层面上的，在制度层面上也引起了一系列公共行政体制的创新尝试。

（一）行政审批制度改革给深圳带来的地区性经济效益、社会效应

在最近出版的《2001—2002中国城市发展报告》中，深圳发展潜力名列第一。以行政审批制度改革为中心的行政改革为深圳带来了良好的经济效益和社会效益。深圳行政审批制度改革切实减少了审批事项，简化了审批手续，提高了政府办事效率。前两轮改革使得审批事项由原来的1091项减少到395项，共减少了696项，减幅达63.8%。与此同时，政府部门的办事效率也大大提高，平均办事时间比原来缩短了40%左右，如外商投资服务中心在12个工作日内即可办完外商投资的全部手续。审批收费项目明显减少。全市55个部门（单位）原有的261项行政事业性收费项目，减少了112项，减幅42.9%，收费金额从35亿元降到19.27亿元，减少了15.73亿元，减幅

45%，比国家公布的新收费项目 313 项和广东省收费项目 409 项已大大减少。[1]

深圳行政审批制度改革促进了深圳机关廉政建设和反腐败工作，机关作风明显好转。据市纪检、监察部门调查，改革后，政府部门与审批有关的违规操作明显减少，吃拿卡要、以权谋私行为明显减少，企业和群众的投诉也明显减少。改革促进了本地经济的平等竞争和依法运作，优化了深圳投资、发展环境，增加了深圳的吸引力和竞争力，世界 500 强落户深圳 160 多家，超大规模集成电路、光纤预制棒等一批重大高科技项目相继落户深圳，沃尔玛、家乐福、吉之岛等世界著名零售企业在深圳设立了区域总部或采购中心，新一轮投资热潮正在兴起。

（二）深圳行政审批制度改革的联动效应

深圳的行政审批制度改革推动了全国行政审批制度的改革，局部性试验发展成为全局性改革，基层的制度创新激发了高层的回应。传统行政审批制度的弊端是全国性的问题，深圳的行政审批制度改革是在借鉴国外同业操作经验的基础上，由深圳市体改办、法制局等有关部门高素质的工作人员仔细审查论证、多方沟通的成果。因而，深圳精简掉的审批事项以及相关改革思路及操作模式，值得全国其他地方借鉴。在深圳审批制度改革过程中，全国共有 23 个省、市、自治区 46 批来深圳考察改革情况，国内多家新闻媒体作了大量宣传报道。深圳的改革实践得到了中共中央和国务院的充分肯定，并在全国推广。2002 年 11 月，中央政府下发《国务院关于取消第一批行政审批项目的决定》，宣布取消 789 项行政审批项目。各地方政府也纷纷采取相应的

---

[1] 梁世林（深圳市政府体改办副主任）：《按照市场化法制化国际化的要求探索政府职能的定位退位到位——深圳市审批制度改革成功的做法》。

措施。12月份安徽省出台了《安徽省行政审批监督管理规定》，这是全国第一部监督行政审批的省级政府规章。

深圳行政审批制度改革的联动效应不仅是带动全国范围的行政审批制度改革，更重要的是以行政审批制度为突破口，进行了一系列制度层面的公共行政探索与创新。行政管理体制改革从技术维度向政治维度转变，行政改革越来越具有政治意义。

1. 行政审批制度改革带动技术创新及配套制度改革。深圳的行政审批制度改革在行政管理方式上进行了一系列技术创新，如联合审批、网上审批、窗口式办文及分类管理等管理方式。此外，行政改革作为一项需要多方位推进的系统工程，深圳在推行行政审批制度改革的同时进行了一系列的配套措施改革：进行收费制度改革，审批之所以过多过滥往往是因为审批与有关部门的利益联系在一起，最集中的体现就是审批收费，深圳市借鉴其他城市经验，实行"收支两条线"，推行岗位津贴制，打破小金库，打破部门利益；进行政府机构改革，为使机构改革走出"精简—膨胀—再精简—再膨胀"的怪圈，制定了"三定"（定机构、定职能、定编制）方案，推行政府行政事务法定化，机构、编制、职能法定化，依法行政；提高公务员素质，公务员竞争上岗等。

2. 行政理念的革新。深圳在改革行政审批制度的过程中引入的新的行政理念是善治理念的体现。公开拍卖、招标的管理手段将市场的激励机制和私人部门的管理手段引入政府的公共服务。专家决策、公开听证、社会公示，以及积极培育和发展社会中介组织，将现在由政府部门包揽的、应由社会自我管理的事务，转给社会中介组织，增强社会的自我管理和调节能力的改革思路是公共治理主体多元化的有益尝试。重视行政过程中的公民参与，尝试政府与民间、公共部门与私人部门之间的合作与互动，权力下放到基层管理的改革思路体现了集权行政向分权行政转化的原则。2002年4月，深圳市将固定资产投资、外商投资等方面较大的审批权和管理权都下放到区政府，深圳市政府各职能部门今后将主要抓城市的发展规划和制定政策,抓重大市政项目规划和产业方向的把握,更多地承担监管和宏观调控的职能,区政府主要是组织实施市政府的规划和政策。此外,实行"谁审批、谁管理、谁负责",使行政主管权与行政责任挂钩,以实质性的制度安排建立现代法治型责任政府,充分发挥各级政府的应有职能。

3. 行政体制改革的深入——"行政三分制"的提出。随着行政审批制度改革的深入,深圳市意识到仅仅在体制内精简一些审批权还难以适应现代经济、社会运行体制对政府行政职能改革的要求。深圳正筹划打造一个决策、执行、监督"行政三分制"的全新政府架构,将从政府管理结构、功能、运行机制等方面进行重新设计。实行"行政三分制"改革后,深圳将出现若干决策局、执行局和一个监察局;决策局只有决策权而没有执行权,执行局只有执行权没有决策权,监察局和审计局将作为监督部门直属市长管辖。分权与制衡的思想凸现其中。深圳是中央编制办选定的试点,这一深化公共行政管理体制试点改革方案,事实上将为新一轮行政改革和政府管理创新开辟道路。

四、结论与讨论

行政审批制度改革是从统治型管理向服务型管理转化的起点,以善治为目标建立现代公共服务型政府是行政改革的根本任务。深圳的行政审批制度改革拉开了中国行政审批制度改革、政府行政体制创新的序幕,改革取得了显著的成效,有力地促进了地方经济发展,为政府赢得了较高市民认同度,作为地方性改革,深圳的行政审批制度改革是成功的。但是,需要指出的是,行政审批制度改革是一个系统工程,绝不是一两轮改革就可以彻底完成的。西方发达国家的审批制度改革实践也证明了这一点,日本自20世纪70年代末80年代初开始至1994年为止,进行了大小不等的8次行政审批制度改革。

美国的行政审批制度改革也历时多年,中间不断出现反复。深圳的行政审批制度改革是一项在中国没有先例的创新举措,且是由地方率先发起的体制改革运动,加之运作时间还不足够充分,因此,改革尚存在很大的发展空间。

在国家一级审批制度改革没有开始之前,地方政府的改革空间有限。深圳市现保留的审批事项中,有些虽然符合中央部门或省有关部门的规定,但其中一些规定本身未必完全合理,有些法规还是改革开放之前出台的,已成为过时"黄历"。据深圳地方法院同志介绍,深圳市行政诉讼、复议案件中有很大一部分是牵涉到上级政府的。中国的行政审批制度改革的兴起是自下而上的模式,最初是由海口、深圳等地方政府而不是中央政府开始启动的。和许多其他自下而上的改革相类似,当地方进一步深入改革时所面对的阻力往往来自上面,这也必然导致地方改革的不彻底性。很多地方工作人员反映上级(国务院各部委、地方上级政府)之间的一些法令互相冲突,给实际工作带来很大困难,地方对国家和省一级规定的审批事项很难进行改革,因为既怕违规违法又怕影响上下级关系。国务院的行政审批制度改革已在进行中,但审批项目只由4100多项减少了789项,减幅仅为19%,[1]看来,进一步全面清理中央和国务院各部委的相关法律、法规,启动自上而下的行政审批制度改革是进一步推进整体行政审批制度改革的必要条件。如果说改革初期地方政府的制度创新行为占据重要地位,那么随着改革的全局化和日益深入,地方政府面临的制度创新成本和风险就越来越大。此时,改革的深化对高层制度供给的需求就会增加,中央政府也将因此而面临越来越大的制度创新压力,综合性、整体性、体制性的问题必须由中央政府出来承担制度创新的角色。因此,行政审批制度改革的更广阔的发展空间更多地取决于中央政府。

除了国家一级行政审批制度改革亟待推进外,深圳的行政审批改革本身也还存在一些有待解决的问题。

---

1. 本组数据资料由深圳市体改办提供。

一是审批项目清理不彻底的问题，一些审批权通过各种途径被变相保留了下来。个别部门自查自报不全面、不彻底，对拟取消的行政审批"化整为零"，把一项行政审批的几个环节分为几项审批，对想保留的若干项行政审批归并成一项，人为地增大取消数目和缩小保留数目，这导致从数字上看精简了很多项目，实际上这些数字不能如实说明精简的力度和效度。如，某局取消的审批事项共有7项，而其中3项，"一般贸易进口配额商品计划"、"核发深圳经济特区进口自用免税物质额度证明"、"限量和非限量登记进口商品"，一定程度上是业务范围相重合的审批设置。此外，还有一些部门将一些实质上是审批的事项定义为"属于部门工作职能，不列入审批（核准）事项"，以减少保留审批项目数。此外，通过下设中介组织，将部分审批权变相转移到自己下属的中介组织上，使中介组织变成了"二政府"，这些"二政府"也是有关部门变相审批、变相收费的工具。

二是审批收费项目削减后，个别部门仍有一些不合理收费，如，通过下属行业中介组织收费，某协会每年会费的收取与某局的年审相挂钩，不交该协会会费的企业在该局年审时就领不回自己的营业执照。还有的部门在办公场所，以为办事群众提供便利、收取成本费的名目收费，打印一张成本不过几毛钱的结果通知单需交60元的服务费。

三是审批制度改革了，政府职能转变了，从政人员的观念和工作作风不可能一下子彻底转变。审批管理工作规范化和制度化的高标准，是对工作人员业务素质、思想素质的一个考验。长期习惯了微观审批、随意审批的办事人员，一时难以完全达到应有标准。行政机关工作人员素质的提高与培训是不容忽视的问题。

行政审批制度改革在一定程度上缓解、解决了传统行政审批制度的一些弊端，但传统的管理观念根深蒂固，对审批的理解停留在以往的水平上仍然会带来一些问题，而这些不是仅仅通过精简审批项目、缩短审批时间、改革审批服务方式就能实现的。如，比较习惯于传统的管理方式，不善于利用市场机制,社会经济生活中一出现问题,便简单归咎于"市场准入"关没有把好,就自然而然地运用许可审批的方式,似乎这样就可以解决问题,就可以实现"宏观调控"了。深圳的美容美发行业就曾遭遇这样的"宏观管理"。美容美发行业因其在现实中常常与色情活动联系到一起,每次扫黄打非,就会下一个停止审批、停止发牌照的规定。最近一次的禁令下了一年多也没有取消,遵纪守法的美容美发店便无法开张,使得这个行业难以正常发展。这样的事情不独深圳有,而是我们整个行政管理体制观念、管理体制的问题。北京2002年6月份的网吧失火导致24人死亡事件发生后,所有的网吧一律停业整顿,一段时期内停止发放网吧经营许可证。以控制"市场准入"代替日常监管仍是审批制度改革必须注意解决的一个问题。

审批制度改革的根本决不仅仅在于数字上精简了多少审批项目,而是在于整个行政管理体制与观念的真正转换,在于政府的职能定位与角色转换,政府只有真正地放权,真正地实现"小政府,大社会",审批制度改革才谈得上真正有效。行政审批制度改革不能止步于审批事项精简、审批方式转变本身,更重要的是要以实现服务型的社会管理和经济宏观调控,减少政府对日常经济活动的不当干预,最大限度地减少政府部门对事权的重叠配置,理顺政府行政程序,最终实现符合善治理念的现代公共行政体制为改革目标。

以制度创新推动地方治理转型
——海口市推行"三制"实践的个案分析*

陈家刚
(中央编译局世界发展战略研究部)

1992年以来,海口市政府各职能部门开始实行直接办理制、窗口服务制和社会服务承诺制,简称"三制",发挥"小政府,大社会"模式的规范性优势,从制度创新入手,将小政府、服务型政府理念具体化为制度的实践过程。作为全国地方政府中最早实行审批制度改革的尝试,"三制"具有极高的创新性、很高的可推广性和较高的可持续性。"三制"创新实施改善了投资环境,也改善了党和政府的形象,具有显著的经济社会效益。[1]

"三制"是地方政府实施的治理创新,是地方政府从统治走向治理并最终

---

* 本报告是经过2001年9月21—26日、2002年10月14—20日两次到海口市进行实地调查完成的。感谢海口市委书记王富玉同志、组织部长赵中社同志、市委秘书长高锦全同志、机关工委书记熊林盛同志,他们在繁忙的工作中接见了笔者并耐心地回答了各种问题。笔者的调查是在海口市推行"三制"工作办公室安排下进行的,卢智斌同志的安排为我们提供了很多便利。笔者还要感谢"三制"办的工作同志、市重点项目办的符林同志,以及参加过座谈的"三制"项目组织者、企业代表和群众。与他们的座谈使笔者亲身感受到"三制"创新实践的成效。本报告资料来自海口市推行"三制"工作办公室。报告中的观点由作者负责。

1. 俞可平主编:《2002年中国地方政府创新》,北京:社会科学文献出版社2002年版,第32—33页。

实现善治的制度实践过程。通过变革行政管理方式、提高行政效率和完善公共服务，"三制"有力地推动了地方政府职能的转变，逐步纠正了过去长期以来颠倒了的国家与社会、政府与市场、政府与公民的关系。

一、新问题与旧体制

海南自建立特区之初就形成了实行"小政府，大社会"体制模式的思路，理论上政府职能的定位是为地方经济社会的发展提供宏观制度环境、政策导向和公共服务。[1]然而，理论模式、观念在现实中表现出很大的不适应性。海口市"小政府，大社会"的体制模式在实践中面临着传统政府管理体制的刚性制约。最为突出的就是，1992年的海口市投资热潮使传统体制的僵化管理、效率低下和公共服务质量差等问题暴露无遗。

据统计，1988年至1991年，来海口的外地人平均每年46万人，1992年猛增至116.6万人；境外客商签订的合同也从1991年前的300来个，增至1992年的1328个和1993年的2257个；外商直接投资不断增加，由1990年前不足7500万美元，上升至1991年1亿多美元，1992、1993年分别达到3.28亿、4.2亿美元；全社会固定资产投资猛增，仅房地产开发投资一项，1991年基本建设投资接近10亿元，1992年增至26.9亿元，1993年40亿元。[2]经济的迅速发展要求政府必须高效、负责，实行新的治理方式，但海口市政府各职能部门仍在沿用计划经济那套办事制度。环节多、程序繁、效率低、服务差、消耗高，以及因为暗箱操作而产生的权钱交易等腐败之风制约

---

1. 建立特区之初，海南省就开始建构"小政府，大社会"的体制模式。要求合理确定事权，精简政府机构，转变政府职能，以同多种经济成分平等竞争的社会主义市场经济相适应。海南经济社会发展的成效和政府效能的提高在实践中证明了"小政府，大社会"的发展趋势（廖逊著：《小政府，大社会——海南新体制的理论与实践》，海口：三环出版社1991年版，第4—10页）。
2. 海口市推行"三制"工作办公室编：《制度创新与职能转换——专论篇》，第9—10页，2001年8月。

着经济的发展，引起了投资者和群众的强烈不满。[1]

（一）审批权集中、环节多，审批效率低下

审批权是政府对市场、资源进行管理的一项权力，主要包括经营资格、经费、配额、计划、等级、指标和规模等审批内容。审批权是地方政府掌握的一项重要资源，是控制地方经济运行和社会发展的重要手段。利用审批权谋私、进行权钱交易就会产生审批权腐败等违纪违法行为。审批权的既有配置状况在很大程度上制约着海口市的经济发展。

首先，海口市政府的审批环节过于烦琐。实行"三制"前，投资者在海口市注册设立企业，需要准备好投资项目可行性研究报告、项目立项报告、资信证明、项目地址等10多项材料。申办外商投资企业，先由市计划局立项、市环保局给出意见（属特种行业的需经特种行业主管部门给出意见）后，才能报市商贸经济合作局作初审意见，再报分管市长审查，最后报送省经济合作厅审批。在一切材料齐全的情况下，审批1个外商投资企业一般需要1个月左右的时间。[2] 在海口市规划局，工程建设项目报建不仅要经过经办人员、科长、分管副局长和局长4道关口，还要到园林、人防、消防、环保、电信和煤气等6个部门办理手续，总共要经过25道关卡、32道程序。[3] 其次，审批权力过于集中，这主要表现在两个方面：一是审批权力集中于主管领导，如企业投资项目审批要经过分管市长，而城市建设工程报建要经过分管局长审批。二是专项审批范围大，涉及经济社会生活的各个方面，如土地、房产、

---

1. 1992年成立的海南方圆集团代表说，1991和1992年，我们办企业登记、房地产开发手续到规划局跑了10多趟，耽误很多时间，他们工作效率太低了。2001年8月21日"三制"项目受益人座谈会。
2. 海口市商贸经济合作局：《海口市对外贸易经济合作局推行"三制"情况汇报材料》，2001年8月17日。
3. 海口市城市规划局：《改革规划管理体制实行窗口办公》，载海口市推行"三制"工作办公室编：《制度创新与职能转换——实践篇》，第17—18页，2001年8月。

出口配额、交通线路、广告、建设项目等。在"三制"实施前,海口市政府的专项审批权就集中了100多项。[1]控制了审批权资源就可以掌握经济运行和社会生活过程,审批权可以带来利益,审批权的不合理配置容易滋生腐败,例如以审批权谋私的权钱交易、利用审批权力的"吃、拿、卡、要"等。审批环节多、权力集中和腐败等既制约着海口市地方经济的发展,也影响了政府公正廉洁的形象。

(二)办事暗箱操作,公开透明不足

公开性不强、透明性弱、办照难、办证难和办事难是海口市地方政府公共权力运作过程的又一机制程序性障碍。1994年以前,海口市公安局车辆管理所管理松懈、效率低下。例如换发机动车号牌要经过领表、交费、核档、验车、资料输入、打印、所长审批、编号、制证、归档、装牌、照相等12道程序;换发驾驶员套印证件要经过取表、交费、审核、归档、制证等5道程序。因为办事程序不公开,送小费、请吃喝、敲诈勒索等不正之风随之产生。门难进、脸难看、事难办是车管所的真实写照。群众对此强烈不满,投诉不断。新华社内参曾将车管所批评为"难人所"。[2]在海口市土地管理局,涉及有关土地管理业务的内容有用地批租、地产交易、土地评估、土地申报、土地发证、档案查询、土地监察等方面。但办事制度、办事程序、收费标准、办理期限和办公人员的责任很少甚至根本就没有公开。群众办事只有紧盯着经办人员。整个过程都是暗箱操作,群众无法监督,相关部门也无法监督。[3]"不给好处不办事,给了好处乱办事"等腐败现象屡有发生。

---

1. 蔡长松:《市场经济条件下政府职能的转换》,载《制度创新与职能转换——专论篇》,第5页。
2. 海口市公安局车管所:《从"难人所"到"便民所"》,载《制度创新与职能转换——实践篇》,第42—43页。
3. 海口市土地管理局:《实行窗口办公制度强化土地管理服务职能》,载《制度创新与职能转换——实践篇》,第26页。

(三) 缺乏公仆意识，服务缺位

公共部门服务意识差也是群众反映较为强烈的问题。例如作为公共服务窗口部门的海口市邮政局，自1992年从邮电局分离成立后，管理滞后，服务质量差；邮件妥投率不高，一些党政机关抱怨开会的通知下面三四天才收到；在部分邮政局的代办所存在乱收费现象；市民订的报刊也经常收不到；特快专递甚至不如平信快。[1] 海口市电信局也存在着装移机难、查修难、缴费难、查询难、投诉难等"五难"问题。[2]

效率低下、不正之风、公仆意识弱等问题严重制约了海口市的外来投资，影响了政府的形象。为了强化公共服务，提高办事效率，改善政府形象，进而解决海口市投资热潮、经济发展所遭遇的制度"瓶颈"，消除投资者与群众的抱怨，海口市政府各职能部门开始主动调整自身行为，在实践中创新管理体制与机制，推动政府职能的转换。[3]

海口市实行"三制"也是为了同国内其他地方竞争投资资源。海南省建立特区后，海内外的投资项目纷至沓来，引发了海南省经济发展的热潮。投资总是投向环境优化、可以产生最大收益的地方，即政策、基础设施、体制环境优良的地方。海南省是最后建立的、最大的经济特区，虽然新特区有很多的优势，但深圳等经济特区发展成功的累积性效应对海南省有很大的压力。一旦体制环境等因素制约了投资的效益，那么，这些投资就会流失而被其他特区或具有政策优势的相邻地区所吸引。"在1992年时，我们看中海南的开

---

1. 海口市邮政局：《抓住难点主动承诺不断提高服务水平》，载《制度创新与职能转换——实践篇》，第22—25页。
2. 海口市电信局：《我们怎样推行社会服务承诺制度》，载《制度创新与职能转换——实践篇》，第32页。
3. 海口市对外经贸局代表说，在项目审批上，我们局的环节比较多，很多投资者望而却步，影响了投资信心。我们也很受震动。其他各局代表也认为，投资者的抱怨促使我们在工作中进行创新。2001年8月21日"三制"组织者座谈会。

发，想投资，但办了几件事总是拖很长时间。后来就走了。但再来的时候，工作效率也高了。"[1] "开放是海南的优势所在，开放的目的是为了吸引国内特别是国外的资金、技术和人才，以加快我们的发展。"[2] 所以，为了改善投资环境，吸引投资，海口市开始实行"三制"，力图消除效率低下、环节繁多和权钱交易等制约投资与发展的因素。

再则，特区定位的优势也是制度创新的有利条件。海南省建立特区之初就明确了实行社会主义市场经济和"小政府，大社会"体制模式，而且可以实行不同于其他省市及经济特区的政策措施。这就为海口市实行"三制"创新提供了动力与合法性依据。

海口市投资增长、经济迅速发展与旧体制的冲突归根结底体现了社会主义市场经济的内在要求与传统计划经济条件下形成的政府行政管理模式的紧张关系。依靠制度创新、转变政府职能、实现新的地方治理是海口市政府的现实选择，直接办理制、窗口服务制和社会服务承诺制因此应运而生。

二、"三制"创新实践：1992—2002

（一）"三制"的形成

直接办理制来源于企业直接登记制，它是党政机关和具有行政管理职能的事业单位，按照社会主义市场经济的客观要求，自觉削减不必要的权力，精简重复、烦琐的审批环节，简化办事手续，提高工作效率，直接办理有关事项的一种办事制度。为了改变海口市投资热潮中出现的诸如申办企业的层层审批、耗时数月、"办照难"、"立项难"等问题，1992年，海口市政府决

---

[1] 2002年10月14—20日，"三制"项目受益者座谈会上部分企业代表发言。
[2] 钟文：《在全省推行海口"三制"工作现场会上的讲话》，载《制度创新与职能转换——海口推行"三制"的实践（决策讲话篇）》，海口市"三制"办公室资料，2001年8月，第78—79页。

定：第一，改项目审批为项目登记，规定凡符合国家及海南省、海口市产业政策的境内外投资项目，由审批改为登记，登记的项目视为批准立项，计划、工商、规划、土地和银行等部门均予认可；第二，改企业审批制为企业登记制，允许境内外投资者先成立企业、公司后申报项目。第三，放宽经营范围，允许企业采取一业为主、多种经营、综合交叉经营的灵活方式。第四，设立由商贸经济合作局、工商局、环保局等部门参加的投资联合审批办公室，为投资者提供企业申办登记"一条龙"服务。[1] 投资者和群众将这种做法形象地称之为"先上车后买票"。此后，海口市工商局、商贸经济合作局、计划局等部门参照直接登记制，缩减权力，简化程序，减少审批环节，依法照章直接办理有关事项，逐步形成了直接办理制。

1993年7月，海口市规划局开始参照国际惯例，从规划管理运行机制入手进行改革，以分权和透明为原则，实行窗口办公。全局设一个统一对外的办事窗口，各职能科室派员到窗口集中办公，统一收件、咨询、发证，实行一"口"对外：窗口受理申报材料后，将受理材料建档；根据申报内容，按相应的时限要求及工作分类原则，分解到各职能科室审办；办理完毕，再返回窗口给报建单位以答复，已批建的发证，未批建的函告。将受理、咨询和发证等工作环节集中在窗口，减少了客户在各科室来回奔忙的过程，也避免了审办人员与客户直接接触所诱发的腐败行为。1994年，在市政府的协调下，由市规划局牵头组建一条龙联合审批大厅，与报建业务有关的园林、消防、环保、人防、电信、煤气等多个部门派员在大厅联合办公，将小窗口扩展为大窗口。[2] 不久，市土地局、市公安局车管所等单位参照规划局的做法，相继实行了窗口办公。经过不断充实和完善，逐步形成了窗口服务制，即与社会

---

[1]. 海口市人民政府：《关于进一步简化投资程序放宽经营范围的暂行规定》（海府〔1992〕50号），1992年5月27日。
[2]. 海口市规划局：《改革规划管理体制，实行窗口办公》，载海口市直机关"进一步转变机关作风，提高工作效率，提高服务质量"专项整治办公室编：《海口市推行直接办理制、窗口服务制和社会服务承诺制资料选编》，第13—18页，1997年7月。

接触面广、业务量大的部门或单位,在承办必须经过一定程序和环节办理的业务时,将受理与审办分离,改分散办理为集中办理,变单个作业为流水作业,变"暗箱"操作为公开办事,一个窗口对外服务,内部实行"一条龙"运作的服务制度。

1993年10月,为解决妥投率不高、邮件延误投递等问题,市邮政局在《海南日报》刊登承诺公告,向社会公开承诺:凡符合规定条件的市内平常信函全部次日投递,因邮局原因造成延误的,每件延误一天赔偿申告人20元。此后,又相继推出4项社会服务承诺。市建行、电信局等单位也陆续向社会承诺一些服务项目,效果显著。1996年8月后,市邮政局、电信局、自来水公司等单位学习借鉴烟台等地经验,对原有的做法进行充实、完善和提高,逐步形成比较规范的社会服务承诺制。[1] 承担社会服务职能的行业或单位,按照自身行业特点和要求,变被动服务为主动服务,把服务内容、服务标准、服务程序、服务时限、服务责任等,公开向社会作出阶段性或长期性承诺,接受社会监督,承担违诺责任。这是一种具有规范性和约束性的服务制度。

直接办理制、窗口服务制和社会服务承诺制是对实践中出现的矛盾、冲突与问题的反应性安排,是地方政府应对公共管理危机的主动性创造。1997年,海口市政府将各职能部门实行的这些创新性制度总结为"三制",指出其共同特点是办事公开、程序简化、责任明确、强化监督和运用现代办公设备,同时要求在全市范围内推广。"三制"推动了政府机关廉政建设和机关内部管理,解决了社会关注的热点问题,方便了投资者和群众,符合全心全意为人民服务的宗旨。[2]

---

1. 海口市"三制"课题调研组:《海口市实行直接办理制、窗口服务制、社会服务承诺制的调查》。
2. 中共海口市委海口市人民政府:《关于在全市推行直接办理制、窗口服务制、社会服务承诺制的意见》,海发〔1997〕7号,1997年6月28日。

(二)"三制"的配套性机制

海口市政府职能部门实行的直接办理制、窗口服务制和社会服务承诺制("三制")不是单一的、孤立的制度安排。与此相配套的还有一系列具体化的机制、程序与制度环节。"三制"是一种主导性的制度创新,其顺利运作需要与之相配套的技术性制度安排的支撑。只有这样,才能形成一种系统的、完善的政府公共服务制度结构。

直接办理制是一个系统的制度结构。海口市工商局在实行企业直接登记制以至实行直接办理制后,就着手进行内部改革,规范和完善了与之相配套的机制、程序。一是成立市场准入管理机构——企业注册分局。二是建立上岗形象到位制度,要求形象、时间和业务技能到位。三是强化制约机制,审核分工负责。四是规定廉政"十不准"。五是提高工作人员"四能"标准。这些配套措施和制度,从组织机构、办事程序、人员素质、廉洁纪律、约束机制上保证了直接办理制度的顺利实施和完善。[1]

海口市邮政局为配合承诺制的实施,采取的措施是:根据《邮政法》结合自身实际,专门制定了《海口市邮政局邮政通信通邮管理规定》;严格收箱制度,按照每个信箱标明的时间准时收箱,防止漏收或提前、延迟收箱;坚持试信制度,每月 1 次,由业务部门人员或局领导将试信在不同地点投入信箱,看第二天能否收到;要求投递员开展逆向检查,即对市内每个信箱定期投入试卡,检查收箱时间;成立运达公司,专职信报投递;实行内部承诺,确保上一环节为下一环节服务,下一道工序为上一道工序把关。[2]

为了健全窗口办公制度,海口市土地管理局从窗口办公制度、窗口工作

---

1. 海口市工商局:《削减权力、简化环节、提高效率》,载《制度创新与职能转换——实践篇》,第 14—15 页。
2. 海口市邮政局:《抓住难点、主动承诺、不断提高服务水平》,载《制度创新与职能转换——实践篇》,第 22—25 页。

职责、人员守则、运作程序、办事时限、办事须知、奖惩措施等7个方面建立了配套制度,并建立了新的运转机制。即"一个窗口进出"的外部运转机制:办理土地业务申请、咨询,统一由"服务窗口"受理,业务科室不再直接受理业务申请,实行"一个窗口进出"制度;"一条龙"的内部运转机制:业务办理在科室与窗口之间运作,客户不参与办理与传递过程。[1]

作为实行承诺制和窗口制的单位,海口市公安局车管所先后制定和完善了一系列规章制度,如学习制度、岗位责任制、咨询制度、领导接待日制度等。配套的办公设施也逐渐现代化,1994年起开始运用电脑管理,通过市电信局开通168咨询台。还制作了业务示意图、业务流程图等,方便群众办事。[2]

(三)监督机制

监督机制是政府行使公共权力过程中的一种重要的制约性制度安排,其作用在于确保制度实践的规范性,纠正制度扭曲和错位越位的政府行为。海口市"三制"的监督机制可以分为两个层次,一是在直接办理制、窗口服务制和社会服务承诺制内部,为确保每个制度的有效性而设置的保障性制度安排,其目的是防止各项具体制度的运作失范。二是针对直接办理制、窗口服务制和社会服务承诺制的监督机制,即外部监督制度。[3] 监督机制也是"三制"的配套性制度,对于"三制"顺利运作来说,监督机制是一种特殊的制度支撑。

---

[1] 海口市土地管理局:《实行窗口办公制度,强化土地管理服务职能》,载《制度创新与职能转换——实践篇》,第27—28页。

[2] 海口市公安局车管所:《从"难人所"到"便民所"》,载《制度创新与职能转换——实践篇》,第44—45页,2001年8月。

[3] 后文在描述和解释"三制"向上、向下的延伸性制度创新时还要涉及外部监督制度,这里略过。

在"三制"实践中怎样实行监督，各个职能部门的做法各有不同。海口市邮政局的做法是：制订《邮政服务投诉处理办法》，在每个窗口设置客户意见簿、监督电话，建立客户反馈信息表；将违诺责任按照承包经营责任制落实到单位、个人，监督到位，违诺处罚；建立三级监督检查网络，设立109名专兼职监督员；成立专门部门负责群众投诉，每一起投诉在10天内处理完毕并答复客户。[1]

海口市土地管理局则是在建立监督机构、设立督办员的基础上制定了督办制度。督办员负责各宗业务的检查督办工作；督办员不定期抽查业务办理情况，每月进行统计，对超期未完成的，追查原因，打印督办登记表，并将情况反馈至有关科室和局领导；为了掌握经办人员履行公务过程中的廉洁情况，设置了《履行公务反馈卡》，内容包括廉洁情况和服务态度、工作效率。《履行公务反馈卡》由窗口工作人员在受理业务时发给客户，客户填好后在领取办事结果时交给督办员。[2]

海口市自来水公司在监督方面采取了3项措施：设立监督机构，成立承诺监察办公室，设立投诉电话、投诉信箱，负责群众投诉；建立健全监督制度，健全公开办事制度，通过公开实行监督，制定内部考核办法，通过考评实行监督，工作人员挂牌上岗，明确监督对象；建立社会监督网络，聘请了50名义务监督员，通过定期召开座谈会、走访、问卷等方式主动接受社会监督。[3]国税局设立了群众工作评议委员会，从社会上聘请专兼职纪检监察员20多名，其中专职7名，都是副科以上干部。同时设立监督中心，接受投诉，

---

1. 海口市邮政局：《抓住难点、主动承诺、不断提高服务水平》，载《制度创新与职能转换——实践篇》，第23—25页。
2. 海口市土地管理局：《实行窗口办公制度，强化土地管理服务职能》，载《制度创新与职能转换——实践篇》，第28页。
3. 海口市自来水公司：《我们实行社会服务承诺制的几点做法》，载《制度创新与职能转换——实践篇》，第49页。

经过调查后,对确有问题的调查对象提出批评,直至调离。[1]

关于"三制"自身的监督问题,海口市"三制"项目实施单位的同志介绍说,在实行大窗口办公的情况下,各职能机构统一办公,单位之间也可以形成相互监督制约的机制。[2] 联合公开办公是一种重要的监督机制。

(四) 延伸性创新

制度创新的意义不仅仅在于它突破了传统的制度框架,更重要的是它是可持续性的,是能够推动社会发展的治理新形式。如果没有可持续性,创新性制度安排就是短视的、没有生命力的,而且对于制度变革和社会发展来说,这种创新就不是一种可供选择的替代性安排。海口市实行"三制"10多年的成功实践表明,制度创新的可持续性可以有力地推动地方治理。

海口市"三制"创新的可持续性主要表现为延伸性制度创新,即以"三制"为基点分别向上、下两个方向延伸、拓展。2000年5月,海口市委、市政府提出,深化"三制"必须抓好向上和向下延伸的问题。[3] 所谓向上延伸,重点是市委、市政府及有关部门。目标是以"全心全意为人民服务"为宗旨,加强市委、市政府及其机关的制度化、规范化和法制化建设,实行民主决策和科学决策;简政放权,削减审批环节,简化工作程序;明确各部门职责权限,加强协调,提高工作效率。而向下延伸是要求规范基层单位的行政管理,规范执法人员的行为,重点是抓好基层执法单位推行"三制",要求基层执法单位整章建制,明确执法程序;推行政务公开,公开执法结果,规范行政管理与执法人员的行为,提高执法素质。

针对相当部分基层单位未推行"三制"、制度不健全、权力行为不规范、

---

1. 2002年10月16日上午,笔者在国税局采访林子瑜局长的访谈记录。
2. 2002年10月15日上午,"三制"发起部门座谈会,规划局同志的发言。
3. 中共海口市委、海口市人民政府:《关于2000年推行"三制"工作的意见》,海发〔2000〕5号,2000年5月26日。

办事难等问题,海口市两办于 2000 年 5 月提出,必须把"三制"工作延伸到基层场、所、站。在对外服务方面,严格依法行政;在内部管理方面,实行政务公开;在队伍建设方面,重在提高素质。同时加大监督力度,完善监督机制。[1] 2001 年 4 月,海口市委、市政府要求在市、区两级政权机关全面推行政务公开制度,加强对行政权力运行过程的监督,促进勤政廉政建设,密切党和政府与人民群众的联系。对外服务事项政务公开的主要内容是:政府工作制度与有关法规政策、政府行政管理、经济管理活动等;对内管理事项政务公开的主要内容是:领导干部执行廉洁自律规定情况、重大事项的审批程序与结果、机关内部财务收支状况、干部交流任免考核奖惩情况等。[2]

海口市"三制"实践在向下和向上延伸问题上存在着两种截然不同的路径。"三制"向下延伸主要是运用"三制"原则和精神,规范基层单位尤其是科室的管理,规范执法人员行为,切实解决"小鬼难缠"的问题。

"效能监察"。由市纪委监察局实施,首批监察对象是城建系统的规划、国土、城建、房产、环保、环卫、园林等部门,按"三制"精神对机关服务意识、态度、办事效率、效果和工作质量、绩效精心量化监督。

筹建"大城管"。组建海口市城市管理综合执法支队,实行统一领导、分级管理模式,明确城管执法的行政处罚权,对城市规划、市容环境卫生、绿化、环境保护、交通市政、工商广告等依法综合执法。[3]

实际上,自从海口市政府决定"三制"向下延伸以来,基层单位推行"三制"的工作已经展开了。作为海口市交通局的派出机构,海口市道路交

---

1. 中共海口市委办公室、海口市人民政府办公室:《关于在全市基层单位进一步推行"三制"的意见》,海办发〔2000〕23 号,2000 年 5 月 29 日。
2. 中共海口市委、海口市人民政府:《关于在市区两级政权机关深化"三制"、全面推行政务公开制度的意见》,海发〔2001〕4 号,2001 年 4 月 11 日。
3. 海口市推行"三制"工作办公室材料:《海口"三制"获奖后的创新与发展》。

通运输管理处建立了运政服务大厅,设立了8个办事窗口,直接对外办理运政业务。《交通行政文明执法暂行规定》、《交通行政执法监督规定》等7个相关的制度也相继制定。规范执法人员行为,文明执法,依法行政,大大促进了"三制"在基层的实践。[1] 由于"三制"向基层延伸,海口市实行"三制"的单位1999年就发展到87个,项目发展到486项。"三制"项目的组织者、受益者,不管是政府工作人员,还是企业职工和群众,都向我们表示,"三制"向下延伸是顺利的、没有问题的,尽管在范围上还没有完全展开。[2]

向上延伸是深化"三制"工作的重要组成部分,也是"三制"可持续性发展的关键和难点。为顺利推动"三制"创新实践的向上拓展,海口市的主要做法是:开展"双评"活动、成立重点项目办公室(即海口市人民政府投资服务中心)和海口市投资环境监督中心。

开展"双评"活动。为了进一步深化"三制"、促进政府职能转变和依法行政,海口市委、市政府决定从2001年7月起,在市直党政机关积极运用"双评"(评比最佳单位和末位诫勉单位)活动的激励和淘汰机制,推动海口市创建现代文明机关工作。"双评"活动的对象是市直党政机关各单位,包括市委办公室、组织部、宣传部、纪委(监察局)、市政府办公室、计划局、财政局、法院、妇联、党校、《海口晚报》社等共计68个单位。评比内容主要集中:执行政令方面、工作落实方面、依法行政方面、机关风气方面和改革发展方面。开展"双评"活动的途径是工作考核、民主测评和建立评定工作机制。评定单位中前三名是最佳单位,予以记功等奖励,而后三位为诫勉单位,责成限期整改。

成立重点项目办公室。在多年招商引资和推行"三制"的经验基础上,

---

1. 海口市道路交通运输管理处:《搞好"三制"向基层执法延伸,塑造交通行政执法队伍新形象》,载《制度创新与职能转换——实践篇》,第129—132页。
2. 2002年10月15日上午,"三制"项目组织者座谈会。

2002年7月，海口市委市政府决定成立重点项目办公室（即海口市人民政府投资服务中心）。[1] 重点项目办的职能是研究提出海口市招商引资的具体政策和配套措施，收集国内外重大项目信息，建立海口市重点项目库，组织协调海口市重大对外投资洽谈活动和招商活动，为重点项目投资提供优质服务，对重点项目投资服务全过程进行检查和监督。重点项目办成立以来，相继确认了第一、二批重点项目，共计21个，同时进行跟踪服务。[2] 并迅速解决了"兴业聚酯"项目的用地问题。[3]

成立海口市投资环境监督中心。2002年9月5日，海口市委市政府决定成立海口市投资环境监督中心。主要负责：研究制定涉及改善环境方面的政策和目标，对投资环境监督工作作出部署，受理关于投资环境建设方面的投诉，调查了解投资环境建设方面存在的问题，并督促有关单位进行整改，协调解决投资环境建设方面存在的矛盾和问题，查处涉及投资环境建设方面的案件，性质严重的移交执纪执法机关调查并追究党纪政纪和发展责任。海口市委书记王富玉说："投资中心的职责就是服务和监督。监督专员同时监督市长和副市长。"投资环境监督中心首批聘请了部分企业负责人任监督专员，监督专员对投资环境有发言权、参与权、监督权和否决权。社会监督专员每2个月活动一次，3年换一次，3个月对各项目、对相关单位、部门和责任人进行评估和测评。[4] 海口市投资环境监督中心通过受理投诉、立案调查、督查督办、追究责任、一票否决和移送处理等环节监督检查对投资环境有影响的海口市范围内的党政机关、行政执法机关、司法机关和经济管理部门及其工作人员。[5] 海口市投资环境监督中心成立后，在几天内解决了"琼州大桥高压线

---

1. 《海口市人民政府关于成立海口市招商引资领导小组及重点项目办公室的通知》，海府〔2002〕36号，2002年7月17日。
2. 《海口市重点项目工作简报》第1期，2002年7月31日。
3. 《海口市重点项目工作简报》第3期，2002年8月8日。
4. 2002年10月18日下午，中共海口市委书记王富玉访谈。
5. 《海口市投资环境监督中心工作规则》，2002年9月17日。

升高迁移报告"积压334天的严重问题。[1]

三、制度绩效：分权、透明与回应

自1992年始，海口市实行"三制"已有10多年的历史。"三制"从原创阶段（1992—1996）的16个部门已发展到推广深化阶段（1997年至今）的171个单位，项目达592项。全市3个区、81个直属机关、204个基层单位、22个乡镇街道办、170个村（居）委会、339个企事业单位和大部分中小学校均实行以"三制"为主要形式的政务公开、事务公开、村务公开、厂务公开、校务公开等制度。[2] 政府各项工作取得了明显的成效。

政府各职能部门削减了权力，简化了办事环节，提高了工作效率。海口市"三制"创新过程的权力分解、下放与转移是政府内部的分权，是公共权力在部门、层级和环节上的重新分配与调整。这种分权属行政性的分权，是权力的技术性配置，它将从属行业或行政主管的集权权力转变成直接工作人员的事务性权力。例如，工商局的企业登记注册简化环节、削减和下放审批权，由专业机构直接登记，就显示出权力已经位移至直接的办事机构。

负责企业审批登记工作的海口市工商局，首先减少审批环节，改革企业登记注册的前置审批及登记程序。前置审批过去包括企业申请、立项审批、行政主管部门审批、行业专项审批、资金信用证明和场地使用证明6个环节，完成一项企业登记至少要盖10到20个的公章。现在改为企业申请和场地使

---

1. 海口市推行"三制"工作办公室材料：《海口"三制"获奖后的创新与发展》；而在海口市投资环境监督中心、市重点项目办公室联合调查组《关于省交通厅反映琼州大桥高压线工程拖延时间长的问题的调查报告》中说，"琼州大桥高压线工程自2001年10月20日由大桥工程建设指挥部提出到2002年9月17日，市规划局向海口市供电公司发放《规划临时许可证》，历经12个月（332天）"。两个文件显示的时间不一致主要原因在于对其中公休时间的计算。但在座谈会中和其他访谈中，干部群众都称之为"**334事件**"。
2. 海口市推行"三制"工作办公室材料：《改革审批制度、转变政府职能，创造良好的经济发展环境——海口市"三制"改革的实践》。

用证明 2 个环节，直接由市场准入机构企业注册分局注册登记完成；企业注册的开业登记只需提供 3 种材料，即投资者和法定代表人的合法资格证明以及投资者共同签署的组织章程和场地使用证明，比原来要提供的 9 种材料减少 6 种。其次，减少审批项目，专项审批和凭许可证管理的项目由过去的 130 种减少为 28 种，这些项目先登记注册营业后再去相关部门办理手续。登记注册的时间也由 1 个月减少为 7 个工作日。[1] 同时，下放审批权，审批环节由受理—审批—批准改为受理—批准两个环节，将审批权由原来集中于行业主管和行政主管下放到直接办事机构。权力的向下位移减少了政府的负担，使其从具体烦琐的审批事务中解脱出来，同时也明显提高了办事效率。1993 年直接办理登记注册的国有、集体和联营企业达 4287 家，比上年增长 103.9%；直接办理的私营企业 4823 家，增长 306.7%；直接办理的外资企业 896 家，增长 56.4%；直接办理的个体工商户 7773 家，增长 61.4%。[2]

从 1992 年开始，海口市规划局先后推行了"审批限时制"、"申报预约制"、"传递制"、"评审制"、"复函制"、"公开监督制"、"审理职责制"等一系列制度，将过去集中于行政领导的项目审批权力下放到办公的窗口，办事人员就是审批权力的行使者。国土局作为"依法行政"的试点单位，下放审批权的做法是，将各局长的部分审批权下放给各科长，科长的下放给科员审批，建立"依法行政审批责任制"。[3]

实行透明办公，避免暗箱操作，方便投资者与群众。公开、透明办公是尊重服务对象的知情权。实施窗口办公，将办事制度、办事程序、运作环节、相关材料、时限规定通过规范的技术性安排如触摸式电脑显示屏让公众了解、熟悉，可以减少办事过程中的"盲点"和误区，既提高了工作效率，也方便了群众。

---

1. 海口市工商局：《削减权力、简化环节、提高效率》，载《制度创新与职能转换——实践篇》，第 13—14 页。
2. 同上，第 15 页。
3. 2002 年 10 月 5 日上午，"三制"项目组织者座谈会。

效率政府
Efficient Government

1993年，海口市规划局开始以公开、透明为原则，实行窗口办公。窗口专人受理业务后，分送相关部门和规划局科室同步审核，各业务科室的审核时间限定为3天，规划部门必须在一个月内办完全部手续。符合规划要求的客户在限定期内便可领证。不符合规划要求的材料统一由窗口以书面形式一次性提出修改意见。"大窗口"联合服务把一般项目的审批周期缩短为20—30天，重点项目的审批缩短为3—7天。[1]

海口市工商局建立了政务公示制度，将执法规范如申办企业的条件、提交的材料、程序、时限、收费标准、违章处罚规定等，以及服务标准予以公示。海口市土地管理局1994年开始实行窗口办公制度，设立接待协调、用地批租、地产交易、土地评估、土地申报、土地发证、档案查询、土地监察、收费等9个窗口。办事人员从各业务科室抽调，半年轮换一次。窗口服务大厅安装了大屏幕显示屏、查询业务多媒体触摸屏和灯箱，公布办事程序、办事结果、业务须知等，方便客户了解情况和开展监督。[2] 市房产局实行"五公开制度"，即办事制度、办事程序、收费标准、办理期限和办公人员亮牌办公。客户只要认真阅读了公开材料，就能了解办事的全过程，便于照章办事。[3]

作为一种技术创新，"窗口办公"将受理与审办分开，切断了经办人员与客户的直接接触，避免了工作人员的吃拿卡要行为，也避免了客户采用不正当手段贿赂工作人员，有效遏止了审批腐败现象。窗口办公运用现代科技手段，利用触摸式电子显示屏显示整个报建环节、程序、规范与法律制度，透明度高，缩短了材料报送、材料审核、方案修改和交费办证的时间，使报建审批从过去的两三个月缩短为1个月甚至更短的时间。海南省一轻公司宿舍楼报建审批仅

---

1. 海口市规划局：《改革规划管理体制，实行窗口办公》，载《制度创新与职能转换——实践篇》，第18—19页。
2. 海口市土地管理局：《实行窗口办公制度，强化土地管理服务职能》，载《制度创新与职能转换——实践篇》，第27—28页。
3. 2002年10月15日下午，海口市"三制"项目受益者与部分职能部门的座谈会，房产局同志发言。

用了 14 天，海南省水产公司和省渔港工程公司的珠江大厦加层报建审批用了 17 天，重点项目海口市第四中学教学楼的报建审批只用了 3 天。报建审批的审核质量也有很大提高。[1] 而市土地管理局从 1994 年 11 月到 1997 年 4 月，共受理土地业务 3007 宗，办结 2798 宗，因客观原因不能办理的 61 宗，未到期正在办理的 148 宗，在办结的 2798 宗业务中，提前办结的 2784 宗，占 98.2%。[2]

实行社会服务承诺，接受监督，积极回应，改善公共机构的形象，提高服务质量。从海口市邮政局、电信局和自来水公司等机构实践的社会服务承诺制可以看出，社会承诺作为一种公开的社会合同，强调的是公共机构与群众之间特殊的、具有规范性和约束性的契约关系，是公共服务部门依自身责任与义务对其他机构、团体与个人所作出的积极回应，体现了公共机构的服务职能与宗旨。

面对群众和各机构提出的邮件投递延误、缺报少刊、乱收费和通邮难等问题，海口市邮政局积极行动，先后推出了多项回应性服务承诺。1993 年 10 月 9 日，邮政局在《海南日报》上公开承诺：市内平常信函全部次日投递。[3] 至 1996 年底，市邮政局平常信函次日投递率达 99%，一次妥投率为 95%，落地日戳合格率达 97.9%，邮件损失为零；1995 年 12 月 3、4 日，邮政局在《海南日报》公告：凡具备通邮条件的客户，由于邮局责任造成缺报少刊的，上午查询，当天给予赔偿；下午查询，次日给予补赔；特殊情况，最迟不超过 3 天答复解决。此外，邮政局还向市民推出信报箱服务，成立运达公司，专职信报投递，上午 9 点半前投完第一班，下午下班前投完第二班，实现早报早投，晚报晚投。[4] 1996 年 1 月客户投诉 296 起，而到年底投诉只有 21 起。

---

1. 海口市规划局：《改革规划管理体制，实行窗口办公》，载《制度创新与职能转换——实践篇》，第 20 页。
2. 海口市土地管理局：《实行窗口办公制度，强化土地管理服务职能》，载《制度创新与职能转换——实践篇》，第 29 页。
3. 《海南日报》，1993 年 10 月 9 日。
4. 《海南日报》，1995 年 12 月 3、4 日。

效率政府
Efficient Government

共赔偿报刊205份，价值1285.18元。1996年9月30日，又在《海口晚报》刊登服务承诺公告，补充了两项新内容，一是具备通邮条件的，自客户办理注册手续之日起30日内保证通邮，未按时通邮的加倍退回注册费，并在一星期内通邮。二是特快专递客户查询，市内3天以内，本省7天以内，经查询无着落的按邮费的2.5倍补偿客户，保价信函和物品类按原保价金额赔偿。凡投诉邮政局所属邮政支局、所乱收费问题，一经查实，给予投诉人多收费部分100倍的赔偿。1997年2月20日，一位姓武的客户投诉在龙华邮电所打电话，营业员多收了1元钱，经查实，武获奖100元。[1]

海口市自来水公司和海口市电信局也都相应地作出承诺，定期地、主动地向市民征求意见，解释政策和回答问题。海口市自来水公司从实际出发，对与用户息息相关而切实可行的项目如业务接待、勘察设计、工程安装、管线维修、查表收费、水质化验、供水调度等7项业务作出公开承诺。同时开展"微笑抄表收费"、上门服务、协商纠纷等活动。电信局的承诺主要集中于解决热点问题，如装移机时间、话机开通时间、障碍查修时间和收费缴费等。[2]

从削减、下放审批权，到公开、透明政府行为过程，以至通过社会承诺积极回应社会要求、提高服务质量，"三制"的一系列制度性安排为地方政府履行公共服务职能提供了体制、机制和技术上的保障。"三制"的实施、推广，提高了政府的工作效率，强化了公共服务职能，减少了腐败现象，改善了政府形象。这些成就是海口市机关工作人员、投资者和群众可以切身感受到的。[3]

---

1. 《海口晚报》，1996年9月30日。
2. 海口市直机关"进一步转变机关作风，提高工作效率，提高服务质量"专项整治办公室编：《海口市推行直接办理制、窗口服务制和社会服务承诺制资料选编》，1997年7月，第33—37页。
3. 工商局同志："'三制'规范了管理，环节简化后提高了办事效率。公开办公，增强了透明度。"艾森乳业行政总监："实行'三制'后，政府工作方式变了，很主动。合作局就帮助我们高效地解决了企业诸多难题，留住了我们。"2002年10月15日，"三制"项目组织者和受益者座谈会。

四、培育公民社会，促进地方治理转型

"三制"创新在实践中有力地推动了地方政府职能的转变，逐步地理顺了国家与社会、政府与市场以及政府与公民的关系，最终将促进地方政府治理转型并从治理走向善治。

"三制"有力地推动了地方政府的职能转变。在过去长期实行计划经济体制的条件下，政府承担了从宏观经济管理到微观经济运行的一切职能，政府成了全能型政府，其结果是做了很多不该做也做不好的事情。随着社会主义市场经济体制的建立，转变政府职能也就成为必然的选择。海口市的"三制"实践就是适应社会主义市场经济需要而作出的推动政府职能转变的制度创新。海南省特区建立之初就在理论上设计了"小政府，大社会"的体制模式，希望"充分地发挥个人、企业、企业集团和社会团体的经济自主与自我管理功能，实现广泛的民主自治"。而政府只执行"为数不多而非常重要的职能"即"保障社会经济运行的外部环境"、"维护市场规范，实行强有力的监督"、"组织协调经济发展"、"保护公共财产，主办公共工程"、"普及科学文化，做好公共服务"。[1]但新体制的生长、成熟与完善面临着旧体制的强大阻力。1992年以来海口市的"三制"创新实践有力地推动了政府职能的转换。实行直接办理制，将过于集中的审批权力下放并分解到次级政府单位或者具体行政办事机构，政府则负担宏观管理、调控的责任。窗口服务制公开了办事制度、程序与规范，增强了透明度，有利于社会对政府的监督；社会服务承诺制体现了政府对社会的责任。"三制"最为典型的特征就是有效地减少了政府集权，合理地下放并配置权力层级，使政府从具体复杂的社会经济事务中解脱出来，恢复并强化了体现政府属性的服务功能。"三制"推动了海口市政府

---

[1]. 廖逊：《小政府，大社会——海南新体制的理论与实践》，海口：三环出版社1991年版，第230—232页。

职能的转换，即从垄断一切社会、经济和政治权力逐步走向管理、调控、服务与监督。

以推动政府职能转换为起点，"三制"创新实践逐步地理顺了国家（政府）与社会之间的关系。国家来自于社会，是社会冲突的产物。不同历史时期国家与社会的关系，或者表现为国家淹没社会，或者是社会的自主性超越了国家权威。合理的国家与社会的关系是二者具有各自独立的作用领域。其发展趋势正如治理理论所认为的那样，越来越少的政府统治，越来越多的社会治理；或者像马克思所说的那样，随着阶级的消亡，国家也将走向消亡，生产者自由平等的联合体将取代国家。20世纪90年代的海口市正处于转型与发展时期，强政府、弱社会的状态依然没有改变。社会自主性不强，公民社会发育也不完善，地方政府依然处于强势地位。但"三制"的实践已经使公民个体、企业等私人组织参与到推动政府转型的活动之中，并通过小范围、小规模以及正式或非正式的活动影响政府行为。[1] 独立自主的社会空间正在逐步形成，公民个体以及公民社会正在意识到自身的存在与作用。[2] 同实行"三制"创新以前相比，政府方面已经从集权发展到主动削减自身权力，将权力下放或分解，虽然还没有将权力还归社会。

"三制"实践最终将促进地方政府的治理转型，实现善治。所谓治理就是"统治的含义有了变化，它意味着一种新的统治过程，意味着有序统治的条件已经不同于以前，或是以新的方式来统治社会"。[3] 治理强调效率、责任与服务，强调政府与民间、公共部门与私人部门之间的合作与互动。"三制"以公开、公正、公平与透明为特征，强调政府行为的效率与责任。"三制"重新调

---

1. 部分群众和企业代表认为，投资环境不好，企业会抱怨；公共服务水平低意识差，群众也会提意见，政府也开始对此有所应对。2001年8月22日，"三制"项目受益人座谈会；但也有座谈会代表反映，虽然政府推行"三制"，下放权力等，但很多时候没有征求群众和社会的意见。2002年10月16日，"三制"项目受益人座谈会。
2. 财政局的同志认为，像律师事务所、审计事务所、社团组织等中介组织在海口发展很快，有些如会计委托中心已经接受了政府削减下来的权力，但力度还不大。2002年10月15日。
3. R. A. W. Rhodes, New Governance, *Political Studies*. XLIV. pp. 652 - 667.

整了权力结构,制定了新的权力运作机制与程序,同时还公开了权力运作过程。这种新的治理形式是对传统政府统治方式的替代,是政府在经济发展过程中对自身权力结构、运行机制、运行环节进行评估后作出的建设性创新。"三制"创新实践为利益团体、社会机构的成长提供更多的途径和机会,创造更多的公民活动空间。它还为民众提供了多样化的服务以及锻炼技能的机会。

虽然治理创新方便了群众和投资者,提高了工作效率,解决了热点和难点问题,改变了政府的形象。但是,海口市的"三制"实践仍然存在一些需要改进的问题,也面临着进一步发展的挑战。

首先,服务承诺、窗口职能还不完善,延伸性创新存在着制约性因素。社会服务承诺制普遍存在着承诺标准不高和承诺标准长时间没有调整等问题。例如,海口市电信局承诺:装移电话从缴纳初装费或移机费之日起,装通、移机时间不超过60天,超过60天的,每超过1个月免收1个月的市内话费;电话竣工后6小时内保证通话,电话欠费停机交费后保证12小时内恢复通话;移动电话即买即通,凡购机后不能通话的,自售机处受理申诉之时起,如超过12小时不能通话的,免收当月基本月租费。[1] 在海口市自来水公司,服务时限上的承诺是,用户提出的用水计量和收费事项咨询36小时内给予答复;水质发现问题36小时内采样化验,5天内答复用户。在管线维修方面的承诺是,100毫米口径以上管道突发性损坏,市区内抢修人员60分钟到现场,郊区90分钟到现场。[2] 对于这样的承诺标准,"三制"的许多实施部门的负责人和工作人员,以及群众都表示出很大的不满意,他们认为承诺标准太低。[3] 这些标准基本上是"三制"实施初期制定的,而10多年实践后仍然没有变化,没有提高,则从另外一个角度说明"三制"的实践质量没有上去。承诺

---

1. 海口市电信局社会服务承诺制度(示意图),1996年9月。
2. 海口市自来水公司社会服务承诺书,1996年8月20日。
3. 海口市规划局的同志认为:"承诺标准不高,以办理时间的承诺为例,10年前的标准现在还在实行。"有群众反映,60天装移机时间太长。2002年10月15日上午,"三制"项目组织者座谈会。

标准低实际上降低了"三制"的功能和意义。

窗口职能不完善。在"三制"的制度设计上,窗口应该是直接办理事项的机构,客户在窗口就可以完成自己的业务。但实际上,窗口并不能完全履行各科室的业务职能。如国税局的窗口即办税大厅是直接办理缴纳税等业务的地方,而土管局的窗口则是其"一条龙"内部运转机制中的业务传递环节。窗口受理的业务,实行内部运作,由窗口负责传递工作,上科室办完后交给窗口,由窗口传给下科室,直至办结回到窗口,由窗口交给客户。[1] 规划局和房产局的窗口也是业务受理的地方,业务的具体办理仍然集中在各科室。虽然客户不参与办理和传递过程,但窗口变成了以前在各科室之间奔忙的客户了。因此,有部分工作人员和群众认为,设置窗口主观上是为了简化环节、公开办事、方便客户,但在客观上不仅没有下放权力,反而增加了机构设置和工作环节。[2]

"三制"向上延伸即怎样在海口市党政机关落实"三制"精神、转换职能、强化服务还存在着很大的困难。办事拖拉、公文旅行、文山会海、权力集中等现象仍然存在并影响了政府工作效率和政府形象。最突出的就是"334事件"即"琼州大桥高压线升高迁移报告"在政府各职能部门间拖延积压了334天的事件。该事件在群众中引起了强烈反响。[3]

而从深层次看,作为地方治理创新的海口市"三制"实践缺乏公民社会积极、普遍的参与。地方治理是一个互动的过程,地方政府、社会团体、私人部门和第三部门作为公共政策的参与主体,通过合作、协商、伙伴关系、

---

1. 海口市土管局"办理业务程序及时限"流程表,1997年元月。
2. 有些工作人员认为,"窗口基本上是接纳,没有审批功能","窗口制在一定程度上表现了政府部门对权力的留恋"。政府各职能局的一些部门进入窗口之后,反而变成了被保护的对象,窗口成了保护伞。窗口成了那些应该进入中介、进入市场的各职能的保护伞。2002年10月15日上、下午,"三制"项目组织者、受益者座谈会。
3. 在2002年10月中旬的调研中,我们听到最多的就是关于"334事件"。集中反映了群众对"三制"向上延伸的关切。"三制向上延伸,问题是局以上单位、市政府没有承诺,存在丢失文件、重报等现象,上级政府不负责任。"2002年10月15日,"三制"项目组织者座谈会;国税局林子瑜局长也认为:"'三制'向上延伸很困难,原因是'官本位'思想严重阻碍着改革进程。"2002年10月16日国税局现场考察。

确立认同和目标等方式共同实施对公共事务的管理。但是在海口市的"三制"创新实践中，从政府内部行政性分权，到政府过程的公开化与透明，以及完善公共服务等方面，积极参与的主体只是地方政府，社会团体、中介组织和个人的参与力度都很弱，即使存在也都是被动型的。

"三制"的形成基本上是地方政府主导的。以直接登记制为例：1992年，海口市政府颁布了《海口市人民政府关于进一步简化投资程序放宽经营范围的暂行规定》（海府〔1992〕50号）；1993年，海南省人民政府发布第34号令，颁布《海南省企业法人登记管理办法》；1993年，海南省人大常委会一届四次会议通过了《海南经济特区企业法人登记管理条例》。从暂行规定、政府决策，以至法律法规形式，直接登记制的形成是政府主导的反应性制度安排的结果。

"三制"的延伸性创新也是由政府主导的。1999年1月，海口市委、市政府发布了《关于进一步推行直接办理制、窗口服务制、社会服务承诺制的决定》（海发〔1999〕1号）；2000年5月，海口市委、市政府形成了《关于2000年推行"三制"工作的意见》（海发〔2000〕5号）；随后，海口市委、市政府办公室做出了《关于在全市基层单位进一步推行"三制"的意见》（海办发〔2000〕3号）的决定；2001年，海口市委、市政府又提出了《关于在市区两级政权机关深化"三制"全面推行政务公开制度的意见》（海发〔2001〕4号），以及海口市委、市政府办公室形成的《关于运用"双评"机制促进创建现代文明机关工作的意见》（海办发〔2001〕44号）。在2002年，为了促进"三制"工作向上延伸，海口市委、市政府又推动成立了海口市投资环境监督中心和海口市重点项目办公室两个机构。[1] 政府连续性的决策行为保证了"三制"实践的连续性，以及制度创新的拓展。

---

1. 分别见海口市委、市政府《关于成立海口市投资环境监督中心的通知》（海委〔2002〕37号）、海口市政府《关于成立海口市招商引资领导小组及重点项目办公室的通知》（海府〔2002〕36号）。

效率政府
Efficient Government

除了政府通过公文等形式的推动外，主导"三制"实践的关键因素还有海口市地方政府领导、广大干部的主动精神与创新意识。原海口市委书记蔡长松就认为，海口市的"三制"实践是在相关政府职能部门"大胆改革、勇于创新中逐步形成的"。"继续推行'三制'仍然需要这种积极的探索精神"。[1] 现任市委书记王富玉则亲身实践"三制"的服务精神，深入基层，走访贫困市民并为市民解决实际困难。[2] 在海口市政府的各职能部门，有一大批年轻、高学历、高素质的干部，他们权力观关键的一条就是服务、创新，不迷恋、不留恋权力。[3] 这种创新意识、服务精神和对权力、责任的认识，有力地推动了海口市"三制"实践的形成与发展。

作为公民社会重要组成部分的社会团体、中介组织、利益团体以及公民个人在"三制"实践过程中则处于相对被动的状态，政府与公民社会没有形成良性互动。"三制"主要是一种政府主导的治理创新实践，制度实践是单向性的，虽然也有市民、企业的参与，但这种参与基本上属于动员型而非主动型的参与。[4]

虽然"三制"实践所表现出来的政府与非政府组织、社会团体、私人机构之间的互动是不明显的，但政府已经在改变自身的角色，其治理路径也远远超越了传统命令式或计划式的统治方式。"三制"表现出了由政府集权走向

---

1. 原中共海口市委书记蔡长松：《在全市进一步推行'三制'工作会议上的讲话》，1999年1月15日。在我们的调研中，很多海口市的政府工作人员说，蔡书记一直强调政府工作要创新、要多做少说，重新塑造海口市甚至海南省的新形象。2002年10月14—20日。
2. 从2002年5月22日到9月11日，王富玉同志利用31个夜晚、1个白天时间共走访了100家困难户，其中振东区32户、新华区33户、秀英区21户、市人劳保局6户、市总工会6户、市委老干局2户。海口市推行"三制"工作办公室材料。
3. 法制局王局长说："我来海口做事情是为着蓝天、海水，为这片热土。没有服务意识，不做点实事，就没有意义了。"计划局张局长的话反映了海口一大批干部的精神状态："每天都想着做事情，想着有没有什么新的东西，新的方法和措施。"而博士毕业的市国税局林于瑜局长很明确："权力就是服务，我们有权力，我们也有责任。权力太集中不好，我们主张分权，实际上也下放了很多权力给科室部门。"2002年10月17—18日座谈会访谈。
4. 项目受益者代表："三制"实施的制度措施也是很多年没有变化，这些制度是组织者从自己的角度出发制定的，没有广泛征求社会意见、群众意见。海口市重点项目办的符林认为，海口市中介组织的发展越来越完善和成熟，应该让他们承担起部分责任，政府削减权力不应该再局限于政府机构内部。目前只有像会计委托中心这样很少几个中介组织开始承担原来政府承担的责任。2002年10月15—17日座谈会。

分权并最终将权力回归社会也即从统治到治理再到善治这一治理变革的发展趋势。促进社会团体、中介组织的成长和发育即促进公民社会的生长，实现地方政府与社会的互动，是深化"三制"改革和实现"小政府，大社会"体制模式的关键，也是实现善治的必由之路。

吉林省政府深化行政审批制度改革研究

张锐昕
(吉林大学行政学院)

一、国内外行政服务中心建设概况

20世纪末至今,兴起于西方的"政府再造"理论以及"治道变革"浪潮席卷全球。在这些理论成果和改革浪潮的影响和推动之下,许多发达国家在行政体制改革方面不断探索,取得了较为显著的成果。我国也一直在推行行政体制改革,在政府的职能定位、权力配置、运行规则和法律保障等诸多方面一直在进行探索,但是行政服务中心建设之前的成效并不十分显著。如何在分析总结我国行政中心建设的实际情况的基础上,借鉴发达国家在行政审批制度改革和公共服务提供方面的成功因素和实践经验,以更好地促进有中国特色的行政服务中心的深化发展,是行政管理学界研究的重要课题。

(一)发达国家行政服务中心建设经验

纵观发达国家行政审批制度改革的实践,我们发现,发达国家尤其是美国、英国、新加坡这三个在行政审批制度改革和公共服务提供中处于领先地位的国家在改革的计划、方式、配套设施以及保障等方面所显现的特色十分显著。美国、英国、新加坡三国改革成功的共同原因在于其法制化程度高、市场经济成熟，而且尤其注重对行政审批的规范和控制，具有审批范围有限、审批行为规范和审批在行政管理中起辅助性作用等特点。

美国、英国、新加坡三国行政服务中心建设的主要经验可以概括为四点。其一，有明确的、制度化的改革计划。各国都有很明确的改革目标，并且以制度的形式把改革计划固定下来，使改革计划具有延续性，不受政府领导变更的影响。其二，采用渐进型的改革方式。行政服务中心建设稳步、持续进行，使改革成果逐步巩固下来。其三，从更广阔的视角来看待并实施审批制度改革，充分认识行政审批改革与社会、市场、企业、公众以及行政组织、公务员、行政权限等的密切关系，强调行政审批制度改革必须同其他改革协调一致，相互配合，共同促进。其四，运用法制的力量保障和推动改革的持续深入。相关制度、法律的建立和颁布是与行政服务中心建设同步进行的，这样既稳固了改革的成果，又在理论的指导下预见问题，进而制定法律进行规范。

（二）我国行政服务中心建设现状

我国行政服务中心建设与行政审批制度改革、服务型政府建设以及电子政务平台建设密切相关，是在行政审批制度改革的基础上提出的。而服务型政府建设促进了我国政府管理体制的全方位变革，这一变革对行政服务中心建设的核心理念和内容产生了深远的影响，也为行政服务中心的发展提供了新的动力与目标。电子政务平台的建设，则为行政服务中心提供了技术方面的支撑，是其建立的有效工具，能为我国行政服务中心的进一步发展拓展空间。

行政服务中心作为我国行政体制改革的先导和组织机制创新的先锋,现阶段其建设内容主要包括组织结构、制度机制、功能设置三个方面。在组织结构上,行政服务中心在组织结构上突破了传统官僚制政府组织结构的束缚,呈现出了二元性、扁平化、开放式的发展趋势。在制度机制方面,行政服务中心在各项服务公开化的前提下基本形成了一套以办理机制、协调机制、监督机制为主的较为完整规范的运作机制和配套制度。从功能设置方面看,行政服务中心大都设置行政审批、政务公开、监督监察等功能。行政服务中心突显出以下特色:首先是"一站式"服务模式,提出了"先物理集中再信息集成",表明行政服务中心将经历建立内部办公网,到单向互动,再到双向互动,最终实现网上"一站式"服务。其次是"一厅式"办公形式,是由各级政府把与公民密切相关、具有行政审批和公共服务职能的各部门集中起来为民办事。中心内各部门都以窗口形式为公众提供服务,窗口的负责人员享有不同程度的行政审批权,既方便公民办事,又能使相关部门信息共享和协同工作,促进了部门之间的交流。再次,多元化的组织结构,目前的管理模式下很多行政服务中心的主管人员基本上只能负责对各种行政审批活动进行必要的沟通,并对进厅人员进行适量的管理。最后是多重性的领导方式,行政服务中心的大多数工作人员在名义上受中心领导管理,但其行政、工资等关系都在原单位,同时由于各单位的审批权限没有彻底下放,这就形成了多重领导的局面。

二、吉林省政务大厅建设经验和障碍

吉林省政务大厅建设的缘由基于以下三点。一是行政管理体制改革深入进行和服务型政府建设目标提出。二是政务公开广泛推行和电子政务建设蓬勃兴起。三是行政审批制度改革全面展开和部分地方政府行政审批服务机构率先建立。吉林省政务大厅建设意义则主要体现在五个方面。一是转变政府职能，优化经济发展软环境。二是增进政务公开，保障社会公众知情权监督权。三是改善政府服务，体现为人民服务的宗旨。四是发挥示范作用，带动行政改革的全面展开。五是推动法制建设，治理行政腐败现象。下面拟在对吉林省政务大厅建设的历程、成果和经验进行历史回顾和客观总结的基础上，对其进一步发展可能面临的障碍问题进行分析梳理，并提出相应对策。

（一）建设历程

1. 学习规划阶段。吉林省政府积极吸取其他省市的建设经验，在实践中进行了一系列的改革探索。第一，积极学习先进经验。政务大厅筹划之初，省委、省政府组织相关同志先后赴安徽、湖北、四川等省市进行实地考察调研，对当地建设经验进行系统总结，在此基础上提出了对政务大厅的建设要求。第二，形成建设方案，正式成立政务大厅。2002年8月，省政府政务公开联席会议第6次会议讨论确定《吉林省省政务大厅建设方案》，《方案》对政务大厅的组织结构、业务范围、运行方式、设施建设、信息化建设、资金筹措、准备工作和时间安排作出了明确规定。在《方案》的指导下，吉林省人民政府政务大厅于同年12月18日正式开业，同时，省政府政务大厅网站开通。第三，初步建立政务大厅电子政务系统。建成了物理隔离的内外网，形成了以审批业务管理为核心的软件体系，基本实现了政务大厅审批业务的网上运行和网上管理。

2. 实际运用阶段。正式运行后，为实现建设目标，政务大厅进行了进一步建设。第一，逐步将各项业务纳入政务大厅，其中包括启动省直机关会计核算中心业务，开通"96108"行政审批热线咨询服务电话，设立省长公开电话受理服务窗口，开通行政审批快速通道，省直政府采购和建设项目公开招投标，开通省政府网站公众查阅室。第二，创新行政审批运行方式，实行"八公开"服务（项目名称、法律依据、办理程序、办事条件、承诺时限、收费标准、数量限制、全部审批材料目录及申请书示范文本等八个方面)、"四制"办理(一般事项实行即时办理制、复杂事项实行承诺办理制、相关事项实行联合办理制、重要事项实行协调督办制)和"一次性"告知制度。第三，出台政务大厅窗口工作人员的管理意见，提出加强对窗口工作的领导、选派高素质干部、加强窗口工作人员日常管理、建立窗口工作人员正常轮换制度、保证窗口工作人员待遇不变、进行工作考核、实行奖惩制度、创造良好工作条件、重视学习培训等九点管理办法。第四，启动振兴吉林老工业基地项目审批快速通道，对纳入《振兴吉林老工业基地发展纲要》的重点项目提供咨询服务、材料初审、协调督办和并联办理等服务，以加快重点项目在实施过程中各环节的审批。第五，统一启用行政审批专用章，部门行政公章不再行使行政审批职能。第六，初步建成网上审批平台，对外面向社会公众，开展网上信息查询、表格下载、在线填报、批复反馈等业务，实现公开办事、公开监督、网上运行、网上反馈；对内联接省政务大厅管理中心、政务大厅窗口和部门职能处室以及领导，实行审批项目全过程网上办理，实现了行政审批的网上运行。

3. 完善提升阶段。2006年5月19日政务大厅新址启用，政务大厅建设进入完善和提升阶段。第一，统一组建行政审批办公室。凡是承担行政审批事项的各省政府部门都在政务大厅设立行政审批办公室，根据各部门实际情况核定领导职数，分配30多个正副处长职数给政务大厅。第二，形成多功能、综合性大厅。政务大厅成为集审批与收费、信息与咨询、管理与协调、投诉与监察等为一体，为群众、企业、基层提供公共服务的综合性窗口。第三，构建综合性招投标统一平台，各类招投标业务全部进厅。第四，建立立体化行政审批监管机制。构建包括监察机关监督、省政府政务公开协调办公室协调督查处监督、各部门内部监督、大厅内部各行政审批办公室之间的相互监督、办事公众监督和新闻媒体监督等在内的立体化监督体系。第五，建立比较完善的网上审批软件体系，对信息系统进行全面提升，整合大厅软硬件系统,将信息系统涵盖到政务大厅现有业务的各个方面,成为其运作和管理的基础平台,信息化建设的基本框架逐步完善和成熟。

(二)建设目标

1. 初期目标。2002年政务大厅建立之初,就提出要以"高起点建设、高效能运转、高质量服务、高水平管理"为目标,不断加强制度建设,完善工作机制,转变工作作风,提高工作效率。

2. 中期目标。政务大厅建设的中期目标在于建立统一规范的相对集中审批模式。这一时期的主要任务包括:以行政审批权相对集中改革为契机,有力推动政府职能转变;以规范行政审批行为为目标,努力建立高效顺畅的行政审批管理体制;以加强政务大厅服务窗口建设为手段,树立服务型政府新形象;以建立行政审批监督体系为保障,有力促进党风廉政建设。

3. 最终目标。政务大厅的最终目标是走向集中审批特别是网上行政审批。

(三)建设成果

1. 基本成果。在组织建设方面,政务大厅先后设立了省政府政务公开协调办公室、政务大厅机关工作委员会、省监察厅专门监察室和投诉窗口、招投标服务中心等组织,并有41个省政府部门在政务大厅设立了行政审批办公室,初步形成了一套完整的管理和服务组织体系。在功能建设方面,政务大厅实现了对行政审批和服务事项的清理,现政务大厅已具备集中审批、招投标服务、财务管理、政务公开、政策咨询、行政复议和法律咨询、监督监察等功能。在制度建设方面,政务大厅出台和完善了窗口人员、审批项目等方面的制度规定,创新实施了"八公开"服务、"四制"办理制、"一次性"告

效率政府
Efficient Government

知制度、并联办理制、行政审批专用章、行政审批快速通道等制度。在软硬件建设方面，政务大厅优化完善了大厅办公机构和设施，全面升级了电子政务系统，初步建成了比较完善的网上行政审批系统、公共服务系统、招投标业务系统和电子监察系统。

2. 实际成效。首先，梳理、规范和公开行政审批项目信息，有效地压缩了个人利用审批权的寻租空间。其次，构建统一集中的审批模式，实现了由行政审批管制到行政审批服务的转变。再次，构建由社会公众、政务大厅管理机构、职能部门、监察厅构成的多方监管体系，有效地制约和监管行政审批权力。再次，推动行政审批权相对集中改革，启用行政审批专用章，建立统一规范的行政审批模式。最后，推行行政审批流程再造，规范审批行为、简化审批程序、缩减审批环节、提高办事效率、方便群众办事，取得了良好的社会和经济效益。

(四) 建设经验

1. 统一思想、提高认识是办好政务大厅的思想基础。吉林省政务大厅建设过程中始终以"三个代表"重要思想和十六大精神为指导，通过召开党组会议，汇编有关政务大厅的领导讲话、文件和制度等多种形式，认真组织开展学习教育活动，进一步统一了思想，提高了领导及工作人员对政务大厅建设重要意义的认识。

2. 领导重视、部门配合是办好政务大厅的必要前提。政务大厅建设是政府管理理念和管理方式变革的产物，必然对长期形成的行政观念产生强大冲击，对现有利益格局进行强效调整，使推行这项改革的困难和阻力（尤其是政府内部阻力）很大。所以，要办好政务大厅，不仅需要各级党委、政府高度的重视，同时需要各部门的支持配合和社会各界的积极参与。

3. 整合职能、授权到位是办好政务大厅的关键举措。整合行政审批职能是彻底解决政务大厅沦落为各部门"中转站"的关键性工作，政务大厅明确要求各相关部门把审批权限集中到某一位分管领导身上，一切审批业务均在窗口审批办结。同时，对政务大厅内各审批办公室充分授权，给予窗口负责人即办、临时处置等方面的授权，启用了行政审批专用章，简化审批程序，使审批时限大为缩短。

4. 完善制度、加强管理是办好政务大厅的有效保障。为使政务大厅工作井然有序地开展，吉林省从制度建设入手，先后制定实施了一系列业务办理制度和日常管理制度，主要涉及行政审批管理、行政审批责任追究、招投标管理、政务大厅管理等四个方面，并将这些制度集结成册，实现政务大厅管理的制度化和规范化。

5. 电子政务、机制创新是办好政务大厅的有力依托。吉林省积极探索网上行政审批建设的路径，推动网站由"信息发布型"功能向"信息发布与服务互动型"功能的转变，逐步开展网上在线咨询和网上预审等服务。另外，吉林省还建立起网上审批应用系统，该系统由行政审批内网办理系统、外网服务系统和专网办理系统三个部分组成，实现了网上业务协同、在线政务服务、内网行政审批、信息查询、数据维护、安全认证、专网办理等七项功能，避免了传统审批模式中的许多障碍，大大提高了服务效率。

6. 服务公众、便民利民是办好政务大厅的最高追求。吉林省从政务大厅建设之初就将其作为政府统一搭建、面向社会及公众、公开透明行使行政权力的公平、公正、公开平台，其主要做法有：充分运用现代信息技术手段，促进政务公开，打造透明政府；推行流程再造，提高行政效能；践行"以民为本"的服务理念和"顾客导向"的服务模式，再造行政文化。

7. 制定政策、实施有效是办好政务大厅的制胜法宝。吉林省政务大厅改革的成功，一方面国家政策和法律法规发挥了引导、保障和促进作用，但决定性因素是吉林省政府适时出台的一系列政策。正是这些政策的制定和实施，发挥了引导、规范和约束效力，成为管理和规范政务大厅各窗口单位行为的有效手段，也为保证政务大厅整体遵循既定改革路线并取得预期改革效果提供了有力保障。

（五）障碍问题

1. 体制性障碍。作为在原有的行政体制外另设立的一个机构，政务大厅在实践中面临诸多无法回避的矛盾和难题：首先，政务大厅缺乏整体性制度设计和必要的理论支持，实质上是与原有的行政管理体制"并轨运行"，由于"大多数官僚组织拥有一个单一的正式权威等级，履行组织协调、资源配置和信息沟通的职能"[1]，所以，这种多元管理主体并存的状态使得管理权限模糊以致工作关系难以理顺。其次，政务大厅本质上还是一个没有法理依据和实权担当的协调机构，在现有行政管理体制中找不到自己的位置。再次，虽然行政审批权形式上已集中到政务大厅，但实质上，一些职能部门领导仍牢牢掌控权力。最后，进厅的窗口单位的人事权和财政权仍受其所属职能部门的实质性控制。要从根本上解决体制性难题，一方面需要省政府和政务大厅的自身努力，另一方面，应呼吁国家尽早出台和修订相关法律，同时，还应科学谋划并系统规划未来行政体制改革的实施策略，努力寻求中央政府的政策支持与意见指导。

2. 组织性障碍。政务大厅的组织结构是典型的"矩阵型组织"，这种组织结构有着较强的适应性和灵活性，但也存在诸多问题：首先，政务大厅管理部门的权力与责任不匹配，往往是责任大于权力。其次，受"临时观念"影响，窗口工作人员普遍缺乏对政务大厅的"组织归属感"。解决组织性难题的首选策略在于突破政务大厅权责不一致的障碍，一是将政务大厅升格为专司行政审批、具有独立法律地位的行政执法机构，二是在将窗口工作人员的

---

[1]. [美] 安东尼·唐斯：《官僚制内幕》，郭小聪等译，北京：中国人民大学出版社2006年版，第284页。

人事、财政和组织关系等全部划归政务大厅统一管理。同时，关注政务大厅内非正式组织文化建设，并实施必要的奖惩政策和激励措施。

3. 利益性障碍。长期以来，政府各职能部门已经形成利用行政审批方式来管理经济社会事务的思维定式，又因其审批事项的繁杂性和审批行为的专业性，各职能部门除拥有法律明确赋予的审批执行权外还拥有一定的自由裁量权，这虽然有助于适时解决审批过程中遇到的众多非结构化问题，但也带来了权力寻租等方面的风险。因为行政领域中的"个人是严格按经济人的方式行动的"[1]，这使"政府权力部门化，部门权力利益化，部门利益个人化"倾向难以扭转，由此可能给政务大厅进一步改革发展带来棘手的利益性难题。首先，改革中不可避免的利益再分配和再调整问题已经触及了职能部门的既得利益，某些行政官员"可能会把变革看成是对他们既定权力、地位和影响力的一种现实的或潜在的威胁，从而激发对变革的否定态度"[2]，特别是行政审批权进厅的某些部门的领导会为了自身利益或部门利益而消极应付改革甚至积极对抗放权，从而造成职能部门与政务大厅之间关系僵持或权力争夺的不利局面。同时，改革主体容易受到其他人消极行为的影响而对改革采取观望、"搭便车"的态度。为解决以上利益性难题，首先，省政府应进一步加大将行政审批权从原职能部门剥离的力度，推动执行权与决策权和监督权的完全分离。其次，对原职能部门进行职责明确定位、职位合理调整和人员妥善安置等，以免因部门权力流失或个人利益受损而使改革陷入困境。最后，"激励先进，带动后进"，建立完善奖惩机制。

三、吉林省政务大厅发展愿景、路径与策略

由于我国的行政服务中心是在缺乏整体制度设计和理论论证下进行的实

---

1. [美] 詹姆斯·M.布坎南：《自由、市场与国家》，平新乔等译，上海：上海三联书店1989年版，第347页。
2. 张国庆：《行政管理中的组织、人事与决策》，北京：北京大学出版社1997年版，第274页。

践活动，客观上没有一套普适的"经典模式"可供遵循，这就为各地自主性的改革探索提供了足够的创新空间。从行政改革和行政发展的角度来看，不变的是变化，永恒的是发展，行政服务中心的先进性表现和生命力所在正蕴涵于其不断探索和完善的发展过程中。因此，为了推进吉林省政府行政审批制度改革顺利进行，也是为了推动各地行政服务中心发展更趋完善，我们认为应该对吉林省政务大厅的未来发展愿景进行合理勾画并配以制度设计，当然，还需在此基础上理性选择改革路径和稳妥实施趋近策略。

（一）发展愿景

1. 集中审批

随着行政体制改革的逐步深化和政务大厅运行条件渐趋成熟，相对集中审批模式在法律地位、审批权限以及审批流程等方面的不足日益显现，政府应进一步推动相对集中审批向更为理想的集中审批过渡。总结来看，这种模式主要应具备以下四个方面的特征。首先，政务大厅成为具有独立行政主体法律地位的常设机构，以相关法律作为法理基础与行为准则，享有实质性的行政审批权力，拥有独立的行政编制和行政人员，独立承担法律责任。其次，集中行使行政审批权，在对审批事项进行简化、整合和归并的基础上，完全交由政务大厅行使。再次，实现审批流程优化再造，打破部门壁垒和条块分割的局限，通过实施跨部门并联审批，实现由部门导向到项目导向的根本性转变和审批流程的最优化配置。最后，以内部监督为基础，外部监督为辅助，构建严密完善的立体监督体系。

2. 网上行政审批

网上行政审批代表了现代信息和通信技术条件下行政审批发展的最终方向，即"一站式"、"一条龙"、"全天候"、无缝隙的新型服务模式与服务方式。相对集中审批模式下以实体性的政务大厅为物理载体和服务平台的"一站式"办公，需要经过集中审批的"逻辑整合、物理集中"，最终向"逻辑集中、物理分散"的"一站式"服务的高级形态——网上行政审批过渡。网上行政审批主要应具备以下四个方面的特征：第一，政府部门和审批对象信息沟通双向互动；第二，组织结构扁平化，突破职能分割和部门壁垒，使政务协同环境下的协同办公和无缝隙联动最终得以实现；第三，借助信息和通信技术将相关业务进行逻辑集中和服务集成，通过跨部门协作、网上网下协同并轨运行、多渠道受理反馈和纵横相连资源共享，实现服务流程"一条龙"办理，使用户足不出户就可以在网上解决问题；第四，服务功能智能化实现，网上行政审批系统能够智能识别复杂问题，为用户提供全天候智能化服务。

（二）路径选择

路径选择是制度变迁中基于决策者和行为者观念而形成的对改革路径的主观抉择，是具体实施改革策略前的初始判断，由此选择产生的路径依赖将直接影响并最终决定改革的成败，因此，必须理性预期并谨慎决策，才能确保改革进入良性循环发展轨道。依据制度变迁理论，改革的路径选择有激进型、渐进型和渗透型三种。[1]

1. 激进型

激进型实现路径是一种跳跃性的制度变迁方式，是在较短时间内完成大

---

[1]. 学者王曙光认为："经济学界在渐进式制度变迁和激进式制度变迁的成本收益比较的探讨中产生了许多有意义的成果……渐进式制度变迁较之激进式制度变迁具有优越性。"见王曙光：《转轨经济的路径选择：渐进式变迁与激进主义》，载《马克思主义与现实》，2002年第6期；严强提出："渗透式制度创新方式的主要特征是承认旧体制的破除、新体制的构建都不可能是一蹴而就的。"见严强：《新时期制度创新的方式、战略与策略》，载《南京大学学报》，1999年第1期。

规模的整体性制度变革。这种解决路径可以缩短行政审批改革的周期，因此改革具有相当的彻底性，但是这种改革路径的成功需要政府领导具有坚定的决心、有力的协调以及一套完备、周密、系统的改革方案。此外，由于这种改革发生迅速，通常情况下难以根据现实情况的变化对改革方案作出审时度势的适时调整，一旦失败，后果最为严重，极易导致政府内部的"结构性震荡"并在一定程度上损害政府的形象和权威。

2. 渐进型

渐进型实现路径是一种演进式的分阶段、分步骤的制度变迁方式，具有在时间、速度和次序选择上的渐进性特征。它的每一步改革完成之后，都伴随着相应的经验总结以及进一步改革的前景分析。这种改革的成功需要政府领导具有长远的战略眼光、持之以恒的毅力以及拥有一个稳定的、善于合作的、能力强的改革团队。由于改革具有明显的阶段性特征，改革进程存有一定的空隙性，这虽然使旧制度的打破和新制度的创立可以同时进行，但其效用的发挥与激进型改革相比却显得较为缓慢，且容易因为政府领导的更替或者观念的变化而致使改革缺乏持续性。

3. 渗透型

渗透型实现路径是一种表现为改革过程波浪式地进行的制度变迁方式。在其中，政府领导主要承担协调者的角色，改革目标的实现依赖于大量的协商和沟通，是在各政府部门可以接受的范围内逐渐推进制度的改革。由于改革时间充裕，可以根据实践情况作出实时调整，因此，其制度创立可以比较完善，并能将改革失败的危险性降到最低。然而，这种改革方式也往往因为过于保守和过程漫长，致使效用发挥缓慢，对领导的毅力耐心和各部门的响应配合等素质能力是极大的考验。

上述三种路径并没有绝对意义上的优劣之分。其中，激进型改革注重以速度为核心的快速执行力，强调改革的彻底性和颠覆性，但人治色彩过于浓厚，工作方式方法比较单一，且与改革配套的制度建设往往难于及时跟进，因此国内外虽然有诸多激进型改革的范例，但鲜有成功者；渗透型改革由于过于温和，难以在短期内克服根深蒂固的官僚制思想和体制的抵触，极易使改革停留在表层而无法持续深入；相比之下，渐进型改革路径显然比较折中，如果选择这一方式似乎更为稳妥。这是因为：首先，从大的改革环境与背景看，既然我国的政治体制改革和行政体制改革均以渐进型为优选，那么以此成功做法为镜鉴和参照理应规避巨大风险。其次，渐进型改革强调从微观改革、局部试验逐步过渡到宏观改革、全面推广，这既与以往的建设路线和未来的发展愿景相一致，也与各级政府的整体改革思路和方案相吻合，能够尽量降低政务大厅内部和平行的政府部门之间协同改革的摩擦成本，更容易实现改革与稳定的有机统一。再次，循序渐进的改革方式更容易为大多数领导者所认同并接受，使改革者在获得领导支持后能够从容地选择可行的改革方案。最后，渐进型改革提供了在改革进程中不断学习和发展的机会，领导者通过对改革者阶段性成果的检查和评估，可以帮助改革者修正方向并调整方案，从而使改革前景更加乐观。

（三）趋近策略

发展愿景是对现实阶段目标的理性超越和未来发展模式的前瞻思考，虽然传统行政管理体制的根深蒂固、数字鸿沟和信息孤岛的普遍存在使这一目标实现进程充满了艰巨性和长期性，但是，正因为"有一个不完美的政府，人们就会持续不断地寻求理想的治理形态"[1]。可见，假以良策，上述障碍必会转变为动力。

---

1. ［美］盖伊·彼得斯：《政府未来的治理模式》，吴爱明等译，北京：中国人民大学出版社2001年版，第5页。

1. 趋近集中审批的策略

（1）完善法律法规体系，强化合法性解释逻辑。我国行政服务中心建设是在缺乏法律规定的无序状态下进行的，虽然以行政命令和行政干预为特征的行政主导在一定程度上暂时弥补了法律上的缺口，但从长远来看，性质不明和人为操控带来的短期繁荣可能埋下长久的隐患，因此，必须以完善法律法规作为实现集中审批的首选策略。立法的第一步应当是实体法的调整和完善，因为"承担如此重任的行政服务中心这一组织本身的性质问题绝不能模棱两可，否则有悖于宪政国家的理性诉求"[1]。行政组织法定原则是行政法治的基本原则和应有之义，西方国家一般通过立法明确其"一站式"服务机构的法律地位，我国也应尽早出台《行政服务中心组织法》，以便从机构性质、权力配置和权利保障等方面作出法律上的规定，并以此作为后续立法的起点和基础，最终推动政务大厅从法规和制度层面的合理向合法转变。其次应制定实施行政行为的基本法，该法应对包括行政审批在内的行政行为的主体、方式、步骤和时限等予以严格限定，从而更好地监督和控制行政权力的行使。在这一点上，美国《联邦行政程序法》和日本《行政程序法》的成功经验都值得我们借鉴。最后，还应将政务大厅的行政行为纳入司法审查范围，适时修订《行政诉讼法》、《国家赔偿法》中与之有关的部分条款。[2]另外，国务院和有关部委也应制定出台相关的行政法规或规章制度。

（2）推进行政体制改革，加快服务型政府建设。行政体制改革是政务大厅产生与发展的源动力，而"从实体上构筑服务型政府，是摆脱当前改革困境的根本出路"[3]，为此，从政府管理创新的角度看，应着力在转变政府职能、规范审批行为和调整机构设置上下工夫。首先，转变政府职能的关键是要实

---

1. 吴爱明、孙垂江：《我国公共行政服务中心的困境与发展》，载《中国行政管理》，2004年第9期。
2. 谷苏：《国外行政审批制度改革对我国的启示》，载《四川教育学院学报》，2009年第3期。
3. 梁建东、魏丽艳：《我国政府审批制度改革的理念追寻》，载《福建经济管理干部学院学报》，2003年第1期。

现从"全能政府"向"有限政府"的转变和从"管制政府"向"服务政府"的转变。新保守主义和新自由主义普遍认为:"既然在商业领域,自我管理是适当的,那么同样道理,无论是国内还是国际上,政府结构都是可以被忽略掉的。"[1] 这种激进改革的观点虽然过于极端,但为"防止因道德风险和信息不对称导致对资源的较大扭曲"[2],政府理应在正视有限理性和效率有限的前提下,通过厘清政府与市场的界限,将一部分行政审批权限从政府职能中剥离出来,并努力培育社会团体、行业组织和中介机构参与公共事业管理。为彻底摆脱管制行政的桎梏,实现政府管理模式的创新,政务大厅的服务内涵应进一步拓展,服务质量应稳步提高,使其真正成为服务型政府的第一窗口。其次,规范审批行为重点要做好以下工作:一是继续加大审批项目清理力度,明确行政审批的前置条件和规范标准,尽量减少自由裁量权,并及时向社会公开;逐项压缩中间环节,缩短办事流程与审批周期,提高审批效率;建立审批项目的动态评估机制,加强对已取消审批事项的后续监管。二是提高现场办结率,将审批事项的受理权、审查权和核准权全权授予首席代表和窗口人员,把监督权授予部门主管领导。最后,调整机构设置可尝试从以下方面入手,一是单独组建公共服务管理局,统筹政府公共服务。这种做法在国内外均有先例,例如日本的"临时行政调查委员会"、韩国的"规制改革委员会"等,我国最早出现的类似机构是2005年成立的"北京市海淀区政府公共服务委员会"。当然,"在我国成立的这个机构,必须是中立的、有权威性的机构,可以是临时性的,也可以是常设性的,它的产生以及职责最好由行政许可法来规定"[3]。二是确保政务大厅具有法定的编制和独立的人事管理权,有权对审批人员进行统一选拔、管理和考核,并将其人事、工资和组织关

---

1. Geraldine Fraser - Moleketi, Demetrios Argyriades, Good Democratic Governance with Government: Scope, Objectives and Significance - a New Paradigm Shift, International Institute of Administrative Sciences, 2009.
2. 李莲:《美日行政审批制度改革的经验借鉴》,载《商业经济》,2008年第11期。
3. 谷苏:《国外行政审批制度改革对我国的启示》,载《四川教育学院学报》,2009年第3期。

系等完全划归中心。三是审批权下放后,各部门原科室的机构设置和职能分工要相应作出重组整合,顺势转向业务指导、市场监督和政策研究等方面。

(3) 推动政务流程再造,建立无缝隙服务模式。要形成政务大厅、业务窗口与职能部门的"三位一体"、多部门、多层次的高效联动机制,应对以下三个方面予以重点关注。首先,流程再造必须"以公民为中心",构建一种能够提供便捷服务、灵活回应顾客需求、具有动态适应性的新型组织结构。打造"直接面对顾客"的"一条龙"式的服务流程,即把前来办事的公民视做它的"顾客"和"消费者",仿照企业的商业链模式推行政府"订单"服务。当然,还可以考虑采用"客户关系管理"技术,引入市场机制来推行公共管理社会化和公共服务市场化。其次,流程再造必须持续进行。流程再造是一个持久的、动态的过程,不可能一步到位,必须根据业务流程再造的生命周期和分解原理,逐步实现流程的重新设计、再确定和持续改进。同时,流程优化的范围、速度和深度要适当,以保证新流程与原有流程之间的适度平衡。为确保组织内的资源向流程再造倾斜,必须依靠高层领导的强力的政治与行政推动,还要想方设法调动一线管理者和工作人员的积极性、主动性和创造性,激励他们提高管理水平和科技素质,使其能够及时与新的业务流程紧密衔接。最后,流程再造的配套改革必须及时跟进。行政改革专家凯顿曾用"不能将好苹果放在烂篮子之内"来形容改革与环境的关系。[1] 为此,应加快机构改革步伐,打破部门内部传统的职责分工与层级界限,推动政府职能部门由分立模式向综合模式转变。另外,还应加强行政文化建设,促进服务理念、责任意识和效率观念的内化。

(4) 健全监督管理体系,注重刚性和柔性机制的结合。"权力导致腐败,

---

1. 张成福:《面向 21 世纪的中国政府再造:基本战略的选择》,载《教学与研究》,1999 年第 7 期。

绝对的权力导致绝对的腐败。"[1] 有鉴于此，必须对集众多审批大权于一身的政务大厅进行有效的监督，以避免产生更大的制度腐败。对其监督可以按照审监分立的原则，采取通畅审批监督渠道和建立严密完善的监督管理体系的策略。首先，应完善内部监督。"我国行政服务中心所倡导的各种先进的服务理念、内容与方式能够得到有效的实施，在很大程度上是与我国行政服务中心的内部监督体系的即时性与全程性有着重大关系。"[2] 在目前已有的各种内部监督主体和监督形式的基础上，可尝试再设立行政审批监督管理局（委员会），与政务大厅一套班子、两块牌子。对内行使监督管理职能，对外行使服务职能，接受社会各界的投诉举报。其次，应整合外部监督，理顺各外部监督主体关系，使其形成合力。总的来说，要全力保障政务大厅的廉洁高效、兼具内外部控制的监督管理体系应是刚性机制和柔性机制的结合体，其中尤其需要政务大厅的严格自律和工作人员依法行政意识的提高等柔性机制的协调配合。

2. 趋近网上行政审批的策略

（1）合理规划网上行政审批系统平台。系统建设是实现网上行政审批的核心，应根据方便实用、开放性、可扩展性和安全性的原则对其进行合理规划。首先，实施顶层设计。顶层设计的基本内容是对平台建设的基本问题（技术和体制）进行总体的、全面的设计。总的要求是，理论上要保持一致、标准上要规范统一、功能上要相互协调、资源上要互相共享、制度上要稳定权威。其次，加快基础性工程建设。网络硬件是网上行政审批系统的支撑和保障，要适当增加网络硬件投入，加快硬件设施的更新换代，提高设施设备的数据吞吐能力和处理能力。再次，提高资源利用率。依托现有的硬件设施、

---

1. [英] 安德鲁·海伍德：《政治学》，张立鹏译，北京：中国人民大学出版社2006年版，第8页。
2. 段龙飞：《机制创新与我国行政服务中心建设研究》，载《中国行政管理》，2008年第6期。

网络设备或互联网站,对覆盖各政府部门的政务网进行升级改造,使政务骨干网承担起网上行政审批系统数据传输的主要任务。最后,妥善进行业务外包。组织专业的IT公司进行系统软件的开发和测试,协商明确分工责任,密切关注外包进度,及时评估工作质量,还可聘请专家或非商业性学术机构在系统建设中与实施环节处提供专业咨询。

(2)实现与政府门户网站互联互通。以政府门户网站为主要载体和表现形式的电子政府已成为"一站式"服务的主导方式与发展趋势,政务大厅的机构集中必须与政府门户网站的业务整合有机结合起来,这二者之间的关系越紧密,界限越模糊,"一条龙"、"一站式"的服务提供的效率才越高,质量才会更好。网上行政审批系统分为前台办公室和后台办公室两部分。最好的前台办公室是选择政府门户网站,因为它能使行政审批服务直接在互联网上以单一窗口的形式提供,以便向公众直接承接服务请求并及时反馈服务结果。后台办公室是承担审批任务的各实际执行部门在内网上协同实现的。内网上(我国目前有很多是运行在专网上)的审批业务系统服务于处理审批业务的所有政府工作人员,具有信息共享、业务调度、协作交互以及管理控制等业务功能。需要指出的是,真正的"一站式"服务应该"就像高速公路上的加油站一样,提供司机需要的一切相关服务"。[1] 为此,政务大厅需要通过前台——政府门户网站对服务事项进行整合集成,向用户提供包括政策法规在线查询、表格下载、项目申报和网上收费等在内的全天候、一体化服务,还需要通过后台所有相关职能部门的协同工作和资源共享来"一体化"提供所有审批业务功能,目标是达到在线服务的彻底性,即"在线服务是指在网上能够完全执行的服务。如果市民还需要打印出表格邮寄或是把它送到政府机构才执行服务的话,我们就不认为它是一项在线服务"[2],如果不能达到如此

---

[1]. 贾涛、陈翔:《国外一站式政府服务机构建设的做法及对我国的启示》,载《中国行政管理》,2007年第5期。
[2]. Darrell M. West,*Digital Government: Technology and Public Sector Performance*, New Jersey: Princeton University Press, 2005.

的彻底性，其趋近理想目标的程度显然不能令公众满意。

（3）优化再造网上并联审批流程。网上并联审批并不只是单纯依靠信息通信技术实现审批方式由串联到并联的转变，其成功的关键在于对审批流程进行优化再造，为此要在以下两个方面做好准备。首先要准确选择优先再造的业务流程，选择的重点应放在目前机能障碍最明显的关键的流程上，一般不宜同时对所有的业务流程进行再造。要充分考虑到政务大厅所承受的改革压力、改革能力和面临风险，以不影响政务大厅的正常运转为前提，优先选择那些程序相对简单、易于获得成功的业务流程进行优化再造。同时，做好流程转换时的过渡工作，尽量缩短新旧流程更替过程中的时间空隙，把改革可能造成的风险降到最低。其次要有组织、人才、技术上的保证。网上并联审批要在政务协同的环境下实现，因此必然要求打破条块分割的部门壁垒，改变传统的组织结构和办事程序，实现各部门间紧密衔接和密切配合，所以，应由政务大厅及政府部门的高层领导组成指导委员会，负责制定业务流程再造的总体战略，并监督再造的进度。再造队伍由实际推行再造的成员组成，一般包括再造领导者、流程负责人和负责具体项目的再造小组等，他们都应是符合实际需要的复合型人才，不仅思想意识要先进，熟悉相关领域业务，还要技术素质过硬，能够熟练运用信息通信技术。

（4）继续推进"三级联网"建设。"三级联网"是省、市和县三级政务大厅共建的纵向网络通讯平台，可为政务大厅内部以及各级政务大厅之间的数据传输、信息交换和资源共享提供便利渠道，也可为复杂事项的并联协同审批和越级审批事项的在线办理创造有利条件。基于"三级联网"的电子政务体系具有良好的适应性与灵活性，不仅适用于集中式或分散式办公的需要，而且可极大地方便办事群众，减少中间环节和提高办事效率，所以，应在各行政区域内已有的独立分散的行政审批网基础上，从应用、网络、数据和安全等方面建立统一标准和规范，建设"横向到边、纵向到底"的网上行政审批体系，从而实现三级审批网络的全面对接和审批流程的无缝链接。这一改革的难点在于，由于目前上下级政务大厅之间没有直接隶属关系，只是单纯的业务指导与配合协作，要最终形成"上下联动、左右互通"的理想格局，单纯依靠解决技术上的难题是不够的，关键在于实现运行体制机制的创新和各级政府间的协调互动。

之所以把策略建议称为趋近策略，一是要表明我们的态度倾向于选择渐进型的改革路径，二是要说明我们提出的策略只是原则性的内容，并非具体详尽的行动方案，而且这些策略虽然现时有效可行，但并非普适所有，也不是不可更改。我们认为，任何策略的选择都需要根据环境的变化和公众的需求在具体实施中不断地作出适应性调整和创新性修正，例如可以通过建立策略间的关联并对其进行适当的整合来形成联动体系与约束机制，以保证改革能够持续地趋近愿景而不会偏离方向轨道。总之，以上策略的提出既是为政务大厅提供原则性、基础性的改革方案，同时又试图给予他们足够的创新空间和操作弹性，使他们能够不囿于现有方案的束缚，在自己权力和能力允许的限度内充分地利用改革机遇，并结合自身的情况制定切实可行的改革路径，科学合理地掌控改革的幅度和节奏，以稳妥实施改革并促动连锁效应的发生。

从天津市南开区"超时默许"机制看行政审批创新

包雅钧
(中央编译局世界发展战略研究部)

2006年1月14日,天津市南开区"超时默许"机制在北京人民大会堂捧走第三届"中国地方政府创新奖",成为为数不多的十个获奖者之一。在参评的各项中,"超时默许"机制无疑是最有代表性的政府创新举措之一。然而,理论界却没有对此进行较为系统和深入的分析。到底"超时默许"取得成功的关键在哪里?它又折射出哪些值得我们进一步深入思考的问题?结合2005年12月中国地方政府创新课题组的实地考察、南开区行政许可服务中心的申报材料,以及全国评选委员会上专家的提问与南开区相关负责人的答辩,笔者试图对此进行初步的分析。

一、行政审批制度改革创新的背景

创新与改革是当今时代的潮流,而作为公共权力机关为提高行政效率与增进公共利益而进行的创造性改革,即政府创新,则因政府在现代社会中的功能,有特别重大的影响,具有公共性、全局性和政治性。政府创新的出现有着客观的经济社会基础与政治基础。在西方国家，由于公民权利的深入发展，以及传统的官僚制政府的种种弊病，人们日益要求改革政府，希望建立专业化的、高效率的、廉洁的政府为社会提供更多优质的服务并减少不必要的社会管制，实现良治或善治。在这一背景下，西方国家兴起以政府再造为主题的公共管理改革。一般说来，政府创新在内涵上包括理论创新、体制创新、人员创新与操作创新。对于现实中的政府而言，更多地是在体制与操作层面上进行创新。随着改革开放的深入发展，我国的政治、经济与社会生活发生了整体性变迁，从而提出了政府创新的现实课题。在社会主义市场经济不断发展的今天，要求政府管理体制与市场经济相匹配。这种管理体制在深层上要求政府转变职能，厘清政府与社会的关系，理顺政府内部的条块分割，加强权力制约，以实现民主、法治、责任、透明、高效的目标。近年来，我国涌现出来的众多政府创新个案大致涵盖以下三个方面：在政治改革方面，如民主选举、政务公开、干部选拔、权力监督等；在行政改革方面，如行政许可、行政程序、绩效评估等；在公共服务方面，如公益事业、社区服务、社会保障等。

　　在政府改革创新的大背景下，行政审批制度改革近年来在我国政治生活中日益引起人们的关注。早在新中国成立之时，党和政府就对行政审批制度十分重视，在高度集中的计划经济管理模式下，行政审批制度广泛地渗透到社会生活的各个方面，较多地体现了人治色彩。改革开放以来，国家经济逐步由计划体制向市场体制转型，国家的行政事务呈现出越来越复杂和繁多的趋势，而以往的行政审批虽然为我国的经济社会发展发挥过积极作用，但是随着社会主义市场经济体制的逐步确立和中国的成功"入世"，中国行政审批制度之弊端日益暴露出来。这些弊端主要体现在：（1）行政审批的主体庞杂，甚至有非法定机关组织在没有法律依据的情况下行使行政审批权。（2）行政审批事项设定权限不清，审批范围失控，导致一些行政机关随意设置审批事项，利用行政审批制度谋取利益。（3）审批机构之间不协调，审批关卡过多，增加了管理相对人的负担。(4)行政审批程序不完善，随意性大，导致行政机关具体实施审批行为的混乱。(5)行政审批成为一些部门和地方搞行政性垄断的手段，如搞地方保护。(6)盲目实施审批，不能发挥审批宏观调控经济的作用。(7)行政主体利用审批乱收费，行政审批成为行政主体寻租、聚敛钱财的手段。(8)行政审批缺乏有效的监督机制，责任救济不明。(9)行政审批制度所耗用的社会管理成本太高，过多的审批环节，浪费了社会过多的办事时间，消耗了过多的社会成本。

为了克服这些弊端，1998年以来，新一轮政府审批改革进入广泛而深入的阶段，这一阶段的标志性成果是十届全国人大四次会议讨论并通过的《行政许可法》(2004年7月1日正式实施)。《行政许可法》的通过与实施并不表明行政审批改革取得成功，因为行政许可与行政审批是有重大差异的，这一点笔者已经有过深入分析。《行政许可法》的通过与实施只不过为深化行政审批制度的改革提供了契机，将促进行政审批制度改革迈向法制化、规范化的良性轨道。当前我国行政审批制度改革的内容主要在以下四项：清理和调整现有的行政审批职能；规范行政审批事项，包括审批权限、审批程序、审批时限、审批依据等；改进审批方式方法；加强审批监管。几年来，一批数量庞大的行政审批项目被废止、取消，结合《行政许可法》，各地政府实施了一些创新做法，规范审批事项，加强监督管理。这些创新做法有：窗口办文、联合审批、并联审批、前置改后置、定期会审会签、网上审批、首问责任制、专家会审制、社会听证、建立行政服务中心等。天津市南开区正是在这一点上做出了精彩的文章，借助《行政许可法》创立了"超时默许"机制。

从宏观上讲，进行行政审批制度改革创新，有助于市场机制的完善，有助于我国更好地融入国际政治、经济生活，有助于从源头上防止和治理腐败，有助于转变政府职能，建立廉洁和高效的政府。由于行政审批直接关系到政府与民众的关系，是一项具体的行政行为，较多地体现政府服务的色彩，因此，搞好行政审批改革创新对于建设服务型政府意义重大。一个服务型政府，

就是要以公共利益为目标,努力为社会提供高质量的公共产品与服务。行政审批或行政许可,是政府对相对人的授权行为,这种行政行为是提供公共服务。衡量其质量优劣,首先看它在老百姓心目中的地位,看人们怎么评价,"金杯银杯不如群众口碑";具体则可以从时间成本、经济成本及合法性等方面来衡量。下面我们分析天津市南开区行政许可服务中心的"超时默许"机制是在哪些方面作出创新的。

二、天津市南开区"超时默许"机制的生成

天津市南开区行政许可服务中心把自己创立的"超时默许"新型行政审批机制定义为:"行政许可审批部门受理相对人的申请后,在公开承诺的时限内,如果既不批准也不批驳,又无法定事由准许延长时限,则由事先授权的微机网络系统自动生成并印发不危及安全、健康的许可决定。"这一创新举措不是突发奇想,而是在一定的物质与理念基础上发展生成的。

(一)"超时默许"机制之前的基础性创新措施

1. 集中办理。早在1998年,南开区已经建立"经济服务中心",13个行政管理部门和行政执法部门集中办公,为企业办理证照提供一站式服务,后来为配合《行政许可法》的实施,这个中心在2004年6月6日扩建为"行政许可服务中心"。成立这个中心就是要解决以往行政部门分工过细、职责交叉重复、审批环节繁多、申请周期长等弊端给相对申请人带来的诸多不便,在该中心的服务大厅内就可以办理原来要到各部门去办理的相关手续。在行政许可服务中心集中办理,有助于各窗口部门提高服务意识和效率,形成良性竞争,大大便利于群众。这一方法后来被吸收进《行政许可法》,有着一定的法律依据。《行政许可法》第二十六条规定:"行政许可依法由地方人民政

府两个以上部门分别实施的，本级人民政府可以确定一个部门受理行政许可申请并转告有关部门提出意见后统一办理，或者组织有关部门联合办理，统一办理。"第二十五条同时规定："经国务院批准，省、自治区、直辖市人民政府根据精简、统一、效能的原则，可以决定一个行政机关行使有关行政机关的行政许可权。"对此，人们有不同的理解，如果一个行政机关可以行使其他机关的行政许可权，它本身应当首先是执法机关。事实上，行政许可服务中心并不具备执法功能，而只是地方政府通过行政方式组建的管理部门。这一问题笔者在后面还将再展开论述。但集中办理自然有着它的优势，因而事实上在《行政许可法》出台之前已经在许多地方得到广泛推行。

2. 并联审批制。即在现行法律法规和规章制度规定的程序范围内，按照关联性和并行审查的可能性分为若干个审批阶段，在同一个审批阶段同时办理几项审批手续，实行交叉审查，限时办结，这样既缩短了企业办证时间也提高了行政效率。后来这一点也在《行政许可法》中得到明文肯定，其第二十六条第二款规定："一个部门受理行政许可申请并转告有关部门分别提出意见后统一办理。"

3. 告知承诺制。这一做法在《行政许可法》中未有体现，但作为一种新事物却在上海浦东新区、北京海淀区等地得到实验，成效显著。2002年，天津市南开区借鉴并试行这一新方法，如针对卫生许可证发放，企业在筹备期间可以先办理承诺手续，承诺在工程完工时达到卫生标准，这时经卫生局窗口认定盖章后允许办理其他手续，卫生局到工程完工时再检验承诺核发卫生许可证。这一做法提高了双方行为的社会效益，同时责任更加明确。

4. 不能办理备案制。对于窗口负责人来说，对企业的申请事项不能给予办理，就要及时向上级领导报告，并给相对申请人以合理的解释，不允许对申请人说"这事不行"或"这事办不了"。对于暂时不能办理的，负责人要逐级汇报并写明不能办理的原因、法律依据、应急预案和后续措施，及时报监察局投诉中心备案。若投诉中心认为可以办理，则要主动找到原相对人恢复办理手续。

(二)"超时默许"机制的生成

1. 创意由来。尽管有了上面这些基础性措施,但是企业在办理审批事项中仍感觉到种种不便。这些问题可以总结为两个方面:一是限时办结难,二是审批项目缺乏规划。一些办理营业证照的私企老板大为感叹:办照难,难于上青天。不到时限办不完,过了时限没人管,大好商机已不在,营业证照仍不见。申请人本想早投资、早经营、早回报、早纳税,但总是实现不了。审批部门虽然承诺办结时间,可能否兑现承诺是另一回事,具体到哪一天办结无法确定。因此,如何确保申请人在承诺的时间内拿到许可批准,成为关系政府形象与效率、关系民众对政府评价程度的重大问题。此外,以往的前置审批部门相互独立,存在大量的信息孤岛现象,这主要是因为信息化工作缺乏总体规划、前期系统咨询论证不够充分造成的。还有一些行政机关办理行政许可事项没有明确的时间规定,主观随意性大,企业要多次往返于行政部门与企业之间报送材料,并想方设法打通关系,加大了企业的设立成本。企业所需审批事项关系到的部门并非全部进驻中心,中心对之也缺乏权限加以管理。这种客观现实提出的问题,促使南开区行政许可服务中心想到利用网络科技创新,创建一种"超时默许"机制,并考虑对未来管理体制和制度有进行更新的可能性与空间延展性。它所带来的主要是一种运行操作机制的更新,现行基本制度环境不需要发生大的变化,社会风险比较小。本着这一思路,南开区行政许可中心走上了新机制的研发之路。

2. "超时默许"机制的研发——初步提出"超时默认"机制。从 2002 年 5 月 10 日开始,南开区行政许可服务中心在区委、区政府的全力支持下,用了半年多时间先后到北京、上海等地进行学习考察。与此同时,"并联审批、超时默认"一网式企业注册登记审批软件开发工作也着手进行。到 2002 年底，中心自主成立创新课题组反复研讨论证软件编程问题。最先要求承担软件开发的一家公司由于无法理解"超时默认"的创意自动退出。此后，中心在全国范围内筛选软件，最后选定由安徽胜利科技发展有限公司负责编程，并在年底研发成功。2003年1月，该机制开始正式运行。2004年2月，为与即将实施的《行政许可法》接轨，又将"超时默认"改为"超时默许"。2004年7月16日，这一系统获得国家版权局颁发的"计算机软件著作权登记证书"。

3. "超时默许"系统的构成。"超时默许"的软件系统（OA系统）包括以下几个子系统：中心窗口管理系统、办公自动化系统、功能模块系统、后台管理系统、语音短信系统、智能触摸屏系统。功能模块系统又包括智能触摸屏查询系统、电话语音查询系统和网络查询系统。其具体的工作流程是：工商受理、抄告相关、并联审批、限时办结、超时默许。（1）工商受理。企业申请人在工商部门办好企业名称预先核准手续，领取企业设立或变更登记申请书等表格后，对有涉及前置审批项目的企业，在名称预先核准登记时发给企业申请人《前置审批项目须知》、《并联审批申请表》以及前置审批部门提供的并联审批一次性告知单，按首问责任制，做好相应的咨询服务工作。（2）抄告相关。工商部门收到并联审批表及申请材料后，及时将并联审批申请表通过计算机网络或传真传送相关行政前置审批部门。（3）并联审批。相关前置审批部门同时接到工商部门传送的并联审批申请表后，应及时与申请人取得联系，天津市规定在5个工作日之内提出具体审批意见。南开区则对前置审批提速为3个工作日，同意的，前置部门加盖公章回传给工商部门，不同意的，前置部门要及时向申请人说明具体理由，并回传给工商部门，无论涉及几个前置部门一律同步进行，从而大大缩短了审批时限。（4）限时办结。工商部门收到前置部门审批同意的回复意见后，对经审核符合注册登记条件的企业，在5个工作日之内核发经营期限半年的《营业执照》。对不符合条件的予以退回，在回执上写明退回理由。（5）超时默许。前置审批部门在公开承诺的时限内,依法对相对人的申请分别作出批准或批驳的决定。如果有法定事由需要延长时限,审批部门书面说明理由申请延期,经批准调整后网络按新的时限执行。如果审批部门在公开承诺的时限内,既不批准又不批驳,又无法定事由准许延长期限,逾期未回复的,微机网络自动把这一事项变成红色,同时每 30 秒响一次警示音。警示 24 小时后,如果仍未办结,则由事先授权的微机网络系统自动生成并打印出许可证,从而完成"超时默许"。最后在确保申请人如期拿到批件的前提下,还要按有关规定追究相关部门和人员的责任,依法补齐相关手续。

4. "超时默许"机制的特点。"超时默许"系统在其系统设计和功能设置上充分体现了"以人为本"的思想。该系统采用"智能化"、"人性化"的操作界面,用户轻点鼠标器即可完成收件、办件、查询、统计功能,同时系统还提供了强大的错误检测功能。这个系统对于管理层还提供了强大的统计、汇总与监督功能,使领导人不仅可以及时了解所有项目的办理情况,还可以对本中心的各项数据进行查询,为决策提供事实和数据依据。更重要的,这套机制的运行有着充分的依据,这主要体现在以下几个方面:(1) 法律依据。《行政许可法》第三十七条规定,"行政机关应当在法定期限内作出行政许可决定";第四十二条到四十五条规定了作出行政许可的具体期限;第七十四条还规定了行政机关未在法定期限内作出行政许可决定的法律责任。当然,这只是一种义务性约束,如行政机关未能在规定期限内办理,《行政许可法》没有明文表示行政机关对相对人的申请采取同意还是拒绝的态度。这为南开区行政许可服务中心的发挥、创新提供了空间。此外,我国已经有一些相关法律法规作了同意式规定,如《大气污染防治法》规定:"需要拆除或者闲置大气污染物处理设施的,必须提前向环保部门申报,环保部门接到申报后,应当在一个月内予以批复,逾期不批复的,视为同意。"《集会游行示威法》规定:"主管机关接到集会、游行、示威申请书后,应当在申请举行日期的二日前,将许可或不予许可的决定书面通知其负责人,不许可的应当说明理由,逾期不通知的视为许可。"（2）政策依据。根据天津市人民政府有关文件规定，相关行政审批部门逾期未回复的，视为同意。在这里我们看到了天津市政府在地方行政审批改革中发挥的引导作用。可以理解为，政府的相关规定为南开区行政服务中心的"超时默许"打开了政策绿灯，从而为未来的 OA 系统运行提供了保障。（3）法理依据。我国现行法学原理认为，沉默是当事人同意的意思表示的一种外在推定表现形式。（4）责任依据。凡是进驻行政许可服务中心的各部门都与中心签订承诺书，统一将公章扫描进中心局域网系统储存，并提供空白许可证件备用，一旦发生"超时默许"，责任自负。

（三）"超时默许"机制的配套措施

"超时默许"机制给执法者带来巨大的内在压力，使其不断加强责任心，南开区至今未发生一例"超时默许"事件。现在南开区行政许可服务中心又在"超时默许"的基础上，开发出了"一表通"，即把原来企业申请办证所需要的工商、国税、地税、质监、文化、卫生、环保 7 个行政许可审批部门填写的 526 个事项，整合简化为 37 个共性事项，将 7 个部门的 34 张表格整合为一张通用表格，由中心一个窗口统一录入，其余审批部门通过中心网络计算机代企业打印出各类表格。

这些软件的运行归根到底离不开人，只有在人的管理上做足文章，才能充分发挥了软件的功能，行政许可服务中心正是围绕服务抓创新的：（1）创新服务理念，实行规范服务，在中心培育和建设"十个文化"：政务文化、法务文化、内务文化、行为文化、语言文化、形象文化、作风文化、诚信文化、交往文化、环境文化。（2）坚持政务公开，严格依法行政，在中心做到"十个公开"：宗旨公开、部门公开、程序公开、信息公开、公务公开、过程公开、监察公开、结果公开、收费公开、接待公开。（3）简化程序，提高效率，切实做到一站式办公，在此基础上中心还转变工作作风，在依法行政的基础上将服务范围扩展到与百姓生活息息相关的生活小事上,充分体现了社会服务意识。最后,该中心依《行政许可法》的规定,要求各部门清理行政许可收费事项,降低行政许可申请的成本。

(四)"超时默许"机制的创新性

天津市南开区"超时默许"新机制的创新性体现在以下几个方面:(1)有效利用计算机技术,具有电子政务的特征。"超时默许"机制以先进的网络技术为载体,把《行政许可法》的基本精神融入网络化管理中,把高科技与行政管理实践有机地结合起来,实现了行政管理的电子化、自动化。通过电子化、网络化方式,该机制使行政审批中前置审批的时限规定有所保障。虽然它只是审批制度系统中的改革,但又渗透和扩散到制度层面,具有"诱致"管理体制和制度创新的功能,将在很大程度上改善政府与社会的关系。(2)"超时默许"机制通过各职能部门对微机系统的授权,一定程度上保证了在行政审批过程中行政人员未能做出相应措施情况下,维持审批程序的不间断运作,实质上发挥了"影子审批"的作用。这一做法实际是借鉴国际行政审批的成功经验,充分保障了公民、法人或者其他组织的权利。(3)有效地限制了行政机关滥用审批权,简化了审批环节,提高了行政效率。此外,对于加强行政审批的透明化与责任化也裨益良多。在行政审批改革这一浩大工程中,它如同是推动"多米诺"的第一张骨牌,将促进前置审批、审批过程、审批监督等各个方面的改革,真正实现管理型政府向服务型政府的转变。

(五)"超时默许"机制的广泛影响

"超时默许"机制自诞生之日起就因其创新性而注定是不平凡的,在国内外引起广泛关注。几年来,先后有国家部委代表、兄弟省市领导、全国高等学府的专家学者以及外国友人相继来中心考察、交流、学习，这一做法已经在黑龙江省等地的政府行政管理中被应用。中央电视台、《人民日报》、新华社、北方网等众多媒体也对此作过报道，这充分说明这一机制得到了社会各界的普遍认可。正由于这一机制的直接受益者是广大民众，因而受到民众的一致好评。从经济效果上说，"超时默许"机制为优化经济发展环境注入了新的活力，吸引了众多客商到南开区投资。2002年到2005年，南开区招商引资达217亿元，仅2005年全区就注册企业4220家，注册资本13.3516亿元，同比分别增长70%、61%，2005年区级财政收入比2000年提高3.96倍。

三、一点理论反思

尽管南开区行政许可服务中心的"超时默许"创新机制取得了显著的社会效果，但它同样存在一些需要继续深入思考的问题，有些问题还折射出整个行政审批改革的体制性困难。

（一）如何看待行政许可中心的法律地位

前面我们已经提到，这一机构并不具有完全的执法主体地位，只不过是各地在行政审批改革中设立的一个集中办理机构。《行政许可法》第二十六条规定："行政许可依法由地方人民政府两个以上部门分别实施的，本级人民政府可以确定一个部门受理行政许可申请并转告有关部门提出意见后统一办理，或者组织有关部门联合办理，统一办理。"这似乎为中心的存在给出了较为明确的法律支持。其实不然，这一条只是说地方政府可以组织有关部门联合办理，并未言明要另设机构来管理此事。至于第二十五条，"经国务院批准，省、自治区、直辖市人民政府根据精简、统一、效能的原则，可以决定一个行政机关行使有关行政机关的行政许可权"，更不能适用于此中心存在的法律依据，因为中心并无执法权，不存在社会管理权限。因此，它作为审批改革中出现的一种新事物，目前还缺乏其合法性与长期存在的法律依据，这可能导致许多服务中心的工作人员对其发展前途感到迷茫，无法把握进一步改革的力度和目标。这一点对于南开区行政许可服务中心来说，也不例外。

（二）行政许可服务中心的内部管理

由于服务中心是通过行政手段集中了大部分政府执法部门来此办公的，因此要协调各部门的关系较难。从南开区的实际情况来看，行政许可服务中心因为受到当地政府领导的重视，因而权限较高，能够通过行政运作做到协调各部门的关系。但是这并不能掩盖这一模式所固有的管理问题。如，进驻中心的各部门工作人员接受双重管理，无形中增加了这些人员的压力，而整个中心的运转经费又如何落实？对工作人员的奖惩在经费上如何与其原单位相联系？再者，许可中心加强和重视的是对进驻中心人员的管理，对真正的审批事项并无直接的管理权限，在某种程度上分割了原各个审批部门对自身、对审批人员与审批事项的统一管理。此外，OA系统针对的也只是有限的审批事项，可以肯定，各个部门不可能把所有的审批项目都拿到行政许可服务中心来审批。而未拿到中心办理的那一部分的审批项目可以理解为是相对更加复杂的事项，如何对之加以改革更应引起人们的关注。因此，如何处理中心与政府各职能部门的权责关系是一个难题。从政治发展的规律看，在短期内行政许可服务中心有存在的意义，是必要的，但从长期来看，随着各部门审批的规范，随着电子政务的发展和依法行政的推进，这种以行政许可中心为依托的"超时默许"机制就将被淘汰。

（三）信息技术在政府管理中运用的限度

现在以互联网络为基础的信息技术深刻改变了人们的生活，但是在政府管理中的运用却受到以下几个方面的影响：主要负责官员的创新意愿和能力；问题的紧迫性；政府的财政支持能力；更高层次的政府部门与其他部门的支持；技术被掌握和运用的难易程度；创新的社会效果与社会支持。对于南开区"超时默许"机制来说，第三个方面即更高层党委与政府部门的支持是一关键因素，这从机制的研发过程中南开区委书记与区长等一班人的活动即可看出。当前，我国正在大力发展电子政务，可是推行电子政务本身又是一项政府行为，特别强调"一把手原则"，电子政务开展水平如何与领导干部的态度和认识水平相联。南开区的"超时默许"机制能取得成功说明当地领导干部的强烈事业心和为民服务的责任心，但随着它的运行，一些问题将随之出现，例如各职能部门是因行政手段而被迫进驻中心的，这一系统是否能继续得到后来领导干部的支持和各部门的配合也将是一个挑战。

（四）系统运行中可能存在的漏洞

到目前为止，南开区尚未出现一例"超时默许"的审批，假如真正出现"超时默许"的自动生成审批，如何处理将成为问题。"超时默许"毕竟是没有经过行政机关的正规审批，这有悖于行政审批所要发挥的公益性。而网络管理员的职责与权限更需要进一步明确。在整个机制运行过程中，网络管理员非常关键，直接关系到审批项目是否进入"超时默许"程序，因此其业务素质、职业道德以及对其的监管非常重要。再则由于完全采取计算机系统，因此整个系统的安全性也需要得到进一步的保障。

玉林市电子政务建设的发展与分析

龙 虎
(中央编译局比较政治与经济发展研究中心)

近年来,玉林市遵循国务院关于电子政务建设的规划及有关规定,把发展电子政务作为提高行政效率、创优发展环境、促进改革开放以及推进政务公开、公众参与、在线服务的重要举措,致力于用信息高速公路打造24小时不下班的政府。通过搭建政府门户网站系统、协同办公系统、网上审批系统、电子监察系统等,为进一步转变政府工作方式、提高机关行政效能、提高党政机关决策科学化和管理现代化水平、促进勤政廉政提供了科学的技术支撑。

一、玉林市电子政务的基本概况

玉林市电子政务规划于2004年,2005年以统一的大集中建设模式建成了基于互联网的电子政务系统,同年12月16日正式启动,全市机关以及各县(市、区)、乡镇(街道)全部共用一个平台。

玉林市电子政务覆盖了政府、企业、市民多个层面,具有"统一数据、统一平台、统一应用、统一入口、统一用户、统一消息、统一认证和统一服务"的特点。全市各单位、部门通过统一的政务大平台实现了互联互通、信息共享，消除了"信息孤岛"。

各系统用户通过使用身份认证技术，能在互联网联接到的任何一个地方登录和使用玉林市电子政务系统，实现实时零距离网上办理公务，处理事务，降低了办公费用和管理成本。具备网上公文交换跟踪、网上审批事项的催办和督办、网上群众来信统计和催办以及网上待办事项的手机短信和电脑提醒等功能，形成以电子政务系统即时统计为核心的行政效能监察体系，每项审批的各个实施环节都实行实时监控。

此外，普通老百姓通过互联网可直接与市领导、部门对话、投诉。政府通过网上招商引资方式强化招商引资工作，同时，为企业提供良好的网上服务（主要包括网上审批、企业信用等）。

目前，玉林市共有355个部门实现了部门间电子公文流转（其中146个部门实行部门内部公文流转）；发改、交通、公安、国土资源和劳动社保等50个部门的行政审批办证业务可以在网上办理，网上审批系统面向公众设置了与市民和企业密切相关的网上办事事项378项，供公众下载的办事表格989个。玉林电子政务已经成为展示玉林整体形象的窗口和政府联系群众、服务群众的桥梁，成为转变干部作风、加强机关行政效能建设的重要手段，得到媒体、众多领导、专家、学者的肯定和高度评价。

二、玉林市电子政务建设的背景

在2004年前，在市委、市政府的领导下，玉林市各职能部门在信息化建设方面取得了一定的成绩，为玉林发展电子政务打下了良好基础。一是网络基础建设较完善。2004年，玉林市便实现了100%的乡镇、82.5%的行政村接通光纤，互联网应用日趋广泛，上网用户人数36.4

万，WWW 站点数 250 个，CN 下注册域名数 11 个。二是"政府上网"工程取得了初步成绩。截至 2004 年 5 月底，市一级以 gov.cn 为结尾注册的域名总数已达 8 个，已经建成 WWW 下的网站达 30 个。三是完成政务专网建设。建设了玉林市政务专网互联物理平台，全市二区五县（市）政务信息中心全部建立起来，完成联网基础工程，形成 1+7 统一的标准物理平台（政务专网）。2004 年 5 月底完成上联广西壮族自治区（522M 光纤）、下联玉林市 5 个县（市）的政务高速光纤骨干网络（155M 光纤），并投入使用，玉林市政府纵横专网网络骨架基本建成。四是部门办公自动化基础扎实。五是一批重大信息化项目正在玉林实施建设，如国家教育部第一批《基础教育课程改革实验区——信息技术条件新课程改革推进》项目、国家科技部星火燎原计划八大科技项目《玉林市农村科技信息服务体系与示范应用》项目、国家发展和改革委员会农经司下达给玉林市实施的农村经济信息化工程建设项目（国家发改委下达的六大农村经济信息化工程建设项目之一）等，为玉林市信息化建设的务实推进打下了良好基础，积累了一定的建设经验。

　　虽然在 2004 年时玉林市的信息化建设已具备了一定的基础，但总体水平仍处于初期阶段，信息化的全面发展受到了技术、资金、实践能力、工作经验、思想认识以及现实基础条件等各方面因素的制约。

　　为了全力促进经济社会又好又快发展，玉林市对当前的信息化工作提出了更高的要求，以期通过实施玉林市电子政务的建设，进一步促进政府职能转变，提高行政质量和效率，增强政府监管和服务能力，有效地促进本地经济社会的发展。

　　根据《中共中央办公厅、国务院办公厅关于转发〈国家信息化领导小组关于我国电子政务建设指导意见〉的通知》（中办发〔2002〕17 号）精神，玉林市在综合考察了国内其他城市信息化建设及电子政务建设的情况、听取了部分信息化和电子政务领域专家的意见的基础上，结合实际情况，制定了

《玉林市电子政务建设规划》，作为指导玉林市今后一段时期内推进信息化和电子政务系统建设的实施依据。

三、玉林市电子政务建设的主要内容

玉林市电子政务建设的主要内容是：基于互联网以统一的大集中建设模式建设一个中心（IDC数据中心）、一个应用安全体系（用户身份安全系统）、两个平台（业务支撑平台、数据交换共享平台）和七个应用系统（协同办公OA系统、网上审批系统、企业信用信息系统、政府门户网站系统、电子印章系统、应用安全管理系统、电子监察系统）。

通过建设以上内容，大力推进玉林市政务信息化应用水平，实现政府机关办公业务的电子化、自动化和网络化以及办公业务信息资源的共享，在互联网上提供全面、方便、快捷、透明和公开的政务服务，实现企业诚信管理的科学化，进一步改善玉林市的投资软环境。

玉林市电子政务建设切实按照规划分步实施，先建立统一的应用平台，消除"信息孤岛"，再构建各种系统，连环推进各应用系统的实施，避免重复建设和资源浪费。在具体建设中分两步走：2005年1月开始实施一期工程，到年底建成了电子政务项目物理平台和应用平台，开发完毕政府门户网站系统、办公自动化OA系统、电子签章应用系统、网上行政审批系统、企业信用联合征信系统。2005年6月开始启动二期工程，按规划进一步完善整个框架体系，并增加了电子监察系统功能模块的开发。

四、玉林市电子政务建设的实践

自2004年至今，玉林市分别实施电子政务规划年、电子政务建设年、电子政务实施年和电子政务推广年的战略方针，利用互联网络信息技术资源，务实地构筑"玉林特色"电子政务新平台。以发展电子政务为技术手段推进政府管理创新，提升政府约束力、公信力和执行力，建设有限和责任政府、法治和人本政府、高效和廉洁政府，政府行政效能和群众的满意度明显提高，不断创优发展的软环境、促进本地经济的发展。

（一）整合资源，科学设置，市场运作

依托原有信息化建设基础，整合市发改委信息中心农经网物理平台和市政府办计算机网络管理中心的网络资源、硬件资源、信息资源和人力资源，建设"一站式"电子政务平台、玉林市 IDC 数据中心，合理充分开发应用原有的设施和信息资源，使可变资源应用最大化，避免了重新铺摊子带来的资金投入大、重复建设、资源浪费等弊端，一期软、硬件建设仅投入500多万元，做到了"少花钱，办大事"。在建设、管理和运行电子政务中，玉林市引入市场化运作，坚持谁投资谁受益、谁使用谁付费的原则，实现运行维护市场化和投资来源多元化。

（二）整体实施，突出重点，务求实效

在统一规划的前提下，采取统签合同，分期分阶段投入，逐步落实建设资金，并结合实际选择适合的重点项目，避免盲目攀比和照抄照搬，建设能用、够用、实用的符合玉林实际、具有玉林特色的电子政务系统。

（三）应用电子政务技术管理手段提升政府管理效能

1. 转变政府工作方式，提高政府服务质量。我们应用电子政务系统对全市各单位的公文内部流转（公文收发、会签公文、多个单位联合办文）、网上

审批、网站维护和网上群众来信处理，统一在一个平台上进行开发设计，对工作事项进行了流程清理、办事规范，再造了各单位相应事项的工作流程，使全市各级各部门都能利用电子政务系统，改变了政府工作手段，简化了程序，提高了效率和政府的服务质量，促进了电子政务系统的规范运作和政府事务的规范管理。

2. 开创市民与政府直接对话模式，促进政民互动。我们在政府网站上开设了"群众来信"栏目，让群众直接点击相关部门页面提交意见，部门需及时答复并尽快到现场解决问题，市民也可以通过网上公开的来信回复直接监督政府部门工作。这种政民即时互动模式越来越得到群众的欢迎。政府网站上还开设了"阳光通道"栏目，内容涉及"人大议案"、"政协提案"、"作风效能"、"纠风举报"、"网上报税"、"涉税举报"和"便民电话"等，为方便群众办事和老百姓监督政府开辟了又一绿色通道。

3. 降低行政办公成本，提高行政效率。玉林电子政务所有应用系统均采用业务支撑平台来构建，基于统一的技术标准，通过同一套后台工具来管理所有的业务信息，所有市直部门和区市、乡镇都在同一个平台办公，避免重复建设。对政府门户网站，按照统一规划、协同建设、分级管理、资源共享的建设原则，确定了网站栏目建设责任单位，各有关单位按照分工做好相应栏目信息的日常采集、更新工作，避免人员、资金重复投入。基于互联网，通过信息安全技术的综合利用，实现了全市 300 多个党政部门和全部乡镇和街道办的网络安全互联互通，建成了低成本、可扩展的电子政务网络。我们在线设置的网上审批事项都提供了办事条件、办事流程、法律法规、收费标准、岗位职责、办事时限等信息，并且对整个审批环节进行控制，可为市民提供 989 个表单下载。原先办一件事情可能要跑四五次，而推行电子政务后一次就可以了，在方便群众的同时极大提高了行政效率，降低了行政成本。

4. 强化公众对政府工作效能的监督，促进廉政勤政。我们通过建立电子

效率政府
Efficient Government

监察系统，对网上收发文、办文、网上办事、网上审批、群众来信处理等予以全程跟踪监督。在网站上还开设有部门绩效评估和公务员效能投诉栏目，设定10大评分指标让群众对部门绩效予以打分评估，同时设定了6大指标让群众通过网上对公务员绩效考核予以打分评估，实现了人民群众的知情权、参与权和监督权，对促进机关管理服务转变职能起到了很大的促进作用。利用系统信息资源共享优势，设计了网上公文交换跟踪、网上审批事项的催办和督办、网上群众来信统计和催办以及网上待办事项的手机短信和电脑提醒等功能，形成以电子政务系统即时统计为核心的行政效能监察体系，有效提高政府行政的执行力。

制定了各部门的"职位职责说明书"、"部门规范化服务细则"、"办事流程图"、"职位代理制度"，明确了政府各职能部门的职责权限、办事流程、办理期限和工作标准，有效解决了职责不清、工作推诿扯皮、服务不规范、人难找、事难办等现象。通过建立电子监察系统，对每项审批的各个环节都实行实时监控，并自动进行违规警示，化解模糊管理矛盾，及时发现和纠正违反法定条件和程序、暗箱操作等违规违法问题，从源头上预防腐败现象的发生。

5. 促进政务信息公开，增强政府公共服务功能。政府门户网站充分发挥网络技术的实时效率，全面介绍社会发展的概况，宣传经济建设和改革开放成就，传递、发布政务信息，使政务信息及时、准确、完整地向公众公开，增强了政务信息公开的及时性、权威性，提高了政务公开的透明度和公众参与政务程度。市政府网站开设了电子政务大厅、政务公开、企业信用、咨询投诉、公共服务、机构导航以及政府采购等政务信息公开子网、栏目，较全面地反映政务工作的过程和结果，为市民、企业和公务员提供全面的信息化服务，全面地共享经济建设与社会生活中政府所掌握的公共信息资源，为公众提供了信息交流与事务处理平台。

五、存在的问题及进一步发展措施

（一）目前存在的问题

经过努力，玉林市电子政务建设取得了初步的成果，促进了机关行政效能提高。但是，与当前经济发展对信息化建设要求相比，与其他先进的兄弟城市相比还有一定的差距，建设中存在的主要问题是：

1. 资金的困扰。电子政务继续建设和运行维护经费缺口大，设备更新、培训、软件开发等所需经费未列入年度财政预算，在一定程度上影响到全市电子政务建设的深入推进。

2. 人才和技术的制约。各县市区技术人才的匮乏造成认识上、应用上、开发上的诸多不利，对电子政务往纵深推广应用造成一定制约。

3. 传统观念的束缚。有些单位对电子政务的认识及对电子政务建设的重要性、趋势性认识不到位，有的人对电子政务的安全性存有疑虑，有的人对现代化的技术手段有种陌生感而心存畏惧。

4. 部门利益的割舍。少部分单位把部门利益作为发展的头等大事，很难主动放弃权力，去迎合信息化的需要。

（二）发展思路和工作措施

把政务信息化与社会经济发展和政治文明进步结合起来，通盘谋划，与全面建设小康社会的目标结合起来整体推进，以电子政务深入推广为切入点，推进电子商务发展，大力发展企业信息化，动员和组织全社会的力量广泛参与，构建"数字玉林"。为玉林市主动融入泛珠江三角合作、泛北部湾合作等多区域合作抢占先机、加快发展起到了积极的作用。

1. 以玉林市 IDC 数据中心为基础，建成全市标准统一、功能完善、互联互通、安全可靠的电子政务网络平台，进一步完善政府门户网站功能，深化电子政务的应用。基本形成"一站式"、"一线式"、"一门式"政府服务格局；基本实现各级政府机关文档数字化、办公自动化以及行政管理信息化。

2. 把信息技术提升和改造传统产业作为推进信息技术应用的主攻方向，以承接东部产业转移为契机，推动信息产业的发展，不断增强玉林市综合经济竞争实力。将玉林市中药材市场、工业品市场、建材市场、粮油市场及各经济园区等纳入信息化建设轨道，提升品味，促进发展。

3. 在大力建设海峡两岸农业合作试验区（玉林）的同时同步开展信息化建设。

4. 积极构建中小企业信息化平台，逐步开展社区信息化和乡镇信息化试点工作。

六、小　结

对玉林"一站式"电子政务的特点和作用，可以简单地总结为几点：

一是促进了人的思想观念转变。电子政务的推进，使广大机关干部尤其是年纪较大的干部对现代化的办公方式有了深刻的认识，消除了对学习掌握现代信息技术的恐惧，树立了以信息技术提高工作质量和效率、以信息化推进工业化和城镇化的观念，进而能够积极利用信息技术为建设富裕文明和谐新玉林服务。

二是在充分利用好互联网方面迈出了可喜的一步。以前，大部分人利用互联网主要是查查资料、看看新闻、玩玩游戏，我们建设基于互联网的"一站式"电子政务，是贯彻落实胡锦涛总书记和温家宝总理关于要利用好互联网的批示精神的具体表现，尽可能将互联网的作用发挥到最大化。

三是方便了办公。在全球任何一个角落，只要你登上互联网，就可以登录"中国玉林"政府网提供信息查阅、咨询投诉、网上申报等，真正打造了24小时不下班的政府、移动的政府、不下班的政策资料室和不下班的办证大厅。

四是提高了效率。以前开一个会议如果要通知各县市区和市直各有关单位，就要打印通知、发传真或打电话催促；发一个文件要大量打印、装订、分发、各部门到文件交换站接收等，通过电子政务，800份电子公文只需2分钟便可以发送完毕，接文单位马上可以收文处理。"群众来信"栏目每天接收的200多封来信都可以及时进行处理答复。

五是适用性强。所有市直部门、区市县、乡镇、街道（社区）都在同一个平台办公。

六是节约了资金。在玉林，市一级建立了电子政务系统，作为县级政府，只要花160元买一个KEY、一个200元的电子印章，就可以运用市一级的电子平台，不需要重复架设平台。

七是见效快，易推广。玉林电子政务规划于2004年，2005年开始建设，年底正式启用，2006年便在355个市级机关部门推广使用，从开始建设到市级机关普及，只用了两年时间，并且效果非常明显，在建设电子政务的城市中产生效益和推广速度是非常快的。

玉林市电子政务推进速度之所以这么快，应用效果这么好，发挥作用这么大，是因为领导非常重视，加强了干部培训，开展了对外交流，善于借用外力。但是总的来看，我市电子政务建设还处在起步发展阶段，与形势发展的要求相比还有很大差距，任务依然艰巨。

辽宁"民心网"民意诉求反馈机制研究

李月军
(中央编译局世界发展战略研究部)

由辽宁省纪委监察厅发起创办的"民心网"是一个连接民众与政府的网络平台,它是在利用互联网技术、借鉴国内外电子政府经验的基础上建立的。它联通了社会普通民众与政府,并在它们之间建立了民意诉求与反馈循环机制,使二者构成了一个大组合系统。运行近九年来,"民心网"最大限度地发挥了体制内监督作用,提高了政府绩效,促进了廉洁政府、透明政府和回应性政府的建设,成为国内电子政府建设的典范。

一、"民心网"民意诉求反馈机制的创立背景与发展历程

(一) 网络技术与电子政府经验

作为以互联网为技术支持的平台,"民心网"的建立与发展是与互联网本身的特征与发展密不可分的。自上世纪90年代中期,互联网接入中国后,其发展迅速惊人。全国互联网信息中心发布的数据显示,1998年6月全国仅有

网民117.5万人,手机网民54.2万人,农村网民9415人,微博用户46万人。而"民心网"所在的辽宁省,截至2003年12月31日,互联网宽带用户就已经达到43.06万户,上网用户数为382.59万,仅次于广东,居全国第2位,网民占全省总人口的9.1%,说明辽宁的互联网普及水平比较高。也就是在此时,辽宁省政府纠风办开展了历时半年的纠风工作调研,发现存在着许多问题,纠风办领导想到用网络工作平台为发现和解决这些问题提供助力,于是"民心网"于2004年5月21日应运而生。

互联网在中国的迅速普及当然有信息技术的进步为基础,不过这也与互联网的本身特征分不开的。与传统的信息传递和处理介质不同,互联网具有平面化(即所有加入互联网的用户是在一个平台上进行信息传递的)、迅速性(信息传递非常之快,提高了传播效率)、互联共享性(也可称为系统性,公共信息传播可以几乎达到每个终端用户)、低成本(信息以数字编码而不是传统的纸张为载体,传播成本大大降低)的特征。同时,随着网络安装、笔记本和手机等移动终端越来越廉价,使互联网用户越来越普及。据统计,2012年辽宁网民达2199万人,互联网普及率已经达到50.2%,在全国各省级区划中居第7位。互联网的上述基本特征及其终端载体的电脑、手机等的普及,使终端用户发布和传递信息所受的时空成本大大降低,为社会群体特别是作为原有政府政策终端受众的普通公民,通过网络问政参政,为更迅速通畅、低成本地沟通社会、公民与政府提供了技术与社会基础,也为政府迅速地获取处理加工信息提供了可能。电子政府或称网络政府的迅速崛起就是证明。

当今世界,几乎所有国家的政府都在加强信息技术应用和构建电子政府,也一直在推进以扩大政务公开、整合政府机构。例如,在"让数据而不是公民跑路"的理念下,德国从2000年开始就把电子政府建设当做政府的中心任务之一。并在互联网上推出了联邦政府在线网站,到2005年为公民、企业和政府机构提供了440种联邦政府在线服务项目信息,成为最重要的电子政务网站之一。随着国内互联网的迅速普及,电子化网络化也成为我国各级政府部门发展的一大趋势。早在 1999 年中国就正式启动了"政府上网工程",电子政府在我国已历经多年的探索、实践,虽忧喜参半,但成效明显、成就巨大。尤其是政府所提供的公共服务,无论从质还是量方面,都取得了明显的经济、社会效益。不少地方都在打造和探索政民互动平台,主要有两种模式,一种是政府直接办政民互动的网站,如芜湖的"市民心声",一种是官方媒体依托新闻网站推出政民互动的栏目,如山东的"胶东在线"、广东的"奥一网"网络问政平台。这些网络化电子平台作为地方政府与公众紧密联系的基本职能单位,不仅能服务为民,提高政府的形象,还能通过本地区的成功实践为其他地区提供样板和借鉴,从而带动全国电子政府的建设。因此,来自地方政府的创造力成为建设成功电子政府的主要因素。

综合观之,在"民心网"建立之前,多数国内外电子政府还处于早期阶段,其发展遵循"审慎规划、小步快走"的战略原则,从三个角度来考虑电子政务发展的优先级问题,即:经济效益,社会效益,以及政府自身的建设。其主要是从政府内部"办公自动化"角度来建设的,并在此基础上建立政府信息化系统,政府业务流是发展电子政务的主线。政府电子化网络化提高了政府运作与管理效率,降低了行政成本,特别是国外电子政务注重"用户至上"理念等做法,都为"民心网"的建设提供了可借鉴的经验。同时,"民心网"建立之前,国内电子政府虽然也承担着一些对社会发布政策信息的功能,但很明显,侧重政府自身电子化与网络化建设的模式,也使这些电子政府难以起到有效沟通政府与社会、公民的作用,专门用来解决公民表达利益诉求,便于公民监督政府行为的电子网络更少。不过,这恰恰为以沟通政府与普通民众双向交流为核心特征的"民心网"的建立发展提供了空间,也突显了其创新性。

(二)现有政治系统民意表达制度化渠道不通畅

作为一项地方政府的创新,"民心网"的建立与发展,还与此前地方政府系统中民意表达制度渠道不通畅有关。表面上看，我各级地方政府决策者设置的可供选择的利益表达渠道并不少，政府机构、政党组织、人民代表大会、单位组织、大众媒体、信访、符合法律规定的集会游行和示威、社会团体等理论上都可以成为社会利益群体发表意见、表达自己利益需求的途径。但公共选择理论研究表明，政府官僚机构与官员并不必然是公正无私的"道德人"，反而具有追求自身利益最大化的"经济人"的特征，或是与民争利，或是懒散不作为。人民代表大会的代表党政官员比例过高，掌握着会议议程设置与决策的权力，普通群众比例过低，基本上无上述权力，人民代表的选举竞争性差，没有闭会期间联系选民的机制保障与动力等。单位组织主要是其成员的工作生存依赖场所，利益表达功能较弱。大众媒体更是受到政府的严格控制，主要还是党的喉舌。诸多的研究和现实表明，在表达普通民众利益方面，信访更是面临各种困境，更显无力。集会、游行和示威更难以得到政府批准。就社会团体而言，官办社团具有"二政府"性质，是政府政策的执行机构或其延伸，主要职能是执行政策而非主动地表达利益，民办社团则被政府"分类控制"，其自主综合、表达利益诉求、参与政策过程的功能受到很大限制。例如，据官方统计，截至2012年年底辽宁省共有登记注册的社会团体9678个，但其自主地代表社会成员特别是普通成员多样权益表达诉求的能力极为有限。

与上述民意表达渠道狭窄的制度现实形成明显对比的是，随着社会开放程度、公民权利意识不断提高，社会利益分化与多元化，政府与社会之间、社会不同群体之间的矛盾也不断显现出来，民众的利益诉求意愿逐渐强化。特别是利益最容易受到政府部门或社会强势集团侵害的弱势群体，政治上处于原子化生存状态，没有组成社团的动力、能力、资源与相应而有效的法律制度支持；他们掌握的经济资源仅能维持生存，大规模地转换成为政治资源的可能性很小，几乎没有政治上和文化上的话语权；但在实际政治运作中，其政治权利又被排斥，还不时受到政治权力的侵犯；利益表达能力低下，在与其利益相关的决策制定与实施过程中没有发言权，其利益受到侵犯时，出于搭便车意识、解决

成本过高等因素考虑,一般很少采取集体行动,除非其群体性生存受到极度威胁。总体上来说,他们在阶级现实和阶段意识方面都处于一种碎片化的状态,基本上是一个被遗忘的"忍气吞声的集团"。但近年来不断增加的"社会抗争"事件表明,这些群体的合法利益诉求如果得不到及时有效的解决,日积月累,其形式呈现出从"忍气吞声"跳跃到"暴力抗争",直接威胁到社会政治稳定和党政的合法性。数量如此大的"社会抗争"意味着很多领域内的政策出现了问题,社会不公正现象加剧,执政者必须对此作出回应。

(三)"民心网"创办的具体背景与发展阶段

"民心网"是在辽宁纪监部门的支持下建立起来的。其直接背景是,2003年年底,根据辽宁省委、省政府加强纠风工作、为振兴辽宁老工业基地创造良好环境的工作部署,辽宁省政府纠风办开展了历时半年的纠风工作调研,发现存在的主要问题是:问题的波及面广,监督力量较弱;地区和部门利益驱动,工作难度大;纠风工作力量分散、查处力度不够;工作方式方法单一,质量效率不高。实际上这些问题是集权政治体制下自上而下的任命授权关系或说是委托代理关系决定的。与这种这种关系相对应的监督也是自上而下的,信息流动传递是单向性的,上下级之间关于政策执行结果、社会对政府的信任程度、社会问题等方面的信息是严重不对称的,而在晋升等压力下,下级报喜不报忧,夸大成绩,回避问题,就成为"理性"选择。在金字塔式的科层制结构中,少数上级机构对多数下级的监督监察,只能在政治系统内部采取运动式的方式,不可能实时有效地获取作为政策执行者的基层政府与政策受众者的普通民众之间以及社会不同群体之间存在的矛盾甚至是冲突。这样既不能为省党政决策提供充分有效真实的信息基础,也不能及时有效、公正合法地化解上述矛盾,使之不至于发展成为影响社会政治稳定与党政合法性的社会暴力冲突。与此同时,普通互联网处于一种缺少公正有效的管制、众声喧哗的状态，公众借助网络反映问题、表达诉求时只能在各大网站及论坛随意发帖，引起一定数量观众和传统媒体的注意形成公共话题时，才能引起重视。为达目的，发帖人甚至不惜夸大言辞、扭曲事实，而这既不利于及时低成本地解决问题，也不利于社会的和谐与稳定。为有效解决上述问题，发挥现有集权政治系统与迅速发展普及的互联网技术的各自优势，而尽量避免二者的劣势，将原来作为政治系统政策输出的接受者的普通民众与政治系统有效联接起来，强化社会对政治系统的输入反馈与监督，使政治系统与社会系统的交流、沟通与反馈联通起来，形成一个顺畅的循环，就成为合理而又可能的选择。

从全球电子政务发展的情况我们可以看出，电子政务发展较快的国家大都首先源于国家或政府领导人敏锐的洞察力、强烈的政治意愿和有力的领导。实际上，辽宁"民心网"的创新与迅速发展，也与辽宁省委省政府领导的大力支持、纪监部门负责人特别是历任纠风办主任和纪委副书记韩玉起的平民情结、不懈努力与坚持分不开。这些领导的具体努力是"民心网"创办的直接动力，也在很大程度上解释了为什么在"职责同构"的各级政府中，"民心网"会首先出现在辽宁而不是其他地方。

从2003年12月开始，韩玉起等开始筹办"民心网"，在各方领导与悉心准备下，"民心网"于2004年5月21正式开通运行。近九年来，"民心网"的发展经历了探索、定型、发展三个时期。第一个时期是2003年12月到2005年，"民心网"探索定位时期。初始阶段的"民心网"作为辽宁省纠风工作平台，以"为群众办事"为核心，受理范围主要是行业和部门的"三乱"问题。第二个时期是2006年到2008年，"民心网"的定型时期。"民心网"的探索得到了中央纪委、监察部和国务院纠风办的充分肯定，辽宁省委省政府也把"民心网"提升到代表最广大人民群众的利益为辽宁老工业基地振兴创造良好环境的高度。经过综合分析，"民心网"选择以非权力机构的第三方运营方式，将"民心网"打造成群众和党委政府进行沟通、互动的平台。

第三个时期是从 2009 年到现在,"民心网"着力于"推动"和"引导"功能的拓展。"推动"即通过纪检监察对行政权力的监督来推动政府解决群众的各种问题,"引导"即运用"民心网"日益扩大的影响力来引导政府依法行政和民心的凝聚。在八年多的时间中,"民心网"不仅得到各级政府和民众的褒扬,更重要的是这种网络问政的模式已经开始得到其他省市政府的认同与效仿,如内蒙古的乌兰察布、阿拉善,山东临邑纪监部门都创办了"民心网",重庆的"阳光重庆"网站也取得良好效果。这表明在现有政治体制下,"民心网"模式具有较高的适用性,为构建全国统一的问政网络积累了积极经验。

二、"民心网"民意诉求反馈机制主要特点

经过近九年的发展,作为地方政府建立的一个民间诉求反馈的网络平台,"民心网"已经形成了自己鲜明的特征,其中既有与其他电子政府平台相同的一般特征,也有其自身的独特之处。

(一)沟通政治系统与社会系统

按照系统理论,广义的政治系统是一个包括环境、输入、转换、输出和反馈等部分的不断往复的循环系统。这里的环境主要是指与政治相对分离的社会,来自它的潜在压力是如何与狭义上的政治系统(即作为政治信息的吸纳、转换和输出的机构)相联系的,是关乎政治系统运行状况的重要问题。如前所述,集权式政治系统所设置的民意表达机构渠道主要功能是系统内部的自上而下进行控制,传递上层意志、政策信息。自下而上的普通民众的利益反馈,难以有效及时地传达到政治系统中去,政治系统与社会系统的信息循环通道狭窄,特别是社会对政治系统的诉求输入,对政治系统输出的公共政策结果的反馈,都难以及时有效地传输到政治系统中,成为政治系统再决

策的基础。在这种情况下,社会与政治两大系统之间的输入、转换、输出和反馈的关系大体如下图所示。

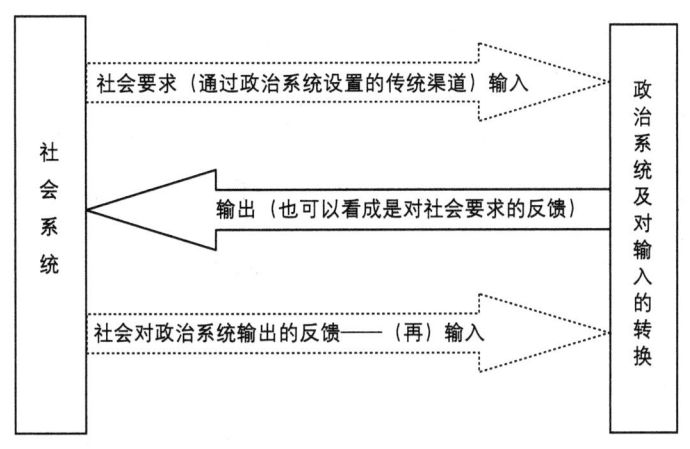

图2 原有的社会系统与政治系统之间的关系(箭头的实虚分别代表输出、输入的强弱)

一般的电子政府平台或是主要用来网上办公,或承担的主要任务是向公众发布政策信息,具有相当的政治宣传功能。与此种意义上的电子政府平台不同,"民心网"关键在于把社会成员利益诉求与党政系统沟通起来。从宏观上看,"民心网"的最主要特征就在于解决了社会系统与政治系统关系中输入、输出、反馈渠道狭窄且不畅通的问题,使二者之间的信息交流与沟通更加方便、快捷、畅通。从"民心网"的主要职责、受理社会民众诉求的范围、运行过程来看,其沟通社会系统与政治系统的特征体现在以下几个方面。一是利用分布在各级政府部门"民心网"平台体系收集、受理民众利益表达信息,范围包括:损害群众利益的不正之风、影响经济社会发展的软环境问题和行业作风、依申请公开事项和政策咨询问题、群众的意见建议;二是社会对政治系统输入方面,把收集受理的民众投诉和利益表达,通过筛选、定性后,直接分派给责任单位,通过直办、续办、督办、批办和转办等方式,督促责任单位限期处理;同时,"民心网"还对网上民情民意进行整合分析,通过内参形式,报送给各级党委、政府和纪检监察机关,为他们提供决策参考;三是反馈方面,督促责任部门将办理过程与结果在"民心网"平台上及时反馈给诉求者,同时,诉求者还可以通过"民心网"对各责任部门的办理过程进行跟踪,对办理结果进行评价,"民心网"则定期对各部门办理情况、获得的评价进行综合分析、排名。可见,"民心网"不单单是如一般政府部门的网络那样只接受社会系统对政治系统的信息输入,而且通过对收集、受理的民众诉求信息进行处理分析,输入政治系统中的责任者或决策层,并把处理结果及其评价及时反馈给诉求者,从而把社会系统与政治系统沟通起来,形成一个信息交流更加通畅的大的组合型系统:社会—政治系统,如下图所示。

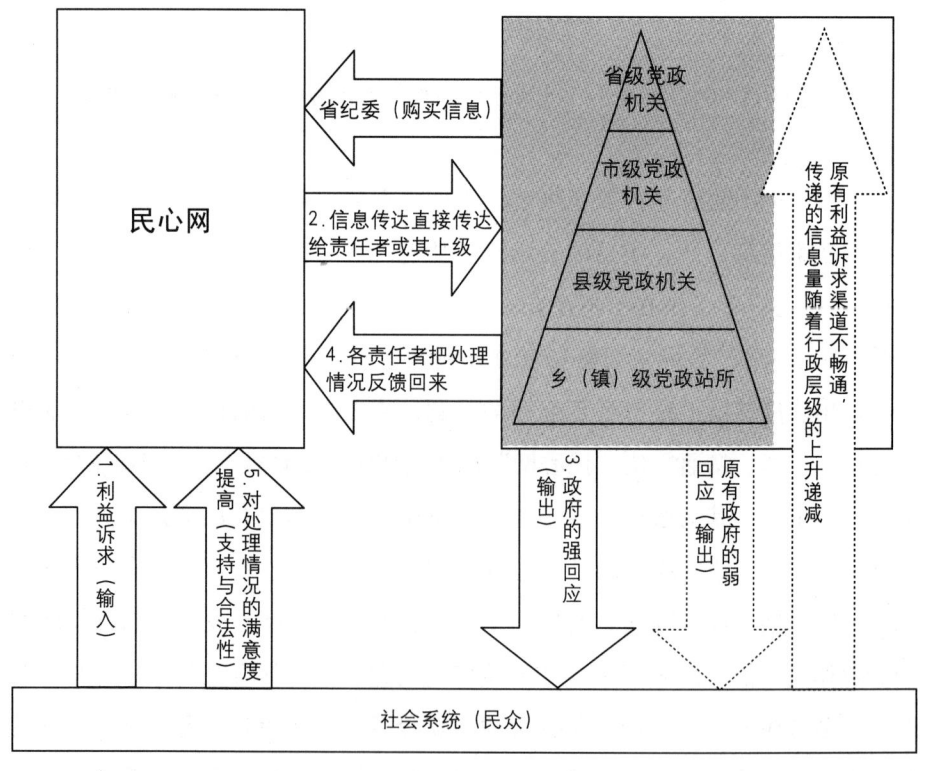

图3 "民心网":沟通政治系统与社会系统(箭头的实虚分别代表输出、输入的强弱)

（二）深层渗透与全面覆盖

在目前中国地方各级政府设置结构中，政府层级与部门之间存在明显的条块分割、"条条专政"与"地区分割"同在、上级对下级监督不力等一系列问题。而"民心网"的建立，从某种程度上缓解了科层制政府设置与条块分割及其带来的一些问题。截至 2012 年年底，"民心网"已经在 10 个省直部门、14 个市和 16 个县（市）区建立了分平台，与 2586 个单位实现了联网，不但形成了以省级平台为中心、以市县分平台和各联网单位构成的互联网络，而且这个互联网络是嵌入各级政府部门和一些公共服务单位的。在充分运用了现代信息和通信技术的基础上，"民心网"从某种程度上打破了原来"条块分割"的部门界限，在网络平台上构建了一种新型的信息传播与交流模式。

"民心网"在各级政府部门甚至是公共服务单位建立起了分平台或站点，既形成了省内各层政府的纵向渗透，又以互联网的形式，将科层制下的金字塔式的等级政府部门置于一个横向平台之上，从而把扁平网络结构与原来的科层制政府组织结合起来，将使集权式的管理体系过渡到交互式、网络化的扁平管理体系，一改过去单一的信息传递渠道为全方位、多层次、多形式、多途径跨越时空的传输渠道，科层制政府上层与下层在信息获得的范围、数量、时差上的区别在不断缩小。信息传递渠道上除由上到下的垂直渠道外，还有同一层级的各个政府机构和人员之间的横向渠道，由社会民众向政府各层机构自下而上的传递渠道。不仅政府高层可及时获得全局性信息，而且处于不同层次、不同部门政府工作人员也能及时获得全局信息。"民心网"把在过去科层制意义上的"受众"变为主动的参与者，信息在一切个体中较为平等地流动，这在一定程度上打破了金字塔式的权力模式。"民心网"所具有的这种发散式的网络传播途径，使上级政府能较充分地获取民众诉求和政令在基层执行阶段存在的问题，以解决这些问题为目标的决策能够畅通无阻地抵

达权力底层；同时社会民众与基层的反馈也能迅速地向上传递，同级政府、部门之间不再被地理边界或大门围墙所阻隔。这样，民意在"民心网"上诉求时能够通过网络进行快速流动和传递，形成纵横交错、四通八达甚至是超越地理时空界线的信息流。传统垂直的组织层级信息传递功能被网络所替代。同时，"民心网"所体现的是，政府组织不再是注重硬性管理、按科层官僚制原则构成的"管理机器"，而是按系统整体原则建构的、有限刚性和有限柔性相济的、能对所处环境及时作出反应的有机体，它是一种灵敏快速的决策系统和高效能、高质量的政府管理系统。

（三）形成了官民全面互动的机制，实现了官民间的零距离沟通

目前，"民心网"已经建立了下连平民百姓、上通省级首脑机关、横贯各职能部门的官民互动机制。一方面，畅通了群众表达诉求的渠道，并建立了沟通回访、见面会、公开发布等制度，形成良好的与民互动的格局；另一方面，把群众反映的问题、办理诉求的情况，通过分析报告、五星专报、专题通报、专题内参等形式，报"一把手"和相关部门，以引起重视，推动问题解决，进而构建了顺畅的与官互动的平台。正是通过在"民心网"上的这种双向互动，最终实现了党和政府与人民群众间的零距离沟通。正所谓与民互动、与官互动，进而达到官民互动。这样一个互动格局是"民心网"的创新，亦是"民心网"赢得各方信赖、获得发展动力的重要保证。

三、"民心网"民意诉求反馈机制成效

运行近九年来，"民心网"不断成长，成效显著，主要表现在：受理了海量的民众诉求，化解社会矛盾，缓解了政治系统的压力，充分发挥了现有政治体制的监督潜力，提高行政绩效和政治合法性，有效促进了辽宁省各级政

策决策过程的民主化与科学化。

(一) 受理海量民众诉求,切实维护了民众的利益,缓解了政治系统的压力

常言道,民为邦本,民为政本。"民心网"建立的宗旨就是"倾听民声、实现民意、服务民众"。运行近九年来,"民心网"的工作成效也主要表现在这些方面。近九年中,受理和办理解决的民众诉求数量连年持续激增(见图4),共接受公众诉求约41.6万件,有效办理17.8万件,群众满意率达97%。

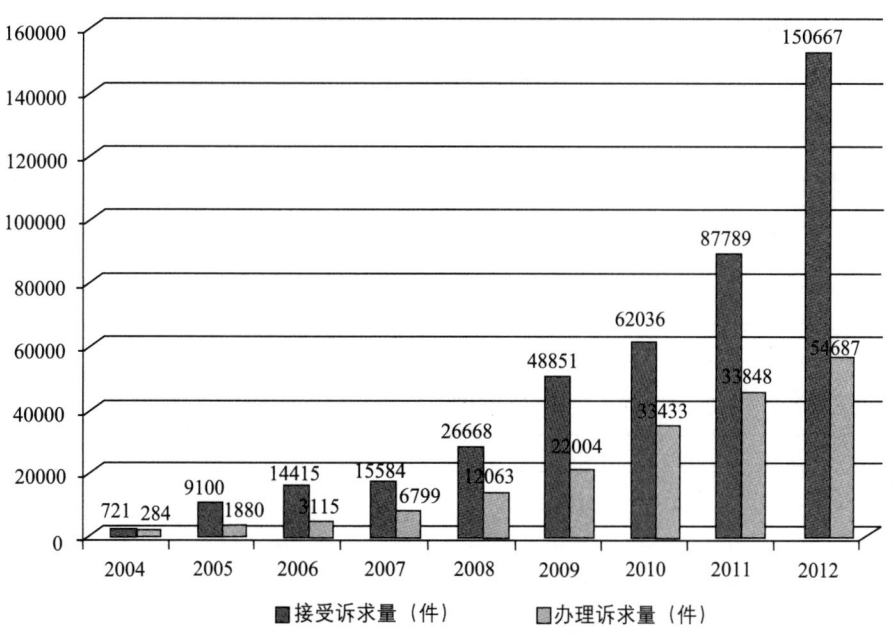

图4 2004—2012年"民心网"接受办理诉求量的变化与对比

注1. 2004年的数据为5月21日至12月31日期间的统计量。
注2. 表中的接受诉求数量中有相当一部分的无效或重复诉求,如果排除这一部分,那么办理率更高。

在这些不断增加的民众诉求中,涉及社会管理与群众生活的方方面面,关

系到他们的切身权益。这些诉求多是在自身权益受到不合理、不合法的损害时才提出的。在原有利益表达渠道狭窄、不顺畅、不及时、低效的情况下，这些合理合法的诉求如果得不到及时表达、解决，很容易积累起来，造成民怨沸腾，使社会成为一个可能随时爆炸的火药桶。"民心网"为民众提供了更加畅通、更加及时、更加有效的诉求渠道，成为社会的解压阀。更为重要的是，"民心网"依托现有政治体制中的自上而下的压力机制，通过直办、续办、督办、批办和转办等方式，督促责任单位限期处理，将办理结果公开接受诉求者的评价，并将评价与责任者的晋升等挂钩，从而使大部分合理合法的诉求得到有效解决，切实维护了公众的切身权益。运行八年多来，通过对问题的查处，还利于民的总额达约7.76亿元，且每年的数额基本呈增加趋势，特别是近两年增长数额幅度更大，2012年这一数额达39.4亿元，比此前六年的总额还多。同时，在此期间，"民心网"还促进政府公益性投资约10.12亿元。这两方面事实说明了"民心网"有效地表达了人民的呼声，维护了民众的合法合理的权益，提高了各级政府部门对关系民众切身利益的公共服务供给水平。

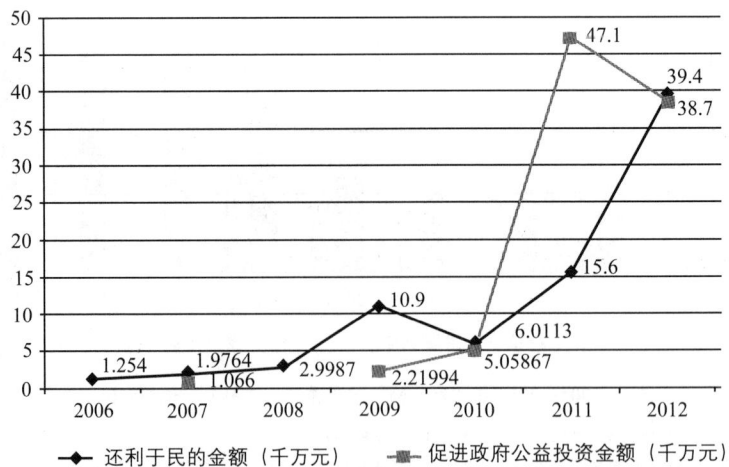

图5 2006—2012年通过"民心网"还利于民和促进的政府公益投资金额变化趋势

(二)弥补了现有监督机制的不足,充分发挥了其监督潜力

在党对政府进行归口管理、政府存在职责同构、条块分割的政治权力架构中,纪监部门是监督党政权力运行的主轴,监督的力量是自上而下的,一旦发现权力运行存在问题,可以迅速查办。不过,这种监督机制是政治系统内部的自我监督,社会对党政权力的监督非常缺乏。同时,在内部的监督者与被监督者之间、上级与下级之间存在严重的信息不对称,加之少数监督者监督数量很大的被监督者,形成了"看得见的管不着,管着的看不见"的监督困境。"民心网"受理的民众诉求,多数与基层政府权力运行不规范甚至腐败有关,海量诉求的及时受理,较好地解决了上述信息不对称问题,为监督部门提供了具体的方向与目标,能有的放矢。"民心网"可以解答民众的政策咨询,公开政策信息,让民众诉求者了解政府责任部门处理问题的程序,评价政府责任部门处理诉求的结果,可以看做是社会对政府的直接监督,从一定程度上改变了少数监督者监督多数被监督者的情况,弥补了原来监督机制中的缺乏社会监督方面的不足。基于这两个方面能力的提升,压力体制下纪监部门的监督潜力得到较为充分的发挥。"民心网"由省委、省纪监部门和省纠风办主办,主办者的权威通过网络平台直接作用于责任部门和责任人,发挥了更加强大的威慑作用;对于难度较大的案件,直接交由各级部门"一把手"推动解决;最初由省级平台一竿子插到底的方式,逐渐建立各级分平台,时时互动的网络监督,不但使绝大多数被监督者的公共行为都处于监督者的视野内,扩大了监督者与被监督者之间的接触面,以及专门监督、机构监督的信息共享范围,提高了监督实效。从 2007 年到 2012 年 6 年间,经由"民心网"群众投诉后查处的违纪违法违规人员 2310 人。随着"民心网"知晓率的提高、受理投诉量的增加,"民心网"也极大地激发了现有权力监督机制的潜力。

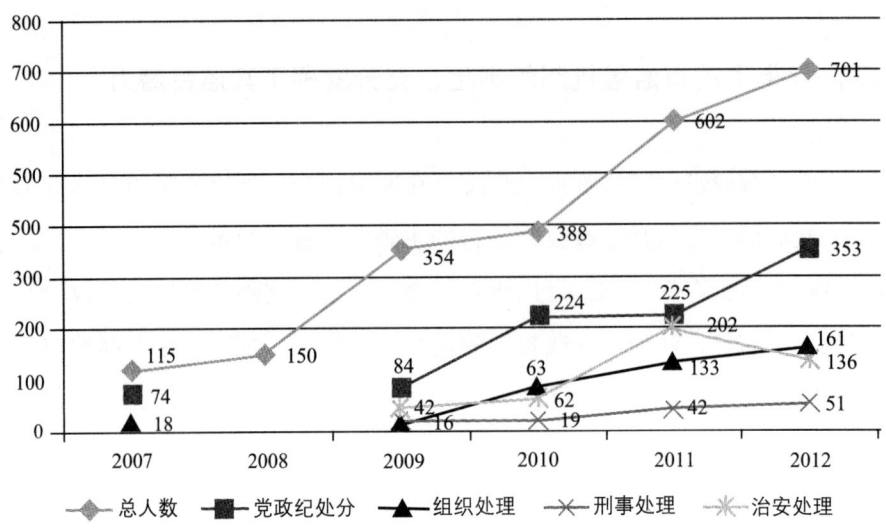

图6 2007—2012年通过"民心网"投诉查处的违纪违法违规的人数变化趋势

(三) 提高了行政绩效,改进了政府作风,增加了政治合法性

通过对"民心网"受理民众诉求的统计与分析,我们可以看出原来被马克斯·韦伯称之为"最理性的组织形态"的科层制政府组织,缺乏有效的民主约束,政府权力时常与民争利,成为损害公众利益之手,而其公共服务责任意识不强,当官做老爷的观念比较普遍,在提供公共服务方面非常低效,常常被强势利益集团所裹挟甚至是俘获。更为严重的是,被民众视为政府代表的基层官僚基于自身利益,选择信息向上传送,经过层层选择,绝大部分信息滞留于各级官僚机构中,导致政府部门对社会管理严重迟钝。科层制政府组织存在的这些问题表明,作为机械化工业时代行政体系的主要组织形式,它已经远不能适应信息化网络社会对公共行政管理的客观要求,主要包括:既要高效还要透明、既要回应公众需求又要对强势利益集团保持一定的自主性,使公共利益不被强势集团裹挟俘获。"民心网"则较为有效地克服了上述问题。

通过基于信息网络技术的"民心网",原来科层制中自上而下政策过程的被动客观——民众可以直接对具体的政府责任者提出问题,要求他们解决问题,并对其处理时效结果进行评价,民众在政治过程中获得了一定的主体性。政府还以回应公众诉求的效率与结果来作为评价责任者的标准,并把评价结果与政府责任者的利益特别是其政治晋升的速度与期限联系起来,较彻底地扭转了对政府官僚激励机制的价值指向。原本具有自利性的"经济人"官僚,现在能及时有效回应民众诉求。而且,不同政府部门、官僚之间以此为价值导向,形成"政治锦标赛",即他们之间争相通过在政治系统内积极回应民众诉求,解决民众面临的问题,维护民众的正当合法利益,来提高自己在同位晋升竞赛中获胜的砝码,最大程度地增进自己利益,这样从相当程度上转变为人民的仆从。"民心网"通过上述机制推动了政府部门变对上负责为对上对下同时负责,最终既强化了政府的公共服务意识,又提高了政府在公共服务方面的绩效,在相当程度上克服科层制缺损效率与公共性的先天不足。能证明这一点的是,政府责任者回应民众通过"民心网"提出的诉求的反馈率、及时率以及民众对政府责任者处理诉求结果的满意度评价。从图 7 我们可以看到,尽管政府责任者处理的民众诉求量以几何基数增长,但其反馈率、办理及时率基本上呈上升趋势,个别下降年份,主要是由诉求量增长过快所导致,经过有效应对处理,而得到较好的结果。

从图 7 的满意率曲线走势和图 8 的政府办理民众诉求的不同评级,我们可以更清楚地看到,在有数据统计的年份中,政府处理民众诉求中,获得最高评级五星的比例逐年提高,获得次优级四星级的在经过前四年的提高后,逐年下降,获得三星及以下评价的,在经历了一年的提高后,逐年下降。从图 7 中的优秀率曲线走势,也可以看到,政府对民众诉求的办理质量逐步提高。

以上这些趋势说明,尽管政府通过"民心网"受理的诉求数量猛增,但政府处理诉求的效率、质量越来越高,同时整体办理所获得的满意率也呈上升趋势,这有力地说明了政府绩效与公共性取得了长足进展,获得了民众的高度认可。

效率政府
Efficient Government

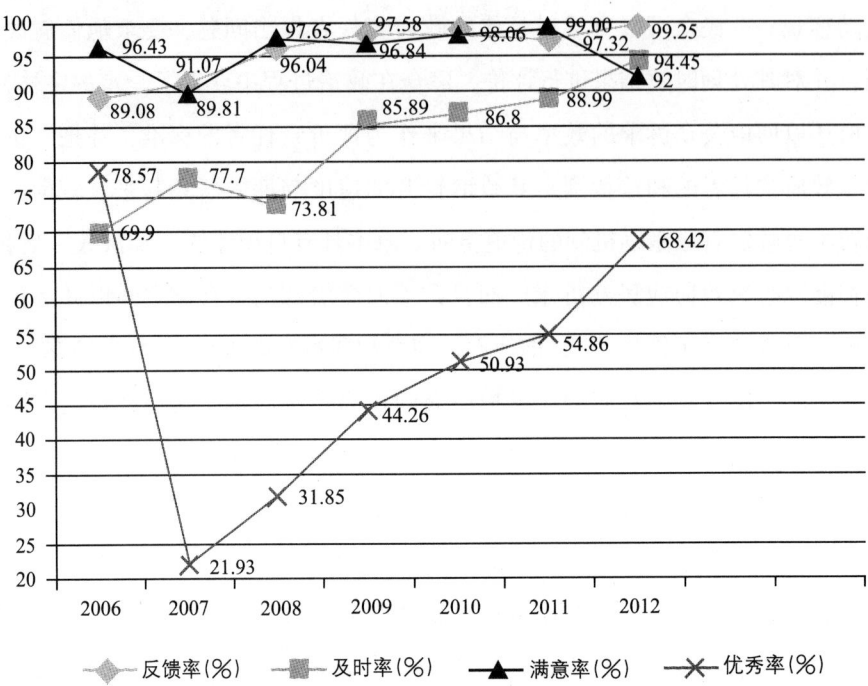

图7 2006—2012年责任部门办理"民心网"投诉件的反馈率、及时率与满意率和优秀率变化趋势

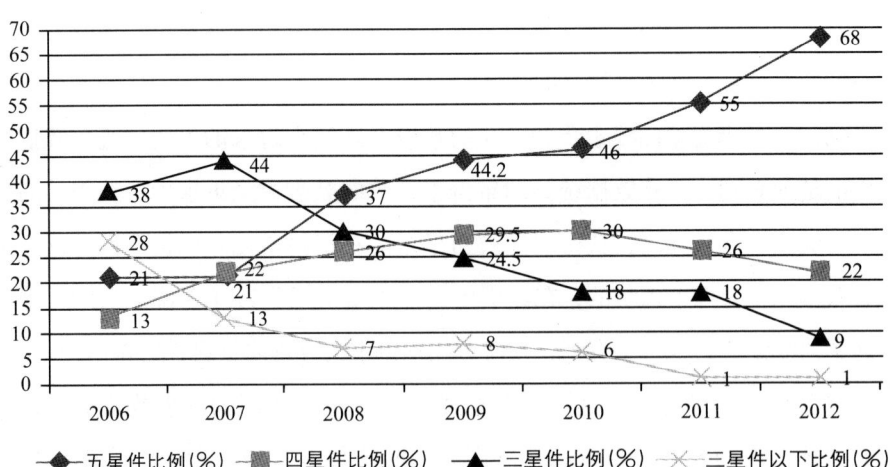

图8 2006—2012年"民心网"参评诉求件各星级所占参评总件的比例与变化趋势

（四）有力地促进了决策过程的科学化与民主化

现代行政决策论认为，由于环境具有不确定性或变动性，决策者掌握信息的不完全性及其不完全偏好体系和有限的计算能力等因素，决定了决策是一种有限理性行为。信息化时代的政府决策面临的环境更是瞬息万变，更需要尽量及时准确地掌握决策信息，矫正决策偏好，提高对信息的处理能力，这是政府科学研判和决策的基础。中国地方决策系的信息子系统层级繁多、运转僵化、技术落后，致使出现政府收集的信息数量少、信息传递速度慢、信息分析能力弱等问题。同时，基层政府截留不利于自己的信息，上传有利于自己的信息，使上下级之间的决策信息严重不对称，普通民众对决策执行过程中的意见、评价更难直接迅速地传递给各级决策者，不利于决策者对执行者的监督，也不能为再决策避免类似的问题提供基本条件。另外，普通互联网上的民意舆论则是众声喧哗、良莠不齐、真假难辨的。如果直接从互联网上采集信息，需要极大的时间和财政成本，又容易造成信息超载。

"民心网"建立运行后，从相当程度上缓解或克服了上述问题。在省级及以下地方决策系统中，"民心网"主要承担的是信息采集功能。"民心网"对群众诉求的最新分布情况、问题变化态势，各地区、各行业群众反映的热点问题、难点问题、苗头问题进行定性分析和量化分析，并适时提出宏观的有针对性的建议，以《民心网内参》形式及时预警报告，为各级党委、政府决策提供科学参考。八年多来，"民心网"共发出内参1177份，共有637位省、市和部门领导作出1033次批示。"民心网"各分平台有的也创办了各自的内参、快报等工作载体，把各辖区内的相关信息，更有针对性地报送给决策者，为之提供决策参考。在辽宁，越来越多的地区和部门"一把手"看重"民心网"的《民心网内参》，将其作为改进该地区或该行业工作的重要决策参考。在现行压力体制下，《民心网内参》下发到各市和省直机关后，立即引起了各级领导的高度重视，紧密结合本地区和本部门在"民心网"的分析排名和存在的问题，纷纷作出相关批示，并认真研究和落实提出的意见和要求，大大提高了地方决策的科学性、客观性。

"民心网"采集的主要信息与普通民众生活中遇到的问题、决策在基层执行过程中存在的问题相关，所以，"民心网"向各级决策系统提供的信息更能反映民意，体现民众的利益与呼声，对信息进行分类、量化分析处理，及时传递给决策者，使决策者有的放矢，制定的决策更能体现民意。在党委决策、政府执行与人大监督的决策体制中，"民心网"提供的体现普通民众意见和权益的信息，直接传递给各级党委、政府和人大等机构，使这些信息能够及时贯通决策过程的决策、执行与监督的各个阶段。同时，这些信息中绝大多数是政策受众对政策执行的反馈，既反映了决策执行系统中存在的问题，又反映了决策过程的最终效果，把这些信息持续不断地收集、整理分析，传送给决策者。为保证所提供信息的准确性，"民心网"实现了舆情信息的全天候、多渠道采集和科学化、专业化分析研判。组建舆情信息采集员深入社区、乡镇，利用软件系统对重点网站进行全天候监测，广泛采集民意诉求和舆情信息这克服了原来决策过程中信息缺失、信息失真、信息预测性不强等问题，既促进了决策过程的民主化，又进一步提高了再决策的科学性。

四、"民心网"进一步发展的动力与面临的问题

经过近九年的运行，"民心网"已经形成了比较规范的内部运行机制和顺畅的流程，得到从中央到基层的各级领导的支持，基层民众的认同，营造出了良好的外部环境。这些都从不同侧面和不同程度上推动着"民心网"的进一步发展。

其实，"民心网"早就制定了《举报投诉及政策咨询办理工作细则》，规定了对"民心网"运行的各方面，主要包括"民心网"的主要职责及基本任务、

诉求受理范围,办理诉求的流程,办理过程中公开的内容、办理方式、时限、专人负责制、对诉求人回访制度,对诉求事项及时报结和反馈,办理结果评价与责任追究、诉求分析与发布、网络舆情监测处置、"民心网"分平台的管理。经过几年的实践检验和不断修改补充,该工作细则更加完善。在此基础上,2012年9月,以省纪委、监察厅的名义下发了《民心网运行管理规则》,成为"民心网"与办理诉求的相关责任部门的指导性文件。各分平台也纷纷建立工作制度,保证办理工作的有序进行。同时,辽宁各级联网单位在积极处理"民心网"上的诉求过程中,也形成了一系列规章制度,来规范和推进本单位的办理工作。上述这些规则与制度使整个"民心网"体系管理日趋规范化、制度化,运行更加顺畅,为"民心网"的发展提供了持续的制度动力支持。

如前所述,"民心网"从筹建、创立到有序运行,办理绩效不断提高,积极影响日益扩大,都离不开辽宁省各级党政领导在人力、财力、精神、优化运行、解决疑难诉求等方面的大力支持。2011年,辽宁省委、省纪委把"民心网"作为民意诉求反馈系统纳入全省惩防体系五大系统建设,2012年有293位领导对"民心网"工作作出608次批示。特别是近年来,在上述支持下,"民心网"的办公条件得到极大改善,经费有了保障,在诉求量激增的情况下,办理质量和群众满意率稳步提高,其影响力由点扩展到面,从省内扩展到省外,得到中央领导人的赞扬、推广,有不少地方政府成功地复制了"民心网"模式。

运行近九年来,"民心网"时刻践行"倾听民声、实现民意、服务民众"的宗旨,为民解决了大量的问题,切实维护了他们的权益,所以得到了广大民众的认同与支持。民众的诉求与支持自然也是"民心网"发展的主要动力。

上述来自"民心网"内部、各级领导的支持和民众的认同都是"民心网"进一步发展不可或缺的动力。与此同时,"民心网"的进一步发展也面临着一些限制。

一是"民心网"的定位模糊。表面上看,省纪监部门与"民心网"之间似乎是"社会服务"的市场交换的平等契约关系。但实际上,二者之间更像主管部门与事业单位之间的领导与被领导关系。从《民心网运行管理规则》关于"民心网"内部管理的规定中,我们可以看到,"民心网"的管理在省纪委监察厅的领导下,成立管理委员会,由省纪委领导及相关室组成,负责对"民心网"领导班子的管理和对人事、财务重大问题的决策,监管"民心网"日常工作。"民心网"财务工作也由省纪委办公厅代管,重点项目支出报省纪委监察厅批准。近九年来,"民心网"一直是由省纪委副书记韩玉起直接领导,其经费的80%左右来自财政拨款,还有一部分来自对外提供信息服务而来的创收。不少市县级"民心网"平台也要求落实编制,运行经费由财政提供。这样看来,"民心网"的角色更接近于事业单位,但又没有实际的事业编制。"民心网"角色的模糊性从一定程度上限制了其本身的合法性与功能的拓展。一方面,"民心网"的权威与动力主要来自其实际领导者省纪检监察机关,其运行很大程度上有赖于韩玉起个人的精心规划与管理,直接领导人的变动以及角色非制度化也会使"民心网"前景难测;另一方面,"民心网"充当着省及以下地方政治体系守门人的角色,在避免决策者信息超载的同时,也可能过滤掉了某些更能反映民意的重要信息。

二是"民心网"的功能拓展受到现有政治体制框架的限制。从上述纪监部门与"民心网"之间的模糊关系看,可以把"民心网"看做是一个外挂于现有政治体制的子系统,其作用的发挥必然受限于现有政治体制。以"民心网"的监督作用为例,"民心网"使现有体制中的监督功能最大限度发挥出来了。一方面,在目前党委决策、政府执行、人大监督的决策机制中,"民心网"并不可能解决"谁来监督监督者"的问题,它没有对政治过程权力分配的实质过程进行监督,仅仅监督政府执行,属于是决策过程中的最后阶段的事后监督。而实际上,有的问题是政策执行过程中出现的,有的则是制定政策的决策过程中出现的。对于后者所引发的问题,不能将责任完全推给执行者。另一方面,"民心网"侧重监督基层,从本质上讲,仍然没有脱离自上而下监督的传统模式,只是较好地将社会民众的监督纳入了这种模式。更为重要的是,"民心网"通过党政系统吸纳民意,短期来看通过解决具体的民生问题,缓解了社会矛盾,但长期来看,这可能弱化了人大等正式政治沟通与表达的制度化渠道的作用;在某种程度上也强化了上级党政府为民做主的观念和民众的清官意识,也可能会抑制自主型社会组织的发展,不利于成熟公民社会的成长;通过"一把手"批示解决问题,基本上还是属于人治手段,不利于民众与政府部门法治观念的成长。简言之,"民心网"通过党政体制吸纳民意,解决民生问题,是否如有的学者认为的那样这种行政民主可以开出地方民主政治之路,还受到诸多因素的影响,而难以给出明确的答案,也说明了"民心网"作用会受制于现有的政治体制。

三是以互联网为技术支持的"民心网",其发展也会受到与互联网相关的因素的制约。如由于经济发展水平、知识水平等因素产生的不同社会群体之间、城乡之间的数字鸿沟问题,会限制"民心网"的进一步发展。据近年来中国互联网络信息中心提供的数据,中国长期以来城乡经济发展的"二元结构",部分农村地区互联网基础建设依旧薄弱、网络基础知识匮乏等,限制了农民对互联网的需求和使用,城乡之间的互联网发展差距仍较大,并且城乡"数字鸿沟"有进一步扩大的趋势。到2012年底,城镇居民中的互联网普及率已经达到约六成,而农村地区目前只有23.7%。同时,与城镇网民相比,农村网民平均上网时长、论坛/BBS、微博和博客等公众舆论工具的使用率都明显偏低。而近年来农村因拆迁征地引发的农民与开发商、基层政府等之间的社会矛盾不断上升,作为弱势群体的农民权益诉求大量增加。上述网络在农村较低的普及率、使用率在相当程度上限制了广大农村居民通过"民心网"与党和政府的互动,限制"民心网"的影响力和功能性在农村地区的发挥。

如果说一个真正意义上的电子政府应该具有范式(paradigm)变迁的意义,即代表着政府角色的转变、结构的重组、流程的再造、服务方式的改变,那么"民心网"基于各方面的支持正在向这方面前进,但面临的各种限制似乎又使它不可能引发实质性和全面性的制度变迁。

地方政府效能建设的问题与思考
——以温州"效能革命"为例

黄相怀
(中央党校中国特色社会主义理论体系研究中心)

  提高工作效能是政府工作的永恒主题。在中国进行政治改革的进程中，高效的政府始终是主要的诉求目标之一。学术界也持续性地给予了此问题以相当程度的关注。实践者们也常常感到政府效能问题颇为棘手。因此，探讨政府效能建设便具有非常大的理论和现实意义。20世纪90年代以后，随着改革的全面深化，地方政府在实际工作中进行了非常多的提高政府效能的实践，至今仍有新的做法不断涌现。温州"效能革命"——因为温州的经济发展、其在全国的影响以及大量的媒体和学界对"效能革命"的关注等——在偌多地方政府效能建设实践中便占有了相当重要的地位，足可以作为分析思考政府效能建设的样本。本文的目的，就是要把温州"效能革命"完整地呈现出来，勾勒它的主要特征，发掘它的典型意义。在此基础之上，通过比较的视野，进行一定的理论分析和思考。

一、导　言

(一) 行政效能与行政效率、行政效益的区分

行政效能、行政效率和行政效益是非常容易混淆的一组概念。[1]吴静认为："行政效率"指产出与投入之间的比率，侧重于管理的过程和系统自身的成效，具有十分明显的纯经济化和数量化的倾向；"行政效益"则着眼于行政活动的社会效果以及给整个社会和人民带来的实际利益的多少，更多地强调了"质"的规定性；而"行政效能"则包含了行政效率和行政效益两个方面，是行政组织及其活动在实现行政目的时所体现出来的政府能力，体现了对政府行政活动的综合评价。[2]张尚仁认为行政效能则是行政组织内在能力的外部表现，指行政组织活动对实现行政目标发挥的有效的功能；行政效率指行政活动产生的效能与消耗的时间、人力、物力、财力的比率；行政效益指行政活动给国家、社会和人民群众带来的实际利益，体现了行政职能、功能、效能与效率的内在统一，是行政学的最高范畴。[3]马春庆则认为，从各种理论观点以及"效能"建设的实践来看，或者认为"效能"和"效率"等同，或者认为"效能"包含"效率"，或者把二者并列但又没有给出"效能"的确切定义。他自己的定义是，"行政效能"就是指国家机关及工作人员为实现其管理目标，从事公务活动时，发挥功能的程度及其产生效益、效果的综合体现。[4]显然，这三种观点在界定行政效能上有较大的分歧。笔者认为，

---

1. 对于三者争论的综述见张郧：《论行政管理系统中的效能、效率与效益》，载《特区理论与实践》，1996年第2期，第12—14页。
2. 吴静：《政府效能建设若干问题研究——以温州"效能革命"为例》（武汉大学同等学力人员申请硕士学位论文），2004年，第9页。
3. 张尚仁：《行政职能、功能、效能、效率、效益辨析》，载《广东行政学院学报》，2003年第2期，第20—24页。
4. 马春庆：《为何用"行政效能"取代"行政效率"》，载《中国行政管理》，2003年第4期，第28—30页。

在现实的语境中,似以第一种观点更为可取:行政效能是个涵盖了行政效率和行政效益的概念。

(二) 行政效能的现实语境

"效能"一词具有非常鲜明的中国特色,最早提出这一概念的是毛泽东及其领导集体。当民主人士李鼎铭先生在1941年11月提出"精兵简政"的建议后,中共中央立刻于同年12月发出"精兵简政"的指示,要求切实整顿各级组织机构,精简机关,"提高效能"。次年12月,毛泽东又在陕甘宁边区高级干部会议上发表讲话指出:"在这次精兵简政中,必须达到精简、统一、效能、节约和反对官僚主义五项目的。……如果我们把这五项要求……完全实行起来……那些笑我们会要'塌台'的人们的嘴巴也就可以被我们封住了。"[1]党的十五大报告也指出:机构改革必须根据"精简、统一、效能"的原则进行。

现行法律法规中也经常用到"效能"一词。《公务员法》第一条就说:"为了……促进勤政廉政,提高工作效能,根据宪法,制定本法。"《深圳市效能监察工作暂行规定》第二条称:"本规定所称行政效能,是指行政管理的效率、效果和效益的综合体现。"[2]

现实中的效能建设实践往往没有对行政效能进行明确的界说,但是,实践者基本上都是在行政效能包含行政效率、效益乃至更多的内容的意义上来使用这个词的。比如,各地的效能建设基本上都包含改进机关工作作风、服务态度和受理公民投诉等内容,这些内容,既不能为效率所指称,又不能为效益所总括,只能用效能来囊括。

---

1. 马春庆:《为何用"行政效能"取代"行政效率"》,载《中国行政管理》,2003年第4期,第28—30页。
2. 《深圳市效能监察工作暂行规定》,载《中国监察》,2004年第10期,第52—53页。

（三）效能监察与效能建设

效能建设发端于效能监察，时下的效能建设或"效能革命"仍以纪检监察部门的效能监察为主要手段和推动力。因此，有必要考察一下效能监察一词的由来。效能监察这个概念是1989年我国行政监察体制恢复以后，监察部领导在研究、借鉴当时苏联、东欧一些社会主义国家监督、监察政府工作效率的经验、结合我国行政监察的实际提出的。1989年12月，尉健行在第二次全国监察工作会议上第一次正式阐明了"效能监察"这一概念，指出："围绕治理整顿，深化改革，加强执法监察。执法监察是行政监察机关的基本职能和主要手段，既包括效能监察，也包括廉政监察"[1]。1990年效能监察工作开始涉及政府的行政效能领域。[2] 1993年中纪委和监察部合署办公之后，明确提出了"廉政监察"和"效能监察"两项重要的监察工作。[3] 前者指的是反贪污腐败，后者指的是监察、督促工作效率、态度、效能等。起初，和效能监察同时使用的还有执法监察、专项监察和勤政监察等，[4] 后来在使用中逐渐统一到效能监察的用法上来了。效能监察分为两种，一种是纪检监察部门对企业（主要是国有企业）的生产经营和管理的质量、效益等进行的监察，叫做企业效能监察；一种是纪检监察部门对承担行政管理职能的行政、事业单位的效率、工作作风和工作态度等进行的监察，叫做机关效能监察。但是，在实践中，政府进行的促进机关效能的举措，虽然以效能监察为其主要措施，但也包括如审批制度改革、服务品牌建设、绩效评估等"效能监察"一词无法涵盖的内容。因此，这些系统性的举措便被总称为效能建设。至于"效能革

---

1. 转引自何勇：《努力做好效能监察工作效益辨析》，载《中国监察》，2000年第6期，第6页。
2. 原来主要是针对国有企业领域的监察工作而称效能监察。
3. 袁相荣：《行政效能监察的由来效益辨析》，载《瞭望》新闻周刊，2000年第37期，第25页。
4. 刘占书：《略谈当前效能监察的几个理论问题》，刊名佚，1997年第3期，第37—38页。

命",则指力度较大的效能建设而已。

(四) 地方政府效能建设的简单回顾

地方政府开展效能建设较早的、影响也比较大的当属福建。1995年,福建省漳州市根据中纪委、监察部和省里的部署,开始在政府机关抓行政效能监察。1998年,漳州市所属长泰县实施了勤政建设工程,社会反应很好。于是,漳州市决定在全市范围内推开这种效能建设做法。2000年,《中共福建省委福建省人民政府关于开展机关效能建设工作的决定》出台,福建省决定在全省范围内广泛开展机关效能建设。2000年8月3日,《人民日报》头版头条刊登了福建开展效能建设的经验和做法,引起广泛关注。[1] 嗣后,重庆、广东、山东、江苏、宁夏、安徽、浙江、河南等地的地方政府都相继开展了类似的机关效能建设活动。其中,浙江省于2004年起在全省范围内开展效能建设,而温州"效能革命"正为其绪。至今,地方政府的效能建设仍在扩展之中。这个简单的回顾提示我们,必须从整个地方政府效能建设的大背景中理解温州的"效能革命"。

二、"效能革命"在温州

(一) 温州发起"效能革命"的动因

温州地处中国东南沿海,以气候温和而得名。全市辖3个区2市6县,陆地面积11784平方公里,海域面积11000平方公里,总人口750万,其中市区

---

[1]. 腾抒:《福建效能建设方兴未艾效益辨析》,载《中国监察》,2002年第20期,第14—16页。《福建机关效能建设的做法和经验效益辨析》,载《今日浙江》,2004年第4期。

人口200万。温州的经济充满活力。从1978年到2004年，全市生产总值从13.2亿元增加到1402.9亿元，按可比价计算翻了5番多，年均递增15%；财政总收入从1.35亿元增加到184.2亿元，年均递增21%；农民人均纯收入从1135元增加到6202元，年均递增17%；城市居民人均可支配收入从1981年的422.6元增加到2004年的19805元，年均递增16%。温州的经济活力与民营经济发达有着分不开的关系，民营经济在温州有着举足轻重的地位。全市现有个体工商户22万户，民营企业13万多家，其中企业集团有180多家，跻身中国企业500强的有4家，跻身全国民营企业500强的有33家。民营企业数量、工业产值、上交税收、外贸出口、从业人员，分别占全市的99%、96%、75%、95%、80%。[1] 温州以其经济活力、民营经济的主导地位以及温州商人在全国乃至世界的影响力创造了举世瞩目的"温州模式"。

要考察温州"效能革命"的背景，必须联系在此之前温州进行的那场"全国看温州温州学全国"解放思想大讨论。2002年下半年，温州开展了一场"全国看温州温州怎么办？"的讨论，为了进一步深入讨论，温州市委决定自2003年1月8日起，在全市范围内开展"全国看温州温州学全国"大讨论，这场历时近五个月的大讨论关注的是：如何应对经济全球化的经验和办法尚欠缺、产业层次不高、地区发展不平衡、城市规划和第三产业发展滞后、家族式管理影响民企的发展壮大、政府部门的服务意识还不够强、审批改革还不到位等问题。[2] 在这样一场轰轰烈烈的讨论中，行政机关的效能问题也成了大家所关注的焦点。在一次座谈会上，企业界的代表就提到了政府效能方面存在的问题。月兔集团谢铁澜说："有时候想想，在温州做企业真有些不容易。"他说企业要扩大规模，要买地建厂房，可各种各样的审批手续使得工程迟迟不得上马。而对企业来说，失去一次机会也许再也不会有另外的

---

1. 这些数据均来源于中共温州市委、温州市人民政府接待办公室：《温州市情介绍》，日期不详。
2. 资料来源：http://www1.66wz.com/cmsweb/webportal/W56953273/。

机会。所以，无奈之下，未批先建。"有点像做贼，但企业就这样一步一步向前迈进。"[1] 这场大讨论是否是直接催生"效能革命"的主导原因，我们不得而知，但可以肯定的是，首先，它为"效能革命"创造了舆论上的声势，使得大家认识到"效能革命"的必要性和紧迫性；其次，在这场讨论中涌现出来的焦点问题，比如公务员的工作态度、行政审批程序等，成为"效能革命"所着力要解决的问题。可以说，解放思想大讨论使得"效能革命"成了顺理成章之事。

"温州是个充满生机与活力的城市，改革开放以来，温州的经济发展很快，但随着新一轮发展热潮的掀起和地区之间竞争的不断加剧，市场经济发展的超前性与行政管理体制改革的相对滞后之间的矛盾不断凸现；机关效能不高成为企业和群众反映的一个突出热点，严重制约着温州经济社会的快速发展，曾一度是造成企业和资金纷纷外流的因素之一，以致温州经济发展的先发性优势弱化。"[2] 温州市工商联在"效能革命"实施不久曾在企业家们中间进行过一次调查，颇能反映温州当时经济发展的软环境状况。调查显示，企业家们对其在温州所办的企业前景看好的只占了11.88%，认为前景一般的为45.54%，认为目前可以但长远来看不好的占了32.67%；认为温州市创业环境好的只占了2.97%，比较好的占24.75%，认为不好和一般的占到了72.28%；当企业要进一步扩大规模时，企业家们选择继续在温州发展的只有25.74%，选择现有企业不迁、向外寻求扩展的占了69.31%，而选择整体外迁的也占了4.95%。结论是：企业家眼中的软环境不容乐观。[3] 与这个结果相印证，报告还提到：最近台湾电机电子工业同业公会发布的被称为"新一轮台资聚集指南"的"2003年中国大陆地区投资环境与风险调查"报告显示，

---

1. 资料来源：http://www1.66wz.com/cmsweb/webportal/W56953273/A56980883.html。
2. 中共温州市委、温州市人民政府：《温州市机关"效能革命"情况汇报》，2006年1月13日。
3. 温州市工商联：《关于"企业家看行政效能"专题调研报告》，2003年11月3日。载王仁贤：《效能革命在温州（内部资料汇编）》，温州市机关效能革命领导小组办公室提供。

大陆有3个城市的投资环境等级下滑,温州赫然列于其中,并不幸降为"暂不推荐"的5个城市之一。

更有意义的是,报告还总结了导致行政效能不高的几种原因。(1)行政法规滞后,包括"量"的滞后即行政法规、规章制度不健全和"质"的滞后即规范性文件陈旧。(2)地区或部门利益驱动。地区利益驱动的一个典型例子就是苍南县与平阳县的"温州家具工业园区"之争,为了各自的经济利益,两个县几乎同时审批了家具工业园区,若没有市里干预,险些造成大规模的重复建设和资源浪费。部门利益驱动的一个证明就是,在调查中,企业家认为温州市"乱摊派"、"乱收费"、"乱罚款"现象比较严重的比例分别高达45.54%、48.51%和57.43%。有些部门利用职权进行变相收费或利用自身资源进行垄断性服务,如企业到个别部门年审时需要先交纳所谓的协会会员费,如不交纳年审就很难通过。(3)行政效能的监督机制不健全。报告提到,企业家对行政效能监督的信任度并不乐观,他们在遇到"麻烦"时选择投诉的比例不到1%;而且在有投诉经历的企业中,认为投诉有处理并对处理结果很满意的只占到8.51%,认为有处理但不满意的占了70.21%,没有处理的达21.28%。(4)行政人员整体素质参差不齐。报告还提供了一些数据来佐证这个判断:73.27%的企业家认为,在办事中感到最难应付的就是具体经办人;2/3以上的受调查人员认为,应付政府部门各种行政行为的精力占到了一半以上;认为政府最应向企业学习"服务意识"的占了54.46%,最应学习企业的"忧患意识"的占21.78%。这是一份相当出色的调研报告,它产生于"效能革命"刚刚开始实施之时,因此既能坦诚而真实地揭露问题,又能对"效能革命"的进一步深化产生相当的影响。

温州实施"效能革命"的背景,可以归结为:(1)作为民营经济的先行者的温州,其体制优势在逐渐弱化,必须重整旗鼓;(2)外向型经济在温州占有举足轻重的地位,在对外开放日益深化的时代,温州企业的竞争对手已经不仅仅限于国内,政府如何为参与国际竞争的企业提供强有力的支持,成

效率政府
Efficient Government

了企业竞争力的一个很关键的因素；（3）地方政府间的竞争，使得温州感到了改善经济发展软环境的紧迫性。所有这一切，都归结到政府能不能提高效能、为企业提供良好的发展软环境上来了。"效能革命"是一个非常自觉的、问题清晰、目标明确的机关效能建设举措。用"革命"二字，意在表明决心和工作力度，以革命性的措施，务使政府工作效能和温州发展环境得到根本性的改变。

2003年7月，温州市委九届二次全会决定在全市机关部门开展一场"效能革命"。8月8日，温州市委发布了《中共温州市委、温州市人民政府关于在市直机关开展"效能革命"进一步加强机关作风建设的意见》[1]，对工作进行了全面部署。8月15日，温州召开了全市开展"效能革命"动员大会。"效能革命"就此拉开帷幕。

（二）"效能革命"实施的阶段与举措

温州"效能革命"的开展迄今为止共经历了三个阶段：从2003年8月到2004年2月为第一阶段，主题是以严格实施"四条禁令"为重点，规范机关行政行为。2004年2月至2005年3月为第二阶段，以优化行政流程、提高服务质量为主题，深化"效能革命"。2005年3月至今处于第三阶段，主题是创建机关服务品牌，建设人民满意单位。

1. 第一阶段：严格实施"四条禁令"，规范机关行政行为

2003年8月8日，为了启动实施"效能革命"，温州发布了四项规范性文件：《中共温州市委、温州市人民政府关于在市直机关开展"效能革命"进一步加强机关作风建设的意见》、《市直机关效能监察若干意见》（试行）、《市

---

1. 温委发〔2003〕133号。

直机关领导干部管理监督若干意见》（试行）、《公务员能力建设和绩效考核若干意见》（试行）。[1] 这四个规范性文件，不仅是第一阶段的核心，而且也是后来阶段深化的基础，它们构成了温州"效能革命"的主体框架。

《中共温州市委、温州市人民政府关于在市直机关开展"效能革命"进一步加强机关作风建设的意见》指出，开展"效能革命"，必须严格实施"四条禁令"，切实做到"两个提高"。"四条禁令"就是：严禁有令不行，着重解决对法律法规和市委、市政府出台的政策措施执行不力或消极抵触、搞部门利益第一、上有政策下有对策等问题；严禁办事拖拉，着重解决政务不公开、搞暗箱操作、违反服务承诺制度、办理事项不能限时办结、效率低下、推诿扯皮、对群众要办的事项敷衍塞责等问题；严禁吃拿卡要，着重解决办事不讲规则讲关系，不给好处不办事、给了好处乱办事，巧立名目乱检查、乱收费、乱罚款、乱摊派等问题；严禁态度刁蛮，着重解决服务态度差、故意刁难群众、蛮横霸道等问题。"两个提高"就是：提高服务质量，提高办事效率。如何严格实施"四条禁令"、达到"两个提高"的目的呢？后三项《意见》便是一些具体的操作性的规定。

《市直机关效能监察若干意见》主要是规定了一些工作制度，并对一些情形及其处理办法作了规定。《意见》规定，以下六种制度要在市直机关严格实施：（1）办事公开制度；（2）"窗口式"集中办理制度；（3）首问负责制和一次性告知制度；（4）AB岗工作制度；（5）办事时限制度；（6）否决事项报告备案制度。同时还对违反这些制度以及出现其他情形的处理作了规定，比如，第四条中写到：机关部门工作人员办事效率低下，违反办事时限制度，经查实，一年违反一次的，实行通报批评；违反二次的，实行诫免或离岗培训；违反三次的，当年考核定为不称职。情节严重、影响恶劣的，给予相应处理直至辞退。又如，第六条中写到：机关部门工作人员服务态度冷漠、生

---

[1]. 这四个《意见》均收于王仁贤：《效能革命在温州（内部资料汇编）》，温州市机关效能革命领导小组办公室提供。

硬、蛮横，对管理相对人或服务对象使用禁忌用语，或未能履行首问责任，被投诉查实，并经听证程序确认，一次的给予通报批评，二次的实行离岗培训，并视其情节给予相应处理直至辞退。又如第七条规定：机关部门工作人员工作日午餐饮酒，上班时间玩电脑游戏、上网聊天，一律给予通报批评；违反二次以上的，实行离岗培训，视其情节给予降级、降职直至辞退。值得注意的是，第八条还规定：机关部门工作人员违反上述第四条至第七条规定的，处（科）室负责人、部门分管领导和主要领导负连带责任。谁来负责认定和处理这些情形呢？《意见》第八条规定：市委、市政府建立市机关效能监察中心，负责受理市直机关效能问题的投诉，开展监督检查。市机关效能监察中心与市经济发展环境投诉中心合署办公。市机关效能监察中心应按照"分级负责，归口管理"和"有诉必理，有理必果"的原则，在接到效能问题投诉后，必须及时组织调查核实，对反映问题属实，要及时依照有关规定提出处理意见，并按干部管理权限予以处理。

《市直机关领导干部管理监督若干意见》主要针对市直机关领导干部制定了八项制度：（1）建立市直机关领导干部学习制度；（2）实行市直机关领导干部试用期制度；（3）在市直机关部分专业性较强的领导岗位实行聘任制度；（4）严格执行市直机关领导干部交流制度；（5）实行市直机关内部中层领导职位竞争上岗制度；（6）改进市直机关领导干部考核制度；（7）建立市直机关领导干部引咎辞职制度；（8）建立市直机关领导干部责任追究制度（与《市直机关效能监察若干意见》第八条相呼应）。在这些制度中，最值得注意的，当数第六条和第七条。第六条改进市直机关领导干部考核制度规定，对机关县（处）级领导干部的考核，应把市委、市政府分管领导意见，上下级对口部门意见，相关部门主要负责人意见，本单位班子成员意见，中层干部意见，本单位全体职工意见，依据不同权数进行综合加权。考核分值和相关权数由市委组织部依据不同单位的特点制定。对机关内部中层领导干部的考核，应把本单位主要领导和分管领导意见，相关处（科）室和相关单位意见，本处（科）室其他中层领导干部及处（科）室工作人员意见，本单位全体干部职工意见，主要服务对象意见，依据不同权数进行综合加权。考核分值和相关权数由各单位依据不同处（科）室的特点制定。对综合考核优秀率达80%以上、工作成绩突出的领导干部，予以通报表彰和嘉奖。对综合考核不称职票超过1/3或连续两年不称职票超过20%的领导干部，予以免职、责令辞职或降职处理。第七条建立市直机关领导干部引咎辞职制度规定了领导干部应当引咎辞职或不愿辞职而给予免职的三种情形，比如，第三款规定，班子不团结、搞无原则纠纷、影响工作正常开展的，视不同情节，对主要领导和班子成员分别予以告诫、诫勉。仍没有改正的，本人应当引咎辞职。不愿辞职的，予以免职。

《公务员能力建设和绩效考核若干意见》主要针对一般公务员的能力建设和绩效考核规定了十项制度，前四项属于能力建设范围：（1）严格公务员考录制度；（2）加强公务员能力素质培训；（3）强化公务员挂职、轮岗、交流；（4）规范公务员调任。中间五项属于绩效考核范围：（5）改进公务员考核办法；（6）规范公务员收入分配制度；（7）强化公务员激励机制；（8）健全公务员约束机制；（9）严格公务员离岗培训和辞退制度。因为公务员的激励机制、约束机制以及离岗培训和辞退制度都是以公务员考核结果为依据的，所以，第五条的规定就很关键，它规定：市直机关各单位对公务员的考核要突出工作绩效，根据单位性质和公务员不同岗位，建立上级对下级、同级之间、服务对象对公务员的分类测评体系，按照实际情况确定参加测评的人员及权重，提高绩效考核的科学性和合理性。最后一项属于救济办法：（10）实行申诉控告制度。

2. 第二阶段：优化行政流程，提高服务质量，深化"效能革命"

2004年2月4日，温州市委书记李强在《在全市深化"效能革命"狠抓工作落实动员大会上的讲话》中提到："机关效能建设是一项长期的任务，我们现在还只是开了一个头。'效能革命'没有时间界限,我们必须持之以恒地抓下去。下一步,要根据省里会议和市委全会的要求,把'效能革命'作为打造政府服务品牌的一个主要手段,作为狠抓工作落实的一个重要载体来抓,不断地提出阶段性的要求,不断地取得阶段性的成果,更好地促进各项任务的落实。"这就标志着"效能革命"进入了第二个阶段。2004年3月1日,温州市效能革命领导小组发布了《关于2004年深化机关"效能革命"各阶段主要工作计划》[1]。3月4日中共温州市委、温州市人民政府发布了《中共温州市委、温州市人民政府关于2004年深化机关"效能革命"的实施意见》,对该年度深化"效能革命"的各个阶段及工作重点进行了部署。《实施意见》确定的工作重点是:(1)深入开展温州学全国解放思想大行动;(2)严格执行效能监管各项制度;(3)继续深化政府审批制度改革;(4)组织开展"万名干部下基层"活动;(5)培育和发展社会中介组织;(6)建设电子政务工程。2004年5月24日,温州市效能革命领导小组又发布了《关于2004年深化机关"效能革命"组织实施阶段的工作意见》。这三个文件构成了效能革命第二阶段的总指导。

(1)进行行政审批制度改革,优化行政审批流程

行政审批制度改革和优化行政审批流程是效能革命的核心内容之一。2003年12月19日,温州市人民政府就印发了《温州市人民政府关于进一步深化市级行政审批制度改革的实施意见》[2],对第三轮行政审批制度改革工作作了部署。它提到的工作重点有:继续削减行政审批项目,规范审批程序;完善集中办事制度,创新审批方式;加强电子政务建设,推动"网上审批"工作;改革投资项目管理体制,试行民间投资项目等级制;改革企业准入制

---

1. 温效能领〔2004〕2号,载王仁贤:《效能革命在温州(内部资料汇编)》,温州市机关效能革命领导小组办公室提供。
2. 温政发〔2003〕41号,载温州市行政审批管理办公室:《温州市审批制度改革和中心建设文件汇编》,2005年12月。材料由温州市行政审批服务中心提供。

度,试行企业登记前置审批告知承诺制;推进行业组织建设,发挥中介机构的作用;完善监督机制,加大监督力度。这些就构成了2004年行政审批制度改革和优化行政审批流程的重点。

2004年1月16日,温州市行政审批管理办公室和温州市工商局联合制定了《关于进一步深化行政审批制度改革试行企业注册等级前置审批告知承诺制的意见》,2月9日,温州市人民政府同意并转发此文。[1] 2004年7月1日,《中华人民共和国行政许可法》生效。为了贯彻此法,温州市政府于同年8月5日颁发了四项关于行政审批制度改革和优化行政审批流程的规范性文件:《温州市行政许可统一办理联合办理集中办理暂行办法》、《温州市行政许可责任追究暂行办法》、《温州市行政许可延期办理暂行办法》和《温州市网上行政审批系统运行管理暂行办法》,[2] 这些规范性文件的许多内容都涉及行政效能问题。

如《温州市行政许可统一办理联合办理集中办理暂行办法》第二条规定,市、县(市、区)政府应建立行政审批服务中心,作为行政许可统一办理、联合办理、集中办理的载体。行政审批服务中心实行政务公开制、一次性告知制、首问负责制、AB岗制、限时办结制和否决报备制度。第六条规定,各行政机关对各自驻审批服务中心的窗口应充分授权。授权方式可采取内部委托审批、启用审批专用章、领导定期办公等形式。对个别确实不能完全授权的,也应委托窗口完成形式审查程序,实质审查则应简化手续、减少环节、提高效率。坚决杜绝只受理不办理或两头受理的现象。第九条规定,完善并联审批制度。按照"一门受理,抄告相关,同步审批,限时办结"的要求,推进跨部门行政许可事项的联审联办,开展工程项目和其他联办事项的联合踏勘、联合验收和联合审检。改进联审会议形式,扩大投资项目联审会议覆

---

1. 温政办〔2004〕24号。
2. 均见温州市行政审批管理办公室:《温州市审批制度改革和中心建设文件汇编》,2005年12月。材料由温州市行政审批服务中心提供。

盖面，进一步提高联审会议效率。并联审批项目实行主受理窗口负责制，主受理窗口为负责并联审批各个环节协调服务的主办单位，参加并联审批的有关单位为联办单位。并联审批项目由主受理窗口受理并完成形式审查后，可以联系单、传真、网络传输等方式告知联办单位。联办单位应在规定期限内提出审查意见并反馈主办单位，逾期没有反馈的，视做同意，并承担相应责任。凡没有法律、法规规定的，任何部门不得将其他部门的行政许可作为本部门行政许可的前置条件。

又如《温州市行政许可责任追究暂行办法》第八条第四款规定，同一行政许可机关有3个以上行政许可项目且由多个内设职能机构办理的，或者同一许可事项涉及内部多个职能机构的，应当确定一个机构统一受理行政许可申请，统一送达行政许可决定，或者实行"一个窗口"统一办理。第二十二条规定，对违反行政许可行为的投诉、举报、控告，应当在7日内审查并决定是否受理。决定受理的案件，应当在15日内调查处理完毕。情况复杂的，可延长15日办理。法律、法规、规章另有规定的，从其规定。对投诉、举报、控告反映的问题属实的，应当依法作出处理，并在结案7日内书面告知投诉人、举报人、控告人处理结果；对投诉、举报、控告反映问题不符合实际情况的，应当向投诉人、举报人、控告人书面说明有关情况。

再如《温州市行政许可延期办理暂行办法》第八条规定，除可以当场作出行政许可决定的外，行政机关应当自受理行政许可申请之日起20日内作出行政许可决定。20日内不能作出决定的，经本行政机关负责人批准，可以延长10日，并应当将延长期限的理由告知申请人。但法律、法规另有规定的，依照其规定。行政许可采取统一办理或者联合办理、集中办理的，办理的时间不得超过45日；45日内不能办结的，经本级政府负责人批准，可以延长15日，并应当将延长期限的理由告知申请人。

(2) 政府部门导入ISO9000质量管理体系

关于政府部门导入ISO9000质量管理体系的情况，限于掌握的材料，只能略作介绍。在导入此体系的政府部门中,温州市国税局是个较为典型的例子。国税局引入 ISO9000 的在时间上要先于"效能革命"。至迟在 2003 年,国税局就导入了 ISO9000 质量管理体系。[1]ISO 质量管理体系强调"过程控制"。国税局就把税收征管的所有业务过程作为"工序",把税收征管服务作为"产品",把各项工作制度、规程和考核改造为符合 ISO9000 质量管理体系要求的规程和标准,建立全员岗责体系,明确内部各部门、岗位(个人)的办事项目、内容、程序、期限、权限和责任,实现"五制贯穿、八面结合",即贯穿 CTAIS(现代税收征管服务系统)软件、全程服务跟踪管理软件、年度季度目标考核、"两权(税收执法权、行政管理权)"监督和税收执法责任制、公文处理系统软件;每个事项按照工作目的、适用范围、涉及岗位及流程、工作职责、工作步骤及要求、目标责任、相关文件、质量记录等八个方面的结合,整合形成 ISO9000 文件体系,成为人人必须遵从的操作依据。2004 年,国税局把《质量手册》、《程序文件》和《作业指导书》等 ISO 体系文件 A 版全面修订升级为 B 版,建立和完善内审管理程序、质量管理员工工作规程等五项管理制度,强化全员培训,通过进一步加强制度建设和信息化建设,把整个税收业务和行政管理流程都纳入过程监控和动态考核之中,实现对国税机关各个单位、工作人员全面工作、全部过程进行规范和监控,及时发现问题,采取预防措施和纠正措施,进一步提升了税收管理的工作质量和效率。截止到 2006 年年初,已经有 18 家政府部门导入了该体系。

(3)"万名干部下基层"活动[2]

中共温州市委于 2004 年 2 月 17 日印发了《中共温州市委关于组织开展

---

1. 温州市国税局:以 ISO9000 质量管理体系为载体积极探索行政效能长效机制,2004 年 8 月温州市"效能革命"工作经验交流会上的发言材料,载王仁贤:《效能革命在温州(内部资料汇编)》,温州市机关效能革命领导小组办公室提供。
2. 此项活动是否属于"效能革命"的范畴,尚待讨论。不过,在温州方面自己的界定中,此项活动也是"效能革命"的组成部分。但《意见》中有这样一句话,(要把"万名干部下基层"活动)与深化机关'效能革命'和深入开展'化纠纷、解难题、办实事'活动相结合"。

"万名干部下基层"活动的意见》[1],决定开展"万名干部下基层"活动。此项活动的总体要求是:"围绕发展农村经济、增加农民收入、维护农村社会稳定的目标,以加强村级组织建设、强化农民素质教育、推进基层民主法制建设、健全为民服务机制为重点,统筹城乡发展,夯实工作基础,培养锻炼干部,改进机关作风,实现、维护和发展广大人民群众的根本利益,为我市实施'一港三城'发展战略,全面建设富裕小康社会,提前基本实现现代化提供坚强的保证。"按照《意见》的界定,下基层干部的职责任务是:①搞好政策宣讲;②抓好农村基层组织建设;③促进农业增效和农民增收;④实施"千村整治、百村示范"工程;⑤做好农村稳定工作和计划生育工作;⑥搞好党建工作示范社区创建工作;帮助做好非公有制企业党的工作。"据初步统计,全市下派干部在所驻村召开了各类座谈会2.57万个,走访农户28.16万户,已解决各类问题9871件。""与此同时,该市'召回'42名老百姓不满意的驻村指导员,重新选调驻村,并对121名驻村指导员进行诫勉谈话。"[2]

(4) 聘请机关效能建设特邀督察员

温州市机关效能革命领导小组于2004年7月9日颁发了《关于聘请机关效能建设特邀督察员的通知》[3]。《通知》的附件2《温州市聘请机关效能建设特邀督察员办法》第二条称,机关效能建设特邀督察员从本市的党代表、人大代表、政协委员、民主党派和企业界知名人士中聘请,受温州市机关效能革命领导小组办公室委托开展督察工作。第四条对特邀督察员的职责作了规定:①对全市各级机关及工作人员在党风廉政建设、机关作风建设和机关效能建设等方面实施监督;②反映、传递人民群众对全市各级机关在办案、执法、行政审批过程中的违法违纪的投诉、检举;③反映人民群众对各级机关

---

1. 温委发〔2004〕18号。
2. 通讯稿:《政府,品牌温州之重》,载《浙江日报》,2004年7月1日。
3. 温效能领〔2004〕4号,载王仁贤:《效能革命在温州(内部资料汇编)》,温州市机关效能革命领导小组办公室提供。

在提高服务质量、提高办事效率方面的建议、意见和要求；④根据市效能办的安排，不定期地对各级机关的勤政廉政、执法办案、行政审批和机关作风建设等行为进行明察暗访。关于特邀督察员的产生和身份解除，第七条称，聘请特邀督察员，要事先征得备聘人员及所在单位的同意，经市机关效能革命领导小组研究确定后，颁发聘书和特邀督察员证。第八条称，特邀督察员的聘任期为3年。聘任期满后，因工作需要，并征得本人及所在单位同意，可以续聘。

3. 第三阶段：开展社会各界评议满意和不满意单位活动，努力打造机关服务品牌

2005年4月25日，《中共温州市委、温州市人民政府关于2005年进一步深化机关"效能革命"的实施意见》[1]发布，《意见》的目标是要"巩固机关'效能革命'已取得的成效"，"不断地把'效能革命'引向深入"。《意见》指出的工作重点是：（1）优化办事流程，打造政府服务品牌；（2）继续强化效能监管，进一步规范机关工作行为；（3）开展社会各界评议满意和不满意单位活动，建立多元化绩效评估体系。这就标志着"效能革命"进入了第三阶段。

（1）开展社会各界评议满意和不满意单位活动[2]

《中共温州市委、温州市人民政府关于开展社会各界评议满意和不满意单位活动的通知》[3]对此项活动的开展作了详细的规定。评议的内容为全局观念、服务宗旨、服务质量、办事效率、勤政廉洁、工作业绩等六个方面。评价结果分五个档次：满意、比较满意、基本满意、不太满意、不满意。参评对象为市直机关、依照公务员管理的市直事业单位和省（部）属在温单位。根据

---

1. 温委发〔2005〕60号，载王仁贤：《效能革命在温州（内部资料汇编）》，温州市机关效能革命领导小组办公室提供。
2. 因参加评议的人数在10000人以上，这个活动又称"万人评议机关活动"。
3. 温委发〔2005〕61号，王仁贤：《效能革命在温州（内部资料汇编）》，温州市机关效能革命领导小组办公室提供。

参评单位的职能、为社会群众服务的方式和程度等因素，评议对象被分为评选单位和评议单位。评选单位是指在评议活动中参加综合评价的测评和排位的单位；评议单位不参加次序排位。评议活动在市委、市政府领导下进行，市机关效能革命领导小组负责评议工作，市机关效能革命领导小组办公室负责评议工作的具体实施。评议人员分七个层面：一是市四套班子和市第九次党代会代表；二是第十届人大代表；三是市第八届政协委员和民主党派人士；四是离退休老干部、专家学者和效能建设特邀督察员；五是县（市、区）四套班子及部、委、办、局负责人；六是企业代表；七是市民代表。评选得分的计算在《温州市社会各界评议满意和不满意单位活动实施方案》中有详细的介绍，兹不赘述。综合满意率得分列前五名的单位为满意单位，列最后两名的为不满意单位。评选评议结果提交市机关效能革命领导小组审核，报市委常委会确认通过，由市委、市政府予以通报，并在新闻媒体上公布。对被评为满意单位的，由市委、市政府予以表彰，增发当年年终目标考核奖50%。连续三年被评为满意单位的，由市委、市政府授予"人民满意单位"奖牌。被评为不满意单位的，由市委、市政府予以通报，扣除当年年终目标考核奖50%。连续两年被评为不满意单位的，对其领导班子进行调整。

（2）建设满意单位，创建服务品牌

温州效能革命领导小组于2005年7月18日颁布了《关于在市直机关开展"建设满意单位，创建服务品牌"工作的意见》。《意见》出台的背景是，许多市直机关单位通过引入ISO9000质量认证体系和CIS形象标识系统，为创建机关服务品牌积累了初步经验。《意见》对机关服务品牌的内涵和特征做了界说，认为机关服务品牌的内涵是指以优质服务的价值观为核心、体现服务特色、展示服务形象的理念标识，是服务主体向服务对象提供优质服务的体现，是反映服务主体的组织管理、文化理念、服务内涵、服务机制、服务创新和整体形象俱佳的综合标志。品牌应当表明服务的领域、服务的标准、服务的承诺和服务的追求。

据 2005 年 11 月份的一份材料[1]介绍，市委办、市房管局等近 20 家单位都创建了具有丰富内涵和服务体系支撑的机关服务品牌，形成了以优质服务为核心的机关服务品牌群。如市委办提出了以"忠心为党、诚心为民、用心服务"为理念的"忠诚服务"品牌；市委组织部以"对己清正、对人公正、对内严格、对外平等"四个方面为内涵的"公道正派"服务品牌；市直机关工委确立了"热情为机关党员和机关基层党组织提供优质高效服务，积极主动自觉有为地为全市工作大局和市委中心任务服务"的理念，提出了"情系机关党员，服务全市大局"的品牌；市人事局提出把好"五个度"，打造"人诚事公、服务社会"的品牌；市规划局树立"阳光规划"品牌，提出"以人为本、尊重自然、崇尚和谐"的品牌理念，提出以"六公示、六公开"为主要内容的品牌保证措施；市房管局提出"情系万家、满意房管"的服务品牌，突出创建品牌的整体性，在全局系统形成上下联动、整体推进的创建工作机制；市国税局以重组征管流程、规范纳税岗责体系为主要内容的"全程服务、阳光国税"服务品牌；等等。

（3）"效能革命"在各县（市、区）基层开展的状况

"效能革命"是一场全温州范围内的活动，上面我们介绍的主要是市一级的情况，那么各县（市、区）的情况是怎么样的呢？基本上，各县（市、区）都是参照市本级的做法来进行的，但也有自己的创造。限于篇幅，这里只能略作介绍。

2004 年 8 月，温州召开了一次全市"效能革命"工作经验交流会，许多机关单位都在会议上介绍了自己开展"效能革命"的做法和体会。乐清市的发言材料《把握重点立足长远扎实推进机关"效能革命"》中提到了乐清开展"效能革命"的许多做法。乐清市先后出台了《乐清市授权委托审批若干规定》、《关于开展民情系列活动、建立健全农村基层矛盾控制与化解机制的

---

1. 温州市效能革命领导小组办公室：《创建满意单位活动进展情况》，2005 年 11 月 8 日，温州市效能办提供。

意见》、《乐清市公务员管理和能力建设若干意见》、《乐清市行政效能追究办法》等制度。材料提及的2004年重点所做的工作是：一是大力推进第三轮审批制度改革；二是重视形成流程再造，大力创新行政审批制度和方式。如试行企业等级前置审批告知承诺制，试行民间投资项目等级备案制、在部分单位导入ISO9000质量管理体系等；三是以电子政务为基础，大力推进政务公开；四是规范招投标工作，建立市招投标中心；五是制订出台《市机关效能监察投诉中心工作规则》，充分发挥中心和市委市政府特邀督察员的监督作用。同时，在坚持"效能革命"向市领导机关和乡镇、科室站所两头延伸的原则下，乐清市制定了《关于"效能革命"从领导做起的若干意见》，其中有些规定值得注意，比如规定市领导在批办各种来文时，对一般文件要求在1个工作日内批办；需协调解决的事项，在5个工作日内批办；个人难以决定、需提交市委或市政府有关会议集体研究决定的事项，在10日内提交研究。乐清市还制定下发了《关于进一步规范乡镇办事全程代理服务制的通知》，进一步规范和深化乡镇办事全程代理服务制。如果说乐清的做法与温州市一级的做法比较接近的话，瑞安的做法则有些自己的创意。如，瑞安于2003年出台了《市直属单位部分职能科室民主评议实施办法》，形式与"社会各界评议满意和不满意单位"有些类似，但评分内容及奖惩等又有很大区别。又如，2003年8月瑞安推出了"具有瑞安特色的干部素质督察制度"，瑞安把浙江省效能建设"四条禁令"、温州市效能革命"四条禁令"和瑞安市公务接待五项规定进行整合，提出了"六个严禁，六个不准"，以此为督察的内容，由干部素质督察组，定期不定期地对全市机关、事业单位进行素质督察。平阳县萧江镇的主要做法是建立民情民事调处服务中心，变被动服务为主动服务、群众上访为干部下访，主动地把矛盾和问题化解在萌芽状态，有效地提升乡镇机关的办事效能。瓯海区泽雅镇的主要做法是成立便民服务中心，实施群众办事全程代理，努力打造政府服务品牌。

（三）"效能革命"的成效

《温州市机关"效能革命"情况汇报》总结了"效能革命"的四点成效：一是机关干部精神面貌明显改善；二是机关工作效率明显提高；三是群众对机关工作的满意度明显提高；四是经济社会发展的软环境明显改善。对于这四点，本文不持异议，但坚持认为，对"效能革命"的成效的评价应该是多角度的动态性，不能单纯地从积极正面这一维度来评价。

2003年9月7日温州市政协"效能革命"调查组发布了《"效能革命"专题调查情况》[1]，这次调查活动从8月25日开始，历时7天，共访问了3000名市民，获得有效答卷2876份。这次调查从被访问者的回答中得出的对刚刚开始不久的"效能革命"的评估是：一是开局良好，初见成效。"调查组在暗访中想尽办法，想抓到顶风作案的违规者，结果没有成功！"二是感受变化，群众满意。根据在办事现场设点的调查测评问卷的情况看，1394人中，有86.66%的人认为工作人员服务态度好，有87.52%的人认为首问负责制和一次性告知制度执行得好，有96.34%的人没有遇到工作人员推诿刁难、吃拿卡要。三是期望甚高，担心反弹。在视察和问卷调查过程中，无论是部门还是普通群众，有一个想法高度统一，那就是希望这次"效能革命"能够切实解决一些制约温州经济发展的问题，但都担心不能够长期坚持、长效管理。

调查组还开展了书面专题征询市政协委员意见活动，政协委员们反映的意见中有些很有见地。如有意见反映，要建立一个由新闻舆论监督、人大法律监督、政协及民主党派民主监督、行政层级监督和群众监督相结合的多元化、多层次的监督体制。行政效能投诉中心除了少量投诉件直接协调或查处

---

[1] 此文系温州市政协八届三次常委会议材料，载王仁贤：《效能革命在温州（内部资料汇编）》，温州市机关效能革命领导小组办公室提供。

办理外，大部分投诉件还是要分流返回被投诉的职能部门甚至是职能处室办理，考虑到部分行政机关内部层级监督严重缺位的积弊，投诉很容易不起什么作用。并且，行政效能监察中心对各部门的效能实行监督，谁来监督行政效能监察投诉中心？还有意见指出了存在于温州也存在于全国的行政管理体制中的种种弊端。认为其中的有些问题确实不是温州市一级能够解决的，但也认为有些执行层面的问题就不能全部推到机制的弊端上去。有的部门在行政审批制度改革既要作秀，又不肯放权，搞明减暗增的手法，有的部门把项目由许可改为备案，竟然要行政相对人填写备案申请表，然后予以审批。这份报告带给我们的对刚开始不久的"效能革命"的判断是：开局良好，期望甚高；担忧不少，待解决问题甚多。

《关于"企业家看行政效能"专题调研报告》剖析了刚实施不久的"效能革命"，中取得的成效和存在的一些问题：访谈中，企业家们普遍认为，通过前阶段的工作，市直机关工作作风有一定的好转，办事效率有一定的提高，但总体而言，离"效能革命"的总体目标和群众对机关作风的要求还是有较大的距离。在调查中，企业家们普遍反映，经过两个多月的"效能革命"，各政府职能部门的窗口服务态度是有了较大的改善，办事效率高了许多，但这些只限于一些日常"小事"，而事关企业发展前途的"大事"，如土地、规划、经营许可证等，尤其是需要部门之间协调的事，往往是"各人自扫门前雪，不管他人瓦上霜"，缺少综合协调部门牵头。和政协的调查报告的建议一样，这份调研报告也强调要深化行政监督，建议在市委的统一领导下，充分发挥人大、政协、司法、社会舆论、行政管理相对人以及行政内部监督等方方面面监督主体的积极性。否则，仅凭行政效能投诉中心一家的力量"包打天下"，显然是杯水车薪。有趣的是，这份报告还问到了被调查者对"效能革命"的预期。在被调查者中，认为如果常抓不懈，温州市软环境出现大的改善需要十年以上的占 10.89%，认为需要 6—10 年的占 25.74%，认为需要 2—5 年的占 61.35%，认为 1 年之内出现大的改善的仅为 0.99%。说明企业家们也普遍认为"效能革命"是一场无法速胜的持久战。

2003年11月温州市统计局城市调查队的《机关效能：关键在于长效管理机制——我市"效能革命"实施情况民意调查报告》[1]中也涉及类似的问题。报告显示，"效能革命"效能初显，将近九成的受访市民认为"效能革命"有成效；窗口单位办事效率大大提高。有62.36%的受访市民认为窗口工作人员服务态度好或者较好，认为办事效率高或较高的有56.20%，有55.46%的受访市民认为工作人员业务水平高或较高。群众对"效能革命"措施的具体落实情况的评价是：62.22%的市民认为温州市机关部门"基本上能认真贯彻落实"；有24.69%的市民则对"效能革命"仍然持怀疑态度，认为许多机关部门是在"敷衍应付，搞形式主义"；只有9.88%的市民认为温州市各级机关部门"都能认真贯彻落实"。此外，还有3.21%的市民认为个别部门"无动于衷"，仍在躲避观望。市民还反映的一个问题是，"门好进，脸好看，事情依然难办"，这个比率占到25.78%。在市民对监督方法和途径的选择中，占33.28%的市民选择了"聘请群众参与监督"；30.23%选择了"媒体监督"；其余依次为"监察机构"（占17.60%）、"廉政监督员"（占15.68%）、"其他监督方式"（占3.22%）。在这次调查中，有83.91%的市民呼吁要"长期深入开展'效能革命'"，建立一个名副其实的"效能政府"，以确保"效能革命"的成果。同时，有将近53.32%的市民对"'效能革命'缺乏信心"。

2004年深化"效能革命"之后，温州市统计局又作了一次调查，《市民与企业对政府服务的满意度大幅提升——温州市"效能革命"实施效果民意调查报告》[2]显示，机关效能建设出现可喜变化，办事群众满意度高达90%，受访者认为"四条禁令"普遍得以认真落实，大部分受访者没有遇到"四

---

[1]. 温州市统计局城市调查队：机关效能：关键在于长效管理机制，2003年11月。载王仁贤：《效能革命在温州（内部资料汇编）》，温州市机关效能革命领导小组办公室提供。

[2]. 温州市统计局：《市民与企业对政府服务的满意度大幅提升——温州市"效能革命"实施效果民意调查报告》，2004年10月19日。载王仁贤：《效能革命在温州（内部资料汇编）》，温州市机关效能革命领导小组办公室提供。

难"现象,严格执行服务制度已成为机关干部的自觉行动。不过,报告还显示,机关效能建设还存在诸多问题,如部门过多、办事讲关系,执法不公、政务透明程度不强等现象依然存在。但是与"效能革命"刚开始时的民意情况相比较,这次市民与企业对"效能革命"的信心期望值大幅上升:与一年前调查结果相比,市民和企业对温州市效能建设的信心期望值大幅上升,认为动真格的上升了21.36%,认为难执行的下降了8.12%,认为搞形式的下降了13.44%。从时间与效果上考虑,绝大多数市民和企业认为温州市机关部门和事业单位的"效能革命"应当常抓不懈,选择该项的受访者比率高达91.73%。

2004年12月,温州市效能办发布了《关于温州市机关效能建设调查评议情况的报告》[1],报告的结论与统计局的调研报告基本一致。"从调查和评议的结果看,各界群众对市委市政府提出的在我市机关开展机关'效能革命'表示普遍欢迎和充分肯定,有88.1%的调查对象认为我市开展机关'效能革命'有成效或成效比较明显,对机关和窗口在改善服务态度、提高办事效率等方面都给予了好评,并对继续深化机关'效能革命'、解决机关效能建设中深层次的问题寄予了厚望。"关于这项调查:"您认为我市在提高机关效能建设方面还存在哪些主要问题?"在限选三项的前提下,有57.3%的受访者认为影响机关效能的最主要原因是职能交叉、政出多门,其次,市办事讲关系占57.2%,办事流程不科学占42.9%,政务不公开占27.3%,乱收费、乱罚款、乱摊派占14.3%,其他占2.7%。这意味着"三乱"现象得到了一定制止,政务公开程度受到了群众的好评。但职能交叉、办事讲关系、办事流程不科学等还是没有得到很好地解决。导致的结果就是:"门好进、脸好看、话好听、可事却难办"。

---

1. 温州市效能办:《关于温州市机关效能建设调查评议情况的报告》,2004年12月。载王仁贤:《效能革命在温州(内部资料汇编)》,温州市机关效能革命领导小组办公室提供。

从上面的材料中可以看出，对"效能革命"的评价必须持动态的观点，"效能革命"的成效随着其深化有个逐渐提高的过程；同时也必须持辩证的观点，"效能革命"的成效并不意味着就没有问题存在。随着"效能革命"的深化而凸现的问题，才是"效能革命"的真正大敌。

三、地方政府效能建设比较

前已指出，机关效能建设不自温州始，亦不于温州止。将温州的"效能革命"与其他地方的效能建设作个对比，将是很有意义的。

福建省是最早进行机关效能建设的省份，我们找到了一份泉州市进行机关效能建设的材料。[1] 泉州市的主要做法有以下方面。建设载体：建设职能单位集中办事制度，建设公开办事制度；建章立制：实行公示制度、一次性告知制度、窗口单位值班制度、首问责任人制度；厉行监督：聘请机关效能监督员，设立勤政效能投诉中心，实施新闻舆论监督；进行电子政务建设：探索应对加入 WTO 的挑战，改进政府管理和驾驭经济的方式。可以看出，温州的"效能革命"要比泉州的效能建设规章制度更为全面。杭州市的效能建设也早于温州，主要的措施是：1999 年设立了市长公开电话，"12345，有事找政府"；自 2000 年起开始开展市级机关满意不满意单位评选活动；2002 年开始设立"96666"机关作风和效能投诉电话，并成立评判监督委员会；鼓励新闻媒体进行舆论监督。[2] 可以看出，与温州的"效能革命"相比，杭州市的做法比较零碎而简单，没有成为一项系统的工作。比温州"效能革命"略晚的焦作市的"效能革命"的主要做法是：清理行政审批项目，实现审批体制革命；为招商引资提供制度便利；制定《焦作市行政效能监察暂行办法》，成立

---

1. 施永康：《泉州市政府勤政效能建设的实践与思考》，载《国家行政学院学报》，2002 年第 1 期，第 15—18 页。
2. 吴凤莲：《强化群众监督建设廉洁高效政府——杭州市政府机关作风和效能建设纪实》，载《中国监察》，2004 年第 10 期，第 17—18 页。

"效能革命"投诉中心;聘请监督员。[1] 焦作市的"效能革命"实际上是焦作市构建公共服务型政府活动的一个组成部门。[2] 建设公共服务型政府活动在一定程度上冲淡了"效能革命"的革命性特征。力度不如温州市的"效能革命"大。其余的如北碚、蛟河、敦煌等地更是在深度、规模与持续性上与温州无法比拟。

因此,我们得出一个基本的判断:温州的"效能革命"是地方政府效能建设的一个典范。把握了温州的"效能革命",我们就能从样本的意义上把握中国地方政府效能建设的一般情况。

四、问题与思考

(一) 效率依然是"效能革命"的目标?

温州"效能革命"的主要诉求就是要提高行政效能,那么,一个主要的问题就是,效能在"效能革命"的语境中的主要含义为何?郭夏娟认为,效率依然是温州"效能革命"的目标,换句话说,效能在"效能革命"的语境中实际上主要意味着效率。"现实中,没有效率或者低效率的行政管理,必定是缺乏效益(或效能)的管理,而高效能的服务,也是以高效率为基础的。从浙江省温州'效能革命'的具体目标来看,改革的焦点实际上就是提高行政效率。""最后,从温州'效能革命'开展以来取得的成果来看,最显著的成绩就是在某种程度上提高了行政效率。通过行政管理过程或办事程序的流程再造,缩短了循环时间,规范了运行程序,从而实现政府管理的高效化、政府服务的规范化、政府服务的品质标准化,也在一定程度上堵死'吃拿卡

---

1. 铁代生:《"效能革命"提高执政能力》,载《瞭望》新闻周刊,2004 年第 52 期,第 39—40 页。
2. 陈家刚:《建设服务政府——焦作市的实践》,载俞可平:《中国地方政府创新案例研究报告(2003—2004)》,北京:北京大学出版社 2006 年版。

要'现象,进而提高了政府工作的有效性。"[1]

我们不否认对效率的追求在"效能革命"中的主导性。但是认为,"效能革命"并非是仅仅是个唯效率性的活动,对效果或效益的诉求同样也出现在"效能革命"之中,只不过是没有对效率的诉求那样显眼罢了。比如在作为"效能革命"核心举措之一的"四条禁令"中,如果说"严禁有令不行"和"严禁办事拖拉"是严格属于效率范畴的话,是为了提高办事效率的话;"严禁吃拿卡要"和"严禁态度刁蛮"则属于效果或效益的范畴,主要是为了提高服务质量。又如,在打造机关服务品牌活动中,我们主要看到的是提高服务态度、改善服务质量的问题,提高效率似乎只是改善服务质量的一个组成部分。

综合来看,效率在地方政府效能建设的诉求中占据着主导的地位,而且实际上,效率的提高也能导致效益或者效果的增加;但是,也应该看到,地方政府在效能建设中一般都自觉地把效能看做是不但包括效率也包括效益和效果的一个概念。在履行社会管理职能比较多的部门,着重进行提高效率的建设;在履行社会服务比较多的部门,着重于效益和效果的取得,是地方政府效能建设的一个通常的现象。

(二) 效能监察主体的权威性与能动性问题

温州市为了推行"效能革命",成立了效能革命领导小组,下设办公室和效能监察投诉中心,专门负责效能建设的监察督促工作。这也是地方政府效能建设的一个通行的做法。十分有意思的是,在《"效能革命"专题调查情况》和《关于"企业家看行政效能"专题调研报告》这两份报告中都关注到了这样一个问题:"效能革命"的监察主体能否发挥担负起全部的效能监督职

---

[1] 郭夏娟:《效率:依然是效能革命的目标》,载《天津行政学院学报》,2005年第5期,第36—39页。

责?这两份报告的共同的建议是,应当建立起一个系统的效能监督机制,而不应当单只依赖属于行政内部机构的监察主体。这样就促使我们思考:效能监察主体的权威性和能动性如何?

效能监察主体主要通过明察暗访效能建设情况以及受理投诉来开展工作,其主要的工作方式是自办、督办和转办。这样看来,效能监察主体的权力相当有限,从明察暗访的工作方式来说,基本上是只能起到潜在的威慑作用,真正被明察暗访到的违反效能建设的现象,必定少之又少;其次,从其受理投诉来看,它是个被动作为的机关;再次,由于自办所占比重不大,更多的是督办和转办,这样实际上有相当一部分被发现的违反效能建设的行为也未必受到处理,这同样也会削弱其权威性。同时,效能监察主体还存在能动性不足的问题。投诉人或者办事的公民是其监察行为的受益者,而它自身却要承担一定的成本(比如人力、物力)和压力(比如来自部门的抵制),这意味着,监察行为对监察主体不能形成足够的激励,能动性不足就是很自然的了。

然则,这是否意味着效能监察主体仅仅具有摆设性的意义呢?否。如果能动性足够大,如果严格按照各项规定来办理,如果决心和力度足够大,效能监察主体是能够真正起到它意欲起到的促进效能建设的作用的。"效能革命"开始的时候,雷厉风行,对各单位的震慑很大,即是明证。但是,效能监察主体自身的局限就决定了它不可能长时间地进行大规模的有深度的效能监察活动,即便从成本的角度它也负担不起,更不要说来自部门的抵制与压力了。所以,效能监察主体是一架漏油的飞机,可以飞离地面,但不会太久。它的运行逻辑是:受条件限制情况下的选择性有作为。

(三)社会能否构成对行政效能的有效压力和有效需求?

行政效能是社会对政府作为的压力和评价的函数,社会压力促使政府行动起来，社会舆论又形成政府作为的检验标准。这点在温州的"效能革命"中表现得很明显。资金外逃、发展速度下降、公民怨声载道、企业家议论纷纷等，矛头一致指向温州的行政效能问题。"效能革命"开始后，几次调查报告揭示出的是一个成效不断增大的效能建设活动，这不仅使"效能革命"得到认可，而且构成了深化"效能革命"的重要因由。但是，也应当看到，这些社会性的压力和需求在"效能革命"开始前早已存在，并不是它们一旦产生出来，就被行政系统所接受和采纳。因此便产生这样一个问题：在社会中产生的对行政效能的压力和需求，即关于行政效能的政治输入，在何种程度上能够发挥效力的问题？也就是说，当且仅当社会对行政效能的压力和需求能够被行政系统所及时接受和采纳的时候，我们才可以说它们是有效的。故而，压力和需求的有效性的先决条件，乃是行政系统对此的认知并回应。这样一来，我们便可以说，行政系统的认知和回应乃是作为输入的社会的压力和需求与作为输出的行政效能之间的中介。在目前的条件下，行政系统的认知和回应并不是一个单纯的行政问题，实际乃是一个政治问题。主要领导人的认识、判断和决心，构成了行政系统的认知与回应的核心。

（四）不断革命才能避规后革命时代吗？

所有的人接触到温州"效能革命"的第一个疑问就是，"效能革命"之革命能够持续多久？也就是说，如何将"效能革命"常规化？有意思的是，温州方面并不认可这样一个问题。他们认为取"革命"二字，是意在表明改革的力度与决心，只要力度与决心持续下去，便不会出现"后革命"问题。深化"效能革命"，意在持续地推进它，将革命进行到底。但是，即便我们认可他们自己的这种理解，疑问还是存在的：以革命姿态出现的行政效能建设，能够在"不断革命"中持续进行吗？换句话说，如果不常规化的话，革命到底能持续多久？实际上，我们在调查中就碰到了这方面的问题。据被调查者反映,风风火火的"效能革命",刚开始的时候温度自然很高,但是慢慢地有降温的趋势。因此,如果必须不断地添加燃料才能使"效能革命"处于革命的沸腾状态的话,"效能革命"之革命能够持续多久这样一个问题还是在我们心中挥之不去。但是,这绝不意味着我们一定要从作秀的意义上去看待和解读温州的"效能革命"。关于这个问题,有三点需要注意:首先,非有革命性力度与决心,效能建设无法有较大起色。效能建设,不在于制定多少规章制度,而在于能否真正落实这些规章制度。比如,"四条禁令"并不是在"效能革命"中出台的,但正是"效能革命"使得它们成了真正具有规管性意义的禁令,用温州方面自己的话来说,"效能革命"给这些高压线通上了电。其次,这种力度与决心不可能常规化。不可能常规化的意思是,不可能在既保持革命的力度与决心的同时而又抛去革命的氛围来进行行政效能建设。革命的力度与决心,实际上是对常规行政生态的一种激荡,具体的表现就是效能监察部门和一般职能部门之间高度张力的存在。可以想见,如果抛去革命的氛围,即抛去为着进行"效能革命"而进行的造势,以及所形成的社会舆论大环境,效能监察部门和一般职能部门之间的高度张力就会变成一种猫和老鼠的游戏。前已潜在指出,没有职能部门的配合,效能监察部门的作用甚为受限。一旦卸去革命的盛装,效能监察部门将何以自立?此甚成疑问。第三,不能常规化,错不在革命自身。不能因为不可以常规化而责备革命手段自身,因为革命性力度与决心是使得行政效能有较大起色的一种必需。因此,必须将之归错于革命之外的原因。原因很简单,那就是先行的行政体制不能以常规化的姿态接受这样一种革命的力度和决心。具体的表现就是职能部门对"效能革命"的抵触。职能部门对"效能革命"的抵触被归结为部门利益在作祟,那么,谁在为部门利益提供一个合法的保护呢?那只能是现行的体制和各项制度。体制方面,简单来说,就是效能监察部门与职能部门相比处于弱势地位,效能监察部门监察职能之行使,所受到的掣肘因素太多。苍蝇动得,老虎动不得。至于各项制度,比如,行政审批服务中心可以督促职能部门优化审批流程,作出审批时限承诺,但是它无法监管职能部门对流程的制定和审批时限设定,也就是说它只能从形式上而非实质上对职能部门的审批进行监督。

(五)"效能革命"触及体制固有性效能发挥的底线

温州的"效能革命",决心与力度非不大,规章制度非不完备,社会舆论氛围非不利,可是,成效却并非如人们的预期那样充分。原因何在?实际上,前面所讨论的诸种问题,均指向现行的体制:为什么人们对效能建设的理解会偏重于效率方面呢?为什么效能监察部门不能如人们所希望的那样发挥作用呢?为什么社会构不成对行政效能的有效压力和需求呢?为什么必须不断革命才能保住革命的成果呢?必须有个根本性的原因才能合理性地回答这些问题。

陈国治认为,"效能革命"并非政府社会管理改革的治本之策[1]。他的理由是:第一,"效能革命"只能是集中冲击政府社会管理中的某些弊端,而未能完全实现政府管理体制的规范化、科学化。"从温州乃至全国各地先后所开展的'效能革命'内容来看,一般都是针对本地区政府社会管理上的薄弱环节,有的放矢地推出某种改革措施,其目的性、针对性十分明显。因此,它也只能是整个政府社会管理中某些局部的改革措施,其地位和作用带有明显的地域性和局限性。"第二,其次是"效能革命"对政府管理中出现的问题只能治标,不能治本。他还认为,"效能革命"的方式只能是临时之举,并非长久之策。如果说陈国治的看法提醒我们,在现行的体制下,"效能革命"的意义有较大局限的话,吴静的看法则提醒我们,体制为什么局限着"效能革命"。吴静分析了"效能革命"存在的三方面的问题[2]。首先,行政法规的滞

---

1. 陈国治:《正确认识效能革命在政府行政管理改革中的地位和作用》,载《湖南行政学院学报》,2005年第3期,第7—9页。
2. 吴静:《政府效能建设若干问题研究——以温州"效能革命"为例》,武汉大学同等学力人员申请硕士学位论文,2004年4月。

后性是影响政府效能的客观因素。"完善的行政立法是发挥行政执法效能的重要前提。受我国整体行政立法的滞后以及无权制订地方性法规等因素的影响,温州现有行政法规总体上与发达的民营经济很不协调,难以适应快速发展的民营经济对行政法治和政府效能的要求。具体表现为,一是立法工作存在大量空白,许多急需的法规、规章和制度迟迟不能出台,二是很多规范性文件内容陈旧,带有浓厚的计划经济的痕迹,没能根据形势的发展变化进行及时的补充和更新。"其次,部门经济利益驱动是阻碍政府效能提高的主要因素。第三,工作人员素质不高是影响政府效能的重要因素。

从"效能革命"的作用发挥和体制之间的关系来说,温州的实践性意义在于,它不仅暴露了体制存在的效能方面的问题,而且,更重要的是,它以高烈度的方式试探了现行体制在效能方面的底线。它提醒我们,既然以如此的方式都不足以在体制上打开实现效能建设突破性进展的缺口,在体制的重新设计方面寻找效能提高的思路,就提到日程上来了。显然,这已经超出了任何地方政府的权限范围。

五、结　论

我们有三个结论性的看法:

第一,效能革命范例性地向我们展现了中国地方政府效能建设的一般状况。

它的起因——政府效能不能适应经济社会发展,它的做法——进行行政审批制度改革、成立机关效能监察投诉中心、引入社会舆论监督等,以及它的风格——以大的决心和力度进行效能建设等,都集中体现了中国地方政府效能建设的一般特征。

第二,温州"效能革命"的局限也具有一般性意义。

温州"效能革命"所碰到的一些问题,如偏重于效能,效能监察部门的权能不足，社会对行政效能的有效压力和需求不明显，"必须不断革命才能保住革命的成果"等，也不同程度地存在于其他地方的效能建设中。

第三，既然政府效能的根源在于体制，那么地方政府效能建设便不单纯的是地方政府之事。由于体制问题已经超出地方政府的权限范围，因此，必须有国家一级的法律法规出台，来为地方政府的效能建设提供有力的制度保障和充分的制度空间。否则，地方政府效能建设，即便烈度猛似或猛过温州"效能革命"，也只不过是试探而不能改观关乎政府效能的体制问题。

政府绩效管理体制改革的制度环境和发展空间
——以北京市"三效一创"绩效管理体系为个案的研究

陈雪莲
(中央编译局世界发展战略研究部)

自20世纪80年代以来,绩效理念随着新公共管理运动的兴起逐步受到世界各国尤其是发达国家的普遍重视,并得以广泛应用。从90年代开始,我国一些地方政府和行政部门结合实际,引入现代绩效评估的理念、方法和技术,开展了政府绩效评估实践。经过近20年的发展,绩效考评以各种形式在各级政府中得到运用和推广。中央政府总结各地经验,于2005年明确提出要建立科学的政府绩效评估体系。[1] 提高绩效水平是每一个现代政府不可回避的任务,要提高绩效,除了需要了解和评估政府及其部门现有绩效水平并应用科学的方法、标准和程序,对政府及其部门的运行过程、工作业绩作出尽可能准确的评价之外,还需要运用绩效评估的结果优化政府管理流程,后者是绩效评估的意义所在。从绩效评估的完善到绩效管理的建立,是深化行政改革的不可或缺的内容。

---

1. 见十届全国人大三次会议《2005年政府工作报告》。

从建立和完善政府绩效评估机制到推行政府绩效管理，是近年来中国行政改革的重要组成部分。2008年，中央政府在深化行政管理体制改革方案中明确"建立科学合理的政府绩效评估指标体系和评估机制"的目标，要求"推行政府绩效管理制度"。[1]在宏观政策鼓励的背景下，北京市政府以前期目标管理、督查考核工作为基础，从2008年开始在北京市级国家行政机关探索建立以"三效一创"为核心内容的绩效管理体系。本报告将在简要介绍北京市绩效管理改革经验的基础上，分析建立政府绩效管理体系所面临的困难和阻力，并进一步探讨政府绩效管理体制改革对中国行政体制改革的影响和深层含义。

一、政府绩效管理体制改革的制度基础

自改革开放尤其是进入21世纪以来，中国政府管理机制正逐步进行着系列变革：在政府定位上，由"物本政府"到"人本政府"、由"全能政府"到"有限政府"；在政府运行机制上，由"人治政府"到"法治政府"、由"经验管理"到"科学管理"；在政府运行标准上，由"低效政府"到"高效政府"、由"暗箱行政"到"透明行政"；在政府运行目标上，由"缺信政府"到"诚信政府"、由"轻责政府"到"责任政府"。在这些新行政理念的引导和支撑下，传统政府管理机制中存在的"人治化"、"运动化"、"唯上是从"、"谨守陈规"等现象开始衰减，当前行政管理体制改革的目标是"优化政府组织结构，加强公共服务部门建设，推进以公共服务为主要内容的政府绩效评估和行政问责制度，完善公共服务监督体系，依法规范政府职能和行政行为"[2]。深化行政管理体制改革的总体目标是："通过改革，实现政府职能

---

[1]. 见中共中央十七届二中全会《关于深化行政管理体制改革的意见》，2008年。
[2]. 胡锦涛2008年2月23日在中共中央政治局第四次集体学习会上的讲话。

效率政府
Efficient Government

向创造良好发展环境、提供优质公共服务、维护社会公平正义的根本转变,实现政府组织机构及人员编制向科学化、规范化、法制化的根本转变,实现行政运行机制和政府管理方式向规范有序、公开透明、便民高效的根本转变,建设人民满意的政府。"[1] 无论是要实现当前目标还是长远目标,行政管理体制改革都需要一个"着力点"和"抓手"。绩效管理正是这样一个行之有效的管理工具和改革目标,按照绩效优先原则优化政府组织结构,依据绩效评估结果加强行政问责,根据规范化绩效管理流程实现管理有序透明,公民参与绩效评估和监督可以切实完善公共服务体系、建设人民满意政府。

绩效理念运用于政府管理的雏形是80年代中期开始的"目标责任制"和"效能监察",这一阶段的"目标管理"以"首长目标责任制"为主要形式,而不是系统评估组织绩效状况;"效能监察"的内容是纪检监察部门对党政机关和国有企事业单位管理和经营中的效率、效果、效益、质量等进行监督检查,重在为经济建设服务。随着行政理念和行政环境的变化,进入90年代,各级地方政府开始重视行政效率、服务质量和群众满意度等指标,积极探索形式多样的政府绩效评估机制,积累了诸多绩效评估的技术和经验。在各地涌现的诸多绩效评估模式[2]中或多或少存在着一个尚未解决的根本问题:重技术环节、评估环节,轻绩效评估结果的运用。绩效评估结果运用是否科学化、规范化、制度化是从推行绩效评估深化到建立绩效管理机制的根本标志。各地丰富的绩效评估经验和国家"推行行政问责制度和政府绩效管理制度"的宏观政策引导是地方政府进一步大胆探索政府绩效管理体制改革的实践基础和制度依持。北京市政府正是在这样的改革背景下,在实施目标管理督察考核的基础上,经过逐步的发展和完善,形成了"三效一创"绩效管理体系。

---

1. 见中共中央十七届二中全会《关于深化行政管理体制改革的意见》,2008年。
2. 如第三方评价政府绩效的"甘肃模式"、实施目标绩效管理的"青岛模式"、"万人评政府"的南京模式、"综合考评"的杭州模式等。

二、北京市"三效一创"绩效管理体系

北京市政府绩效管理起源于岗位责任制,经历了目标管理督察考核、多元评价综合考评、综合绩效管理体系三个阶段。1999 年至 2002 年期间,北京市政府对部门工作目标、依法行政、勤政廉政开展督察考核工作;2003 年至 2007 年期间,推出"群众网上评政府"、委托第三方机构评价政府工作等,逐步形成以重点工作任务落实、加强基础工作、推行电子政务、社会满意度调查、部门互评、领导评价为指标的综合考评体系;2008 年,北京市政府成立绩效管理课题组,按照科学合理、简便易行的原则,借鉴政府管理的"4E"模式(效率、效益、公平、成本),吸纳平衡记分卡、360 度考评等理论,探索建立综合绩效管理体系。

(一)绩效评估指标设计

绩效管理必须以绩效评估为基础和依托,北京市绩效评估体系的主要内容是"三效一创、八大指标"。该绩效评估体系的核心是"三效一创",包括"履职效率、管理效能、服务效果和创新创优"四个组成部分,下设八项评估指标,百分制计分,不同的指标赋值不同。(见图 9)"履职效率"是指基本职责任务的完成情况,设置"职责任务"指标以评估各部门常规的"三定"职责的履行情况和重点工作任务完成情况,分值 40 分。"管理效能"指依法行政和能力建设的情况,设置"依法行政"(8 分)和"能力建设"(7 分)两大指标来评估政府部门依法行政、行政审批、行政效能监察以及公务员队伍建设的质量。"服务效果"包括工作效果和服务对象满意程度两个方面,设置"服务中央"(5 分)、"公众评价"(20 分)、"领导评价"(10 分)、"协调配合"(5 分)四个评估指标。"创新创优"(5 分)鼓励各部门的创新意

识,该指标主要涵盖重大工作创新成果、重要表彰奖励的情况。在"三效一创"之外另设置了"行政问责"扣分项目,发生违法违纪案件的、发生重大责任事故的、造成重大社会负面影响的,出现这三种情形之一,并被行政问责的,予以减分,出现一项扣 5 分,扣分累计不超过 10 分。"三效一创"考评得分之和减去行政问责扣分为最终考评得分,绩效管理考评结果对各部门得分进行排序。

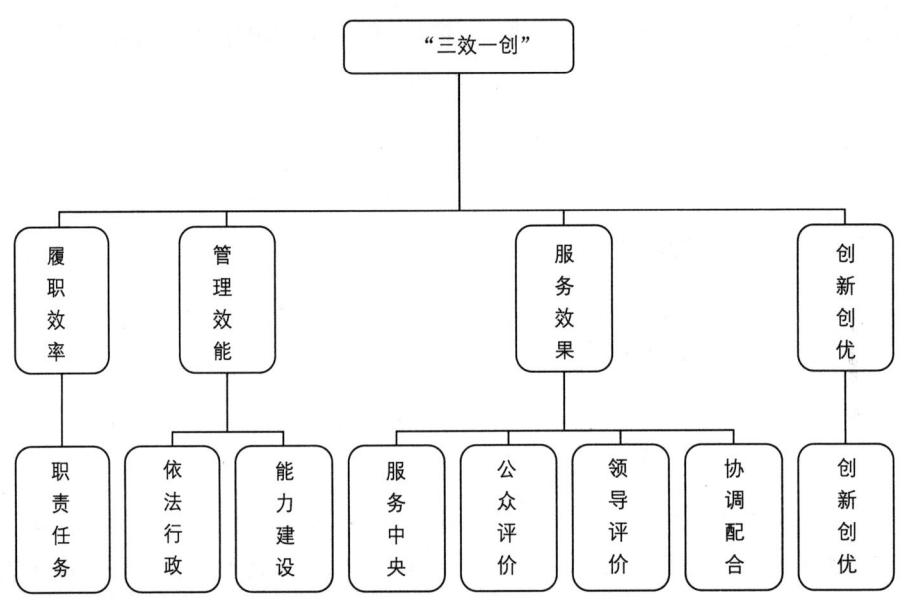

图 9　北京市绩效评估指标体系构成图

(二) 组织依托

"三效一创"绩效管理体系的组织架构包括三个部门:最高决策机构——政府绩效管理联席会议;日常协调执行机构——政府绩效管理办公室;绩效考评执行部门——各专业部门。

绩效管理的对象涉及多个政府部门，为了加强跨部门协调，北京市建立了"政府绩效管理联席会议制度"，市政府秘书长任召集人，联席会议由市政府办公厅、市监察局、市人力社保局、市政府法制办、市编办等部门组成。该联席会议的主要职责是：（1）确定绩效管理指标体系和年度绩效计划；（2）组织开展年度绩效管理工作；（3）审定绩效管理专项考评细则；（4）研究和协调解决绩效管理工作中的重大问题。该机制的建立一方面提高了绩效管理的权威性，有助于加强各相关部门的配合力度，另一方面也整合了多个传统考核项目，将具有不同考核职能的多个部门纳入，减轻被考核部门的负担，降低行政成本。

绩效管理的日常组织协调和监督指导职能由政府绩效管理办公室负责，简称"绩效办"。"绩效办"与原有的政府督查室为一个机构、两个牌子。该机构的主要职责是负责市级国家行政机关绩效管理工作，组织汇总、评审绩效计划，加强日常监督检查，协调各专项考评部门做好绩效考评工作，并承担"公众评价"、"协调配合"、"创新创优"等专项考评工作。市政府督查室此前所负责的考核工作整合进"三效一创"考核体系中。

政府体系中存在着由不同部门负责的多个专项考评工作，这些专项考评的考核内容被整合进"三效一创"体系，相关指标由各专业部门负责。承担绩效管理专项考评任务的部门按照市政府绩效管理联席会议的要求，负责制定专项考评实施细则并开展考评工作。市政府办公厅、市编办负责"职责任务"考评，市法制办、市监察局负责"依法行政"考评，市监察局和市人力社保局负责"能力建设"考评，市办公厅负责对"服务中央在京单位"考评，市政府绩效办负责"公众评价"、"协调配合"、"创新创优"指标的考评，"领导评价"由市领导负责考评。

（三）运行机制

绩效管理的基本流程包括五个基本环节：绩效计划、绩效实施、绩效考核、绩效反馈和绩效结果应用。绩效管理具有计划辅助、预测判断、监控支持、激励约束和资源优化等多项功能,通过评估绩效和绩效结果的科学应用,可以改进激励机制、竞争机制、监督机制、责任机制,最终实现优化政府运行机制的目标。北京市"三效一创"绩效管理体系的整体运行流程是"绩效计划制定——日常监控管理——年终考评——绩效结果应用"(见图10)。

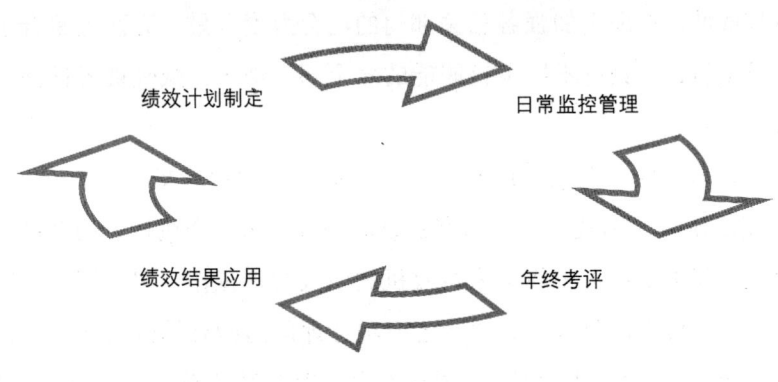

图10 北京市绩效管理体系流程图

"绩效计划制定"指被考核单位根据本部门主要职责和所承担的市政府年度重点工作,制定本部门年度绩效计划及落实措施。"日常监控管理"和"年终考评"主要体现在市政府绩效办负责对各部门的绩效计划进行汇总和评审,经市政府绩效管理联席会议审议并报市政府审定后,制定《市政府绩效管理任务书》并印发实施。"绩效办"建立并依托绩效管理信息平台,加强日常考评管理,并落实月底自查、年度抽查、半年检查、年终考评。

"三效一创"体系中从四个方面运用绩效考评结果:(1)年终绩效管理综合得分经市政府绩效管理联席会议审议,报市政府党组会审定后,进行通报;(2)完成绩效管理任务的,发放年度绩效奖金;凡被行政问责或未完成市政府重大绩效管理任务的,由专项考评部门提出,经市政府绩效管理联席会议审议并报市政府党组审定,减发5%的年度绩效奖金;(3)年度考评结果提交市委组织部门，作为考核领导班子职责绩效的重要依据；（4）根据年度考评情况，形成绩效改进建议予以反馈，督促进行整改，促进工作水平提升。

（四）成绩与困难

北京市"三效一创"绩效管理体系自 2008 年至 2009 年年底，运行一年多以来，在推动政府执行力和公共服务质量的提高方面取得了比较明显的效果。（1）通过绩效管理推动了城市管理和公共服务的完善。将为群众办实事、"五无"工程纳入绩效管理的重点，建立实事评估体系，提高了办实事的质量和效果。2009 年，累计为群众办实事近 800 件，实现了城乡一体的社会保障体系；（2）通过绩效管理理顺政府内部流程，提升了政府执行力。绩效管理平台为市政府指挥调度部门工作提供了新的管理模式，提升了部门"一把手"统筹管理部门工作的水平，部门职责更加清晰，同时有效提升了各级公务员的绩效意识，提高了工作效率。北京市 2009 年项目审批的整体时间从 220 个工作日压缩到 40—80 个工作日，效率明显提高。（3）该体系的示范推广效应有了初步体现，北京市政府下属各部门和一些区县积极探索构建绩效管理体系。多数部门建立了绩效管理领导组织机构，一些部门制定了内部绩效管理工作体系，一些区县研究提出了符合地区特色的绩效管理体系。（4）通过强化公众评价，提高了公众对公共事务的参与，提高了公众对政府的满意度。该体系委托第三方机构开展对政府及各部门工作质量、效率和作风等方面的评价，调查结果显示群众和服务对象满意度逐年增长中。

推行绩效管理体系的主要困难主要有两个方面：一是来自政府内部。正如北京市在总结 2009 年政府绩效管理工作的报告中所提到的，一些政府部门的绩效意识不强，对绩效管理的理解局限于绩效考评，因此比较关注结果，对如何应用考评结果来优化管理过程、提升管理水平、强化服务效果重视不

够。还有些部门对公众参与绩效考评有所顾虑,因为担心公众评价的结果而对绩效管理体系持有抵触心理。二是公众评价环节。因为政府与公众之间的信息不对称,公众不了解评价对象的相关绩效信息,导致公众评价得来的信息存在一定程度的偏差和失真,从而影响绩效管理体系的权威性和被认可度。

(五) 创新之处

北京市"三效一创"管理体系是凭借强大的专家团队所提供的智识支持,在10年督查考核(目标管理)工作经验的基础上,借鉴了国际国内的政府绩效管理实践经验而提出的。相较于国内其他地方政府进行的绩效管理改革探索,北京市的"三效一创"体系在三个方面有比较突出的特征:一是指标设计相对完善。"三效一创"体系中的绩效评估指标设计结合了绩效管理理论中的先进理念和中国地方政府的行政管理工作实际情况,在不脱离中国行政环境实际的前提下尽可能地实践更先进的理念。以考核为管理工具、考核标准量化、考核主体多元化、公众参与等现代绩效考核的新理念在这一机制设计中都得到了体现和落实。在充分吸纳了平衡计分卡、360度考评、战略管理和激励理论之后,"三效一创"体系中的八大指标既重视政府部门传统功能的履职效率,也鼓励创新创优;在确保政府内部流程流畅的前提下,也适当引入了外部监督和公众参与。二是该体系可以有效解决"多头评估"问题,同时没有造成行政成本的明显增加。政府系统中长期存在着"多头评估"的问题,多个部门具有考核的职能,但评估标准、评估程序和评估时间各不相同甚至互相冲突,缺乏系统性和综合性。"三效一创"体系是一个综合的绩效管理平台,能够整合既有考核资源,强化了管理的系统性,基本不增加考评环节和各参与方的负担。三是注重改革的渐进性,避免理念先行,稳步推进改革。该体系引入了中央在京单位、公众、领导和基层部门等多元评价主体,强调各部门对"上下左右"的沟通，力求实现对部门服务的全方位评价。这种改革思路有助于减少改革阻力。

三、"三效一创"绩效管理体系中存在的问题

与传统政府管理机制相比，绩效导向的政府管理机制强调"效率、效益、公平、成本"，为了实现这些目标，绩效管理体系的设计和实施至少需要遵循三个基本原则：第一，增值产出原则，注重成本控制，强调"投入—产出"比；第二，结果导向，变注重程序到侧重结果；第三，公民导向，变向上负责到向下负责。从这三个原则出发，可以发现北京市"三效一创"绩效管理体系还存在一些有待完善的方面，这些问题也是许多正在探索建立绩效管理体系的地方政府所必须克服和解决的。

（一）"投入—产出"考量不足

要全面、客观地考量政府工作绩效，需要将政府活动流程全部纳入绩效评估和管理的对象中。一个完整的政府活动流程由"投入—管理—产出—结果"四个环节组成。"投入"是指政府为社会提供管理与服务所需的资源消耗，包括人力、物力和财力的支出；"管理"是指政府依据一定的行政规则和秩序为实现目标而采取的管理手段、体现出的行政能力；"产出"是指政府活动所产生的所有输出和服务；"结果"是指政府产出在公众中产生的影响。对照整个政府活动流程来看，北京市的"三效一创"体系中"履职效率"部分是对政府管理过程的把控，"管理效能"部分是对政府产出的考量，"服务效果"则是对政府活动结果的反映，对政府"投入"的考量并没有纳入该评估体系中。与传统公共行政只计投入、不计产出不同，公共管理改革对效率的重视不仅仅应该体现在强调绩效评估的标准化和科学化，也意味着要更加重

视成本概念。[1] 对政府活动进行"投入—产出"的考量,并根据评估结果优化财政资源配置,是通过绩效评估实现绩效管理不可缺少的重要内容。

正是因为对政府"投入—产出"比的重视,美国、英国、澳大利亚等实施绩效评估多年的国家在绩效评估主体、绩效评估内容以及评估结果的运用方面有很多做法是北京市"三效一创"绩效管理体系尚未实现的:(1)审计部门是绩效评估的重要主体;(2)预算管理部门对政府部门的年度预算执行情况的评估是绩效评估的重要内容;(3)将绩效评估结果与部门预算相结合。

(二)公民导向不突出

以绩效为导向改革和优化政府管理流程的目标之一是推动公共部门承担相应的责任,公民导向是绩效管理的原则之一,政府绩效管理体系强调以人为本、以公民为中心。公民是政府所进行的公共管理和公共服务的最终承接者,对政府绩效最有发言权。

"三效一创"体系中八大指标主要由四个部分构成:对上级和对政府内部负责占60分("职责任务"40分、"领导评价"10分、"服务中央"5分、"协调配合"5分),对程序负责占15分("依法行政"8分、"能力建设"7分),对民负责20分("公众评价"20分),创新创优5分。从绩效评价主体构成来看,该绩效管理体系优先强调对政府内部(包括上级)和既定程序负责,共占75%的比重,民意和鼓励革新的比重相对较轻。一个成熟的政府运行机制应该相对稳定,所以创新创优的比重设置为5%,起到一定的积极引导作用,该比重设置较为合理。在公众评价方面,"三效一创"体系中由政府绩效办委托第三方调查机构组织实施公众评价,评价主体为抽样产生的城乡居民、企事业单位、公务员,评价方式为采取入户方式进行城乡居民满意度问

---

1. Christopher Hood, *Comparative Public Administration*, Vol. I, Dar Ermonth Publishing Grop, 1998.

卷调查,采用电话访谈进行企事业单位满意度问卷调查,在政务外网上进行公务员满意度问卷调查。最后根据各部门与评价的服务相关度,分别确定城乡居民、企事业单位、公务员评价结果的相应权重,得出各部门公众评价的分值。这个公众评价机制的设计相对封闭,没有突出体现公民导向的重要地位,在绩效指标设计上也没有体现出开放、外向化的特征。没有有效整合已有的民意表达、收集机制,仅有作为问卷调查对象的少数公众可以表达对部分部门的意见。

(三) 考评结果应用不深入

绩效管理能够实现既定目标的前提和基础是绩效评估的结果可以真正用于奖惩组织成员、监督组织运行,这恰恰是很多引入绩效管理理念和实践的地方政府在实际操作过程中的薄弱环节。奖惩不明确、考评结果的公开程度不足、没有明确的运行机制确保可以有效利用考评过程中发现的问题和整改建议优化政府管理流程等,这些问题最终使得绩效管理仅仅停留在最初级的绩效评估阶段。

一些发达国家运用绩效评估结果进行绩效管理的经验大致有五个思路:一是将评估结果用于优化政府预算配置,不再仅仅依照法律规定的份额进行编制,而是以政府绩效评价结果为依据编制预算、执行预算、审查预算。[1] 二是将评估结果与政府雇员的薪金、晋升等因素挂钩,用于政府雇员的考核和管理。三是把绩效评估结果作为推行政府管理体制改革特别是机构改革的重

---

1. 美国1993年颁布的《政府绩效与成果法令》(The Government Performance and Results Act, GPRA)要求美国所有的联邦机构都要制定一个至少包括未来5年工作目标的战略规划,并将战略计划分解成年度执行计划,同时每年都要对年度计划执行的结果进行评价,形成年度计划执行情况报告。战略规划、年度执行计划、年度执行计划情况报告提交给国会中相应的专门委员会、美国审计总局以及行政管理和预算局。各机构的规划制定情况及工作绩效的评估情况与第二年的财政预算分配挂钩。美国的绩效管理思路是运用财政预算杠杆调节政府部门的工作绩效。

要依据。四是把绩效评估结果引入政府工作的计划,根据评估结果有针对性地提高公共产品和服务质量,改善政府形象。五是运用绩效评估结果比较个人、组织以及不同项目之间的绩效水平,扩大竞争性,即实施标杆管理。相比较而言,北京市"三效一创"体系对绩效评估结果的运用中存在两点不足:第一,强调绩效管理的激励和导向作用,即,采取按分排序、不分档次、结果公开、达标完成都给奖、受到问责才减扣的方式,而绩效考评结果的应用有更广阔的思路,"三效一创"体系需要进一步挖掘改革空间。第二,绩效评价结果不够公开、透明。评估结果没有对社会公开,也不在政府内部公开,只有相关较高层级的领导才能够看到评估结果,直接影响了绩效评估结果的充分、有效运用。

四、讨论:政府绩效管理改革的走向

从世界范围内来看,绩效管理是新公共管理改革运动中的一项重要内容,起源于英、美等行政程序和法律法规已相对成熟的发达国家。在这些国家里,公共管理改革的任务是提升政府管理能力、改善政府管理绩效,绩效管理改革对于他们来说,是一个单纯的公共行政议题。而在中国的行政环境下,实施绩效管理不仅是一种管理工具的革新,更意味着行政理念和制度模式的转变。建立绩效导向的政府管理机制,需要同时解决好几个方面的问题。

首先,明确政府绩效管理的价值取向。政府的任务是提供公共产品,公共产品必须由消费者——公众来评价,所以,评价政府行为的基本标准应该是从公众需求出发,为公众提供安全、秩序、正义、自由和福利等核心公共产品;[1] 以绩效为导向改善政府管理流程的目标应该是提高政府管理能力、扩

---

1. 阿尔蒙德:《比较政治学:体系、过程和政策》,上海:上海译文出版社1987年版,第458—460页。

大公众参与、实现财富增长、保障社会分配公平。因而，政府绩效管理的基本价值取向可以确定为以实现增长、公平、民主、稳定为目标。增长主要是经济增长和民众物质利益的普遍提高，公平是指财富和社会福利的分配公平，民主是指个人基本权利和自由得到体现和保护，稳定是公共秩序的良性维持和社会安全的实现。

其次，科学界定政府绩效评估的内容。由于政府职能在不同层次、不同地区和不同部门差异较大，而且政策目标具有多元性，或与政治相关、或与管理效率相关、或与政府责任相关，是极其复杂、模糊甚至是相互冲突的，要把这些法定的职能和目标转化成具体的、清晰的、量化的、广为接受的、可考核的目标难度不小。实现绩效管理的前提是对政府工作的内容和领域应该有清晰的界定。随着政府工作重心的调整，绩效评估的重点也应该随之发生变化。当前阶段，政府的工作重心是提供公共服务、维护社会安全、保障社会公平与正义。因此，政府绩效评估指标的设计除了要靠评出政府社会管理能力，更应强调政府提供公共服务的能力和质量。

第三，在政府绩效管理流程中的绩效评估和绩效监督环节扩大公共参与。由于政府部门主要是通过公共财政资源的支持，向社会提供公共物品和公共服务的部门，而公共物品和公共服务的非营利性和公共垄断性导致政府工作的效益体现具有一定的滞后性。与此同时，政府与公众之间的信息不对称性，使得公众获取准确政府绩效信息的难度较大。因此，如何将打造"透明政府"和"绩效政府"有机整合，在评估指标体系中提高公民评估的权重，设置制度化平台吸引和方便公众监督政府绩效，是个很大的议题。一些地方政府已经在探索利用电子政务平台扩大公众获取信息的渠道，从而提供公众评价的准确性和效率。

最后，实现政府绩效管理常规化、法制化，尤其是考评结果的应用制度化，避免把绩效管理改革当做"政绩工程"。传统行政注重程序，而新公共管理的一大转向是侧重结果，强调责任机制。在中央政府确立的行政管理体制改革方案中，推行政府绩效管理和推行行政问责制是一同提出的两个相辅相成的制度建设任务。[1] 因为推行政府绩效管理的直接目标是优化和规范政府管理，但最终目标是提高政府执行力和公信力。如何有效运用绩效评估的结果，是真正实现以绩效为导向的政府管理体制改革的核心内容。有效利用绩效评估过程中发现的问题和整改建议，结合行政问责制，明确奖惩范围，规范问责程序，加大责任追求力度，才能使得绩效评估不流于形式。

---

1. 见中共中央十七届二中全会《关于深化行政管理体制改革的意见》，2008 年。

地方政府绩效评估改革的突破与局限
——以杭州市"综合考评制"为个案的研究*

陈雪莲

(中央编译局世界发展战略研究部)

政府绩效评估的传统工作模式是"组织掌控、内部实施"——上级对下级评估为主,政府自评为辅,公众评估缺失。这种管理模式导致政府工作仅向上负责,对公众的回应性和责任性不足,随着社会的发展,公众对政府管理与服务的质量、效率和公正性等要求不断提高,以向上负责制为基础的传统行政管理模式破坏了公众对政府的信任和支持。传统工作模式中考核标准不明确和考核程序、考核结果不透明等问题也严重影响政府工作人员的责任感和效能感。自20世纪90年代以来,我国一些地方政府和部门结合实际,引入现代绩效评估的理念、方法和技术,开展了政府绩效评估实践。目前,有1/3的省(区、市)不同程度地探索开展了政府绩效评估工作,形成了各具特色的绩效评估模式。[1] 总的来说,各级地方政府在绩效评估领域的创新主

---

* 本文的实地调研完成于2008年4月,作者在此感谢浙江省杭州市综合考评办的领导和工作人员的配合和支持。
1. 张安定:《关于全面推进政府绩效评估工作的思考》,深圳市行政电子监察评价中心网,http://www.sz-jc.gov.cn/application/html/7/20071229105l0974.html。

要体现为三种形式:一是实行目标管理责任制,实施目标考核;二是建立党政干部政绩考核评价体系,加强对公务员和领导干部的个人考核;三是开展公民评议活动,将社会评价纳入考核体系。这些新的政府考核机制中蕴涵了一系列重要的转变:由上级评估转向公众参与评估、由主观评估到量化评估、由专项评估到综合评估,由"运动式"评估到评估常规化,从人工操作到网络技术等新科技的运用等。但是,政府绩效评估体制建设对于中国来说还是新事物,如何把新的行政理念运用到实践中,各级地方政府还处在逐步探索的过程中。为了总结地方政府已有的政府绩效评估实践经验,找出创新过程中的难点和盲点,我们以浙江省杭州市"综合考评"项目的实践为个案,结合其他地区的改革经验,系统梳理近年来中国地方政府在绩效评估领域的发展状况。

一、绩效评估改革的缘起

2005年以来,"绩效评估"一词频繁出现在国家官方文件和领导人谈话中。国务院2005年政府工作报告中明确提出抓紧研究建立科学的政府绩效评估和经济社会发展综合评价体系;2006年9月"加强政府自身建设推进政府管理创新"电视电话会议上,温家宝总理指出绩效评估是引导政府及其工作人员树立正确导向、尽职尽责做好各项工作的重要制度安排;2006年中央组织部下发《体现科学发展观要求的地方党政领导班子和领导干部综合考核评价试行办法》,提出一整套全面考核评价领导班子和领导干部的制度体系;2007年2月国务院第五次廉政工作会议上,温家宝总理再次强调要抓紧建立政府绩效评估制度,科学评估政府工作人员履行职责的情况;2007年10月十七大报告提出"完善体现科学发展观和正确政绩观要求的干部考核评价体系"。虽然在国家层面上突出强调政府绩效评估机制建设是近年内的事情,但是由地方政府推进的政府绩效评估实践始于20世纪90年代。20世纪80年代末期开始，政府部门效率较低、机制僵化、服务缺位、衙门作风等问题引起公众普遍不满情绪，制度软环境薄弱也制约了经济发展，针对这些问题，一些地方政府采取措施监管政府部门的工作绩效和工作作风，各地普遍成立了旨在提高政府部门行政效率、降低行政成本的机关效能建设办公室/局等专业机构，以社会评议最满意政府部门、公共服务满意度调查、政风行风评议等非制度化的形式推动公众参与政府绩效评估。近年来，开始出现政府绩效考核专业化、民主化趋势，一些地方政府成立专门的政府绩效评估部门整合各类政府考核评议活动，制定统一评估标准，提高社会评价的比重，评估手段和方法也日趋专业化。例如，在提高绩效考核程序和标准的专业化程度方面，深圳市运用电子监察绩效评估系统和政府绩效评估PLS模型，厦门市思明区制定系统的"公共部门绩效评估体系"，青岛市推行平衡记分卡管理办法。在加大绩效评估的外部评测力度和公民参与程度方面，南京和珠海市试行"万人评政府"，福建安溪开展政府绩效社会评议调查，上海徐汇区进行政府绩效群众满意度测评，四川绵竹市增大社会公众参与政府绩效评估的比率，安徽淮南市面向社会招聘群众评估员并建立评估人才库，湖北省财政厅聘请相关专家成立财政支出绩效评价专家库。与这些地方相比，杭州市政府在绩效评估领域的创新有一个较为平缓的发展过程。

杭州市政府绩效考核的雏形始于1992年的目标管理责任制，由市政府办公厅的市"目标办"组织实施。当时推出目标管理责任制的主要目的是检查政府部门实施市委、市政府部署的各项工作任务的情况，政府对公众负责的意识并没有树立起来。政府机关普遍存在"门难进、脸难看、话难听、事难办"的"衙门"作风，城市投资发展环境较差，城市竞争力不足，为了扭转这一局面，2000年，杭州市开展"满意不满意单位评选"活动，由隶属市直机关党工委的市"满意办"组织实施，重在转变机关作风、改善经济发展软环境，连续两年被评为"不满意单位"的领导班子将被撤换。[1]2003年，杭州市实施效能建设督察制度，由隶属于市纪委（市监察局）的市机关效能建设办公室负责。负责目标责任制考核的"目标办"、负责满意单位评选的"满意办"、负责机关效能督察的"效能办"分属三个不同部门，考核、评价、督察活动分别实施。这三个机构的职能有重叠，考核标准、奖惩措施不一致，既增加了考核成本，也影响政府考核工作的执行效果。当时，由杭州市一级设置的各种考核监察活动每年多达40多项。2005年，杭州市将目标考核、"满意不满意单位"评选（后改名为"社会评价"）整合，增设领导考评，对市直单位实行综合考核评价。2006年，三个非常设机构——市"目标办"、市"满意办"、市"效能办"合并调整为综合考评委员会办公室，作为市考评委员会的常设办事机构，挂靠中共杭州市直属机关工作委员会，机构级别为正局级，主要职责有三项：一是负责市直单位综合考评、效能建设等工作；二是协调、管理市直单位各类工作检查、评比、考核事项；三是指导区、县（市）综合考评和效能建设工作。

成立专门的政府绩效考核组织管理部门的做法在全国其他一些地方也存在，如深圳的绩效评估办公室、青岛的目标绩效考核办公室。杭州市成立局级常设机构——综合考评办公室，整合了本级政府所有的政府考核活动，降低行政成本的同时有助于提高政府考核活动的制度化和专业化水平。从实践层面来说，将领导考核、目标管理和社会评价由一个机构统一执行，也有助于提高政府部门对制度外的、非约束性的社会评价的重视程度，增强政府对公众意见的回应性。

---

1. 据当地工作人员介绍，"满意不满意单位评选"活动的推出有一个"故事化"的契机。2000年左右，浙江省某厅级干部去杭州市政府部门办事，该部门的处长态度冷淡，"见到厅长没有起身问好"，省级机关对杭州市机关的行政作风颇有微词："上级部门来办事的态度如此，老百姓来办事岂不是更难"。同年，杭州市因为举办活动欲借用省展览馆的场地，被拒绝，市级领导对省级机关也产生抵触情绪。随后，杭州市领导班子调整，新任市委书记到任后要求市级机关转变作风，让群众来评议机关服务态度。此后成立的杭州市综合考评办公室的工作任务中包括定期组织市级机关的"为省直单位服务月"活动。

二、绩效评估的流程与要素：杭州经验

新公共管理理念下的政府绩效评估有两个重要导向：绩效导向，政府官员不再仅仅对规则负责，更需要对结果负责；公民导向，绩效评估强调公共责任，提高公众对政府的信任和支持，需要体现服务和顾客至上的管理理念。杭州市的综合考评体制设计中体现了上述两个导向，综合考评由目标考核、领导考评、社会评价、创新创优目标四个部分组成，社会评价分值50分，目标考核分值45分，领导考评分值5分，创新创优考核为加分项目，占2分，总分为"100+2"。在"目标考核"和"创新创优目标考核"两个部分考核政府部门的目标完成和主动创新情况，在社会评价部分反映公众对政府部门绩效的评价和工作意见，设置"领导考评"环节以提高被考评部门对综合考评结果的重视。杭州市综合考评的总体流程见图11。[1]

具体说来，政府绩效评估包括评估主体、评估客体、评估内容、评估标准、评估方式和评估结果的反馈和运用六个主要环节，我们可以从这六个环节来分析杭州市综合考评机制的特点。

首先是评估主体构成，即谁来评估。绩效评估的参与性如何在评估主体的构成中得到直接体现，评估行为的组织者和发动者可以是上级政府、本级政府、部门内部、专家学者、独立的社会团体、普通公众等多种可能。杭州市的综合考评是由一级政府组织的对本级政府各部门的考核，其功能定位不同于人大对本级政府的考核和监督，不同于专业的审计监察部门，也不同于各职能部门的上级主管单位主持的行业内部考核，更多地强调综合性和社会性。在评估主体的设置上，杭州市的做法是社会评价、目标考核、领导考评、创新创优目标考核分别由不同的主体来执行，力图使综合考评的结果能够反映

---

[1] 资料来源：《杭州综合考评资料汇编》。

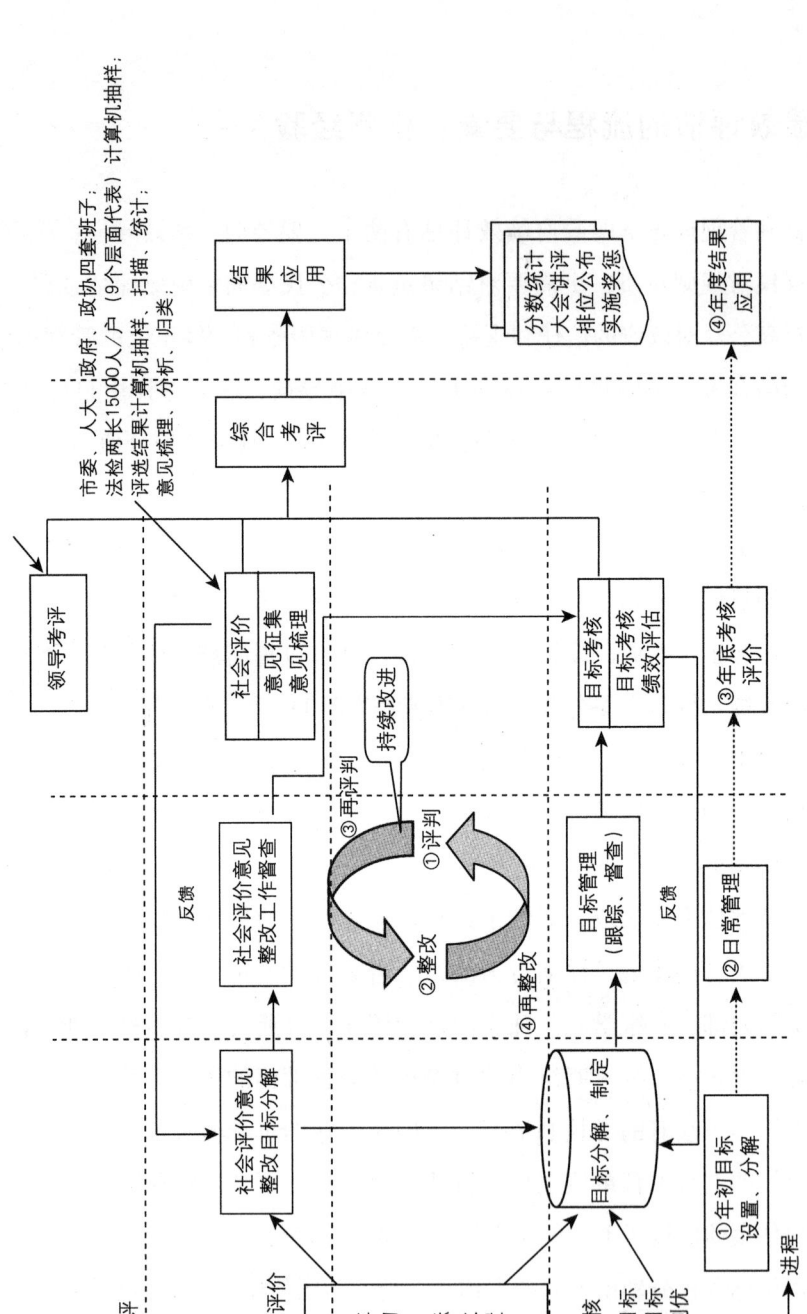

图11 杭州市综合考评流程示意图

多个群体的意见。每年一次的社会评价由党代表、人大代表、政协委员、省直机关、老干部、专家学者、行风评议代表、区县（市）四套领导班子成员、区县（市）的部委办局及街道（乡镇）党政（包括人大）负责人、社区党组织和居委会负责人、企业代表、市民代表等9个群体的15000人组成，其中普通市民10000人。目标考核工作因其专业性和复杂性，需要由综合考评办工作人员与被考核部门共同完成目标设置工作，考核结果的审查也需要被考核部门的配合，考核主体为综合考评办的专职工作人员。领导考评由市四套班子领导和法院、检察院两院院长打分。创新创优目标考核主要由考评办工作人员核验、专家评估。总的来说，杭州市综合考评机制在主体设置上实现了考核主体多元化原则。

其次，评估客体构成，即谁接受评估。政府绩效评估的对象可以是个人也是组织，可以是机构也可以是机制。目前，各地政府推行绩效评估的重点不同，有的地方侧重对领导干部个人政绩考核，有的地方侧重对以部门为考核对象，杭州市综合考评以政府部门为考核对象。2007年杭州市综合考评办的工作对象为市直部、委、办、局及有关单位，共计114家，根据部门工作性质和内容的不同，这114个部门分为综合考评单位、非综合考评单位、国有企业三类。公众对不同政府部门接触机会不同，存在信息不对称问题，在综合考评单位中又分为社会服务相对较多的政府部门、社会服务相对较少的政府部门和党群部门，不同类型政府部门的社会评价系数不同。非综合考评单位中分为征求意见单位和不参加社会评价单位。将社会服务较多的政府部门与社会服务相对较少的政府部门分开考核，有助于评估的公平性，减少来自被考核部门的改革阻力。

第三，评估内容，即考评什么。绩效评估的前提是明确政府工作范围和工作职责，目前地方政府的很大一部分工作内容是应对临时性的非常规任务，部分工作任务甚至是超越政府职责范围的。在政府的工作职责内制定合理的目标考核指标，不仅可以提高政府对公众的回应性，也是给政府减负，提高政府管理和服务能力。通过一个地方政府设置的绩效评估内容和标准，可以看出该政府的执政价值取向，服从上级、效率、秩序、社会公平、民主等基本价值标准的优先顺序设置反映政府的职能定位。杭州市综合考评的内容见表1。[1]

表1 综合考评内容一览表

总体指标	分项指标	考核或评价指标内容	组织单位	分值
目标考核	职能工作目标 一类目标	市委、市政府确定的年度重点工作任务	市考评办	35分
	职能工作目标 二类目标	各单位职责范围内事关全市的重点工作		
	职能工作目标 三类目标	其他涉及面广的综合性工作任务		
	职能工作目标 四类目标	创新、创优工作目标	市考评办	加减分
	共性工作目标 领导班子建设	领导班子年度考核情况	市委组织部	4分
	共性工作目标 党风廉政建设	违纪、违规、违法案件查处情况	市纪委（市监察局）	3分
	共性工作目标 机关文明和效能建设	"96666"投诉查办和明察暗访情况；信访和"12345"工作情况；机关文明建设工作	市效能办、市信访局（"12345"公开电话受理中心）、市文明办	3分
领导考评	总体工作实绩	主要考评各单位工作目标和市委、市政府交办任务的完成情况	市考评办	5分
社会评价	服务态度和工作效率	主要评价各单位服务的态度与质量、工作效率等情况	市考评办	50分
	办事公正和廉洁自律	主要评价各单位办事的公正与公平、廉洁守法等情况		
	工作实效和社会影响	主要评价各单位工作的业绩与效果、社会反响情况		
合计				100分

---

1. 资料来源：《杭州市综合考评资料汇编》。

社会评价的内容是各被考核单位的"服务态度和工作效率、办事公正和廉洁自律、工作实效和社会影响",但不局限于公众给政府部门打分,更有意义的部分是请公众对参加综合考评的市直单位和部分不参加综合考评的单位提出具体意见和建议,并有针对性地征求公众对杭州市破解"七难问题"进展的意见[1]。目标考核的内容是考核市级机关单位职能工作目标和共性工作目标的完成情况。领导考评的内容是市直单位职能工作目标和市委、市政府交办任务的完成情况,由市四套班子领导和法院、检察院两院院长对市直单位的总体工作实绩作出综合考评。创新创优目标考核在2006年提出,目的是在常规工作目标考核之余鼓励政府部门主动创新,2007年,在各单位自愿申报的基础上,确定了75个相关政府部门主动转变职能或完善运行机制的创新创优目标。

第四,评估标准。政府绩效评估标准的设置极其复杂,这一环节是政府绩效考核工作中最关键也是争议最大的部分,目前各地政府实施的考核标准差异较大,尚没有一套政府绩效考核标准获得普遍认可。1973年,美国尼克松政府颁布的"联邦政府生产率测定方案"共包括3000多个绩效指标,统计分析工作极其烦琐。中国人事部"中国政府绩效评估研究"课题组2004年提出的地方政府绩效评估指标体系虽然只包括3个一级指标、11个二级指标、33个三级指标,[2]但在可操作性问题上引来较大争议。在政府绩效评估如何克服主观性较大的问题上,也是杭州市综合考评工作中的难点。如,在目标考核环节,各部门的工作目标主要以部门自报为主,考评办的工作人员不可能熟悉每个部门的工作标准,这样目标考核的主动权实际掌握在

---

1. "七难问题"指杭州市2002年在对社会各界提出的意见建议梳理、归纳中发现"困难群众生产就业难、看病难、上学难、住房难、行路难、停车难、清洁保洁难、办事难"等七个民生问题是群众最关心的问题,因而提出破解"七难"的政府工作目标。
2. 2004年国家人事部"中国政府绩效评估研究"课题组提出的地方政府绩效评估指标体系共分3层,由职能指标、影响指标和潜力指标构成一级指标,3个一级指标由11个二级指标构成(职能指标下设经济调节、市场监管、社会管理、公共服务、国有资产管理5个二级指标,影响指标下设经济、社会、人口与环境发展3个二级指标,潜力指标下设人力资源状况、廉洁状况、行政效率3个二级指标),11个二级指标由33个三级指标构成。

被考核部门手中。领导考评部分也同样存在主观性较大的问题，采用5分制标准评分法，设置"1—5分"五个档次，具体评分标准见表2。杭州市综合考评的实践经验表明不同部门在目标考核和领导考核两个环节中的分数差距不超过1分，这在一定程度上反映出目标考核和领导考评结果信度不高。相比较而言，不同部门的社会评价分数最高与最低之间可相差7分。但是，在社会评价环节中以定性评估为主，公众对政府部门的评价以整体印象为基础，区分为满意、比较满意、基本满意、不太满意、不满意五个等级，存在效度不足问题。

表2　领导考评的评分标准

分值	评分标准
5分	能出色完成各项工作和市委、市政府交办任务，创新创优成绩突出，社会效果好
4分	能较好地完成各项工作和市委、市政府交办任务，社会效果较好
3分	能完成各项工作目标和市委、市政府交办任务，社会效果一般
2分	没有如期完成部分工作目标和市委、市政府交办任务
1分	没能完成工作目标和市委、市政府交办任务，影响全局工作

五是评估方式，即以何种方式开展绩效评估，这涉及绩效评估的组织和实施。目标考核和领导考评两个环节属于内部考核，评估工作进展障碍较小。如果保证社会评价环节中的公众参与率？2006年度杭州市考评办的社会评价表发出14447份，回收14386份，回收率为99.58%，各层面提出的意见建议经梳理归并后为4698条。2007年发出社会评价表14786份，回收14762份，回收率99.84%，收集到的意见经梳理归并后为5122条。[1]10000份由普通市民填写的社会评价表回收率很高的原因在于有效的"回收机制"，10000份填写人分成200个小组，50人为一小组，每个小组内招募1名付少量薪酬

1.《2007年度杭州市市直单位综合考评社会评价意见报告》。

的志愿者，这位志愿者与其他小组内成员居住在相同社区或街道内，有效保障了问卷回收率，此外，每位填写评价表的市民均会收到组织方表示感谢参与的小礼物。除了社会评价高回收率外，杭州市在评估活动的实施过程中有两个热点：一是实行先评后考，即先进行社会评价，再实施目标考核和领导考评，将年度社会评价中征集到的各类意见作为市直单位目标考核时的重要参考依据，以增强目标检查考核的针对性，同时也有利于社会评价意见的整改。二是2007年开始试行网上评议，依托市民邮箱，试行市直单位公众满意度网上评议，评议结果暂不计入社会评价总分，但对群众通过网上评议系统提出的意见建议，经过梳理汇总后，一并纳入社会评价意见整改范围。

绩效评估的最后环节是评估结果的运用，绩效评估的目的是通过评估提高政府管理效率和服务质量。评估结果可以公开透明也可以内部把握，可以是走完形式后束之高阁也可以科学利用作为改进内部管理的诊断书、部门及工作人员的奖惩依据。杭州市综合考评项目在绩效评估结果利用方面的经验在下一部分作为创新的意义单独讨论。

三、绩效评估结果的运用

绩效评估的结果是进行绩效评估的价值所在，对绩效评估结果的利用程度和利用方式直接影响评估本身的功能和权威性。绩效评估结果的利用中可能会出现两个极端：一是绩效评估结果使用形式化，绩效评估结果与奖惩、资源配置等绩效管理环节相脱节；二是绩效评估结果使用高压化，采用"一票否决"、"末位淘汰"等激进措施往往导致被考核对象杜撰假数据、假信息来应付。这两种运用绩效评估结果的方式都脱离了绩效评估的本义。一些发达国家运用绩效评估结果进行绩效管理的经验大致包括五个内容：一是将评估结果用于优化政府预算配置，不再仅仅依照法律规定的份额进行编制，而是以政府绩效评估结果为依据编制预算、执行预算、审查预算。[1] 二是将评估结果与政府雇员的薪金、晋升等因素挂钩，用于政府雇员的考核和管理。三是把绩效评估结果作为推行政府管理体制改革特别是机构改革的重要依据。四是把绩效评估结果引入政府工作的计划，根据评估结果有针对性地提高公共产品和服务质量，改善政府形象。五是运用绩效评估结果比较个人、组织以及不同项目之间的绩效水平，扩大竞争性，即实施标杆管理，目前深圳地区正在试点标杆管理模式。

在上述五种运用绩效评估结果的方式中，杭州市综合考评项目采用的工作方式有两种：一是将评估结果与被考核部门工作人员的部分奖金挂钩，以激励为主，尚没有制度性的惩罚规章。二是社会评价与目标考核相整合，建立"评价—整改"机制，即要求被考核单位根据社会评价意见提出部门整改目标，实现以绩效评估促进政府流程再造和职能转变。2006年度社会评价意见集中在9个民生问题上，在2002年提出的"七难"问题上增加了"食品安全"和"环境保护"两个问题。根据社会评价意见，杭州市政府提出破解"7+2"的工作目标，要求各相关政府部门2007年的工作任务包括依据社会评价进行整改和创新工作，取得了明显的效果。如，在破解"困难群众生活就业难"问题上，制定出台了《杭州市基本医疗保障办法》和《杭州市基本养老保障办法》，并于2008年1月1日起正式实施；重点帮扶"零就业家庭"的失业人员和"4050"失业人员就业，目前杭州已基本消除"零就业家庭"；启动物价补贴，提高困难群众、弱势群体、低收入阶层生活水平。在破解"上学难"问题上，实施了全市城乡义务教育免杂费及市区农村学校义务教

---

1. 美国1993年颁布的《政府绩效与成果法令》（The Government Performance and Results Act, GPRA）要求美国所有的联邦机构都要制定一个至少包括未来5年工作目标的战略规划，并将战略计划分解成年度执行计划，同时每年都要对年度计划执行的结果进行评价，形成年度计划执行情况报告。战略规划、年度执行计划、年度执行计划情况报告提交给国会中相应的专门委员会、美国审计总局以及行政管理和预算局。各机构的规划制定情况及工作绩效的评估情况与第二年的财政预算分配挂钩。美国的绩效管理思路是运用财政预算杠杆调节政府部门的工作绩效。

阶段免课本费和作业本费,推行名校集团化办学等举措,2007年全市义务教育阶段学生免杂费1.49亿元,免课本费、作业本费4465.7万元,资助困难家庭学生数达10.3万余人次,金额达4434万元,新增进城务工人员子女学校9所,中小学名校集团化覆盖率达到54%。在破解"办事难"问题上,启动新一轮行政审批制度改革,推广市国土局"当场办证"、市国税局"同城通办"经验,认真组织"示范行政服务中心(办事大厅)"的检查、评选工作。目前杭州市行政服务中心已设置对外服务窗口62个,13个区、县(市)都已建立行政服务中心,206个街道乡镇建立了便民服务窗口,4132个行政村(社区)建立了便民服务室。

总的来说,从杭州市综合考评项目的实践来看,整合了目标管理、社会评价、领导考评的绩效评估创新有助于提高政府行政效率、服务意识,给公众的参与权和表达权提供了实现平台,也在一定程度上促进了民生问题的解决。但是,在综合考评的执行过程中以及综合考评结果的运用上,都还存在一些问题:多评估主体之间的信息互通问题,由一级政府组织的综合考评是在监督本级政府运行的人民代表大会及其常务委员会、考核公务员个人绩效的人事部门、考核部门绩效的监察审计部门等已有的绩效活动之外设置的政府绩效考核活动,这种做法便于提高绩效考核的综合性和规范性,但为了避免重复劳动和增加运行成本,专业的绩效考核部门可以考虑如何充分整合现有制度资源,提高考核指标设计的专业性,条件具备的领域委托非政府机构评估,办事不养人,有些问题可以只公开数据,由外部评估。考评内容和考评指标设计的局限性问题,目前的考评内容以是否完成工作任务和机关工作作风为主,对政府工作绩效的量化考核不足。考评过多关注政府活动投入,结果导向欠缺,绩效指标必须含有外部性,例如选择"办事时间"、"犯罪率"、"事故率"、"车辆通行率"、"水清洁度"、"空气质量"等带有明显的外部性特征作为目标考核环节的指标以测度政府绩效比考核出台了多少项政策、投入了多少经费更具客观性,也便于操作。考评结果对被考核部门没有硬约束功能，被考核部门的考评意识、竞争性不足等问题。这些问题的存在有考核指标设计等技术上的原因、减少改革阻力等现实的考虑，但更主要原因在于绩效考核工作的大环境，即，由地方政府推动的绩效考核在深入推进过程中会遭遇很多非本级政府所能克服的制度性障碍。

四、讨论：绩效评估发展的制度性局限

美国政府1993年颁布《政府绩效与结果法》，英国政府1997年颁布的《地方政府法》中明确规定地方政府绩效评估的机制和规章，日本政府2002年出台《政府政策评价法》。相较于这些国家来说，中国政府绩效评估工作在国家层面上的法规建设还是空白，政府绩效评估的依据仅限于中央政府的报告要求和党内的规范性文件，没有权威、稳定的法制化与制度化准则，绩效评估实践也基本上停留在地方政府层级，没有统一的考核规则。政府绩效评估改革是涉及多部门多机制的系统工程，只有国家层面上的立法才可能实现"条块"互动，真正使政府绩效评估走上科学化、制度化和常规化的道路。除了填补法规上的空白之外，推动政府绩效管理还需要一系列配套机制的完善，正是这些配套机制的不完善局限了政府绩效评估改革的深入。

现有条块分割体制给政府绩效考核工作的深入造成了很大障碍。职能部门在由地方政府组织的绩效考核中竞争意识和压力意识不足，而由行业主管部门组织的绩效评估属于自上而下"控制型"评估，评估信息的利用往往以"内部消费"为主要形式，对公众的回应性和责任性不足。从专业性和回应性相统一的角度出发，对政府工作进行综合考评需要整合主管评估、职能评估、领导评估、公众评估等多项内容。职能评估指由财政、审计、监察、司法等具有监督职能的机构在自己职责范围内对各政府部门进行的考核、评估。主管评估是指国务院各部门和直属机构对地方各级人民政府相应工作部门的绩效所进行的评估。由于政府不同部门的业务领域差异较大，由平行部门制定

的考核内容和考核标准的科学性不足,为了提高科学性和降低评估成本,在综合考评过程中需要吸收、利用职能评估和主观评估中的专业信息。

科学的绩效评估非常重要的前提是信息对流机制,因为只有在信息对称的情况下,政府绩效才是可以测量的。内部评估中,需要政府内部信息通畅,特别是部门专业性指标信息的沟通。外部评估中,公众对政府职能和流程的了解是作出判断的前提,2008年5月1日《政府信息公开条例》开始实施,为公众了解和参与政府绩效评估提供了制度基础。但是绩效评估的信息公开机制不应仅仅只落实为在媒体、网站或内部刊物上予以公示,建立机制确保考核过程中和考核结果公示后的民意表达渠道的畅通,才有可能真正通过绩效考核提高政府的回应性。

绩效考核结果的运用与行政问责、部门奖罚、官员选拔任用等机制密切相关。2008年3月中国共产党第十七届中央委员会第二次全体会议通过的《关于深化行政管理体制改革的意见》中正式提出绩效评估结果与行政问责制相结合,为绩效评估结果运用于行政问责制中奠定了制度基础。但是,如何将绩效评估结果与行政问责制相结合的具体政策设计还属空白。此外,政府考核不是为了考核而考核,最根本的目的为了促进政府绩效的提高。创造性运用绩效考核的结果,把绩效考评结果与政府雇员和组织的能力开发相结合也是一种思路。如,英国在公务员绩效评价后,根据公务员被评定的档次,有目的地选送公务员参加学院培训,以此通过绩效评价促进公务员能力的长远发展。

总的来说,推行政府绩效评估涉及相关行政理念、制度模式和管理工具三个层面的转变,行政理念上需要由传统的"管理行政"转向"服务行政",制度设计上需要由单一行政考核、向上负责制转为多元考核、向公众负责制,积极引入企业、社会组织的科学管理手段和管理工具。以这三个转变为标准,当前阶段的政府绩效考核体制仍面临着进一步发展和完善的任务。

让民众成为政府绩效评估体系的主体
——"幸福江阴综合评价指标体系"的创新及其意义

冯 雷

(中央编译局马克思主义研究部)

近年来,各地政府纷纷出台了一些评价指标体系,对促进地区发展、客观评价政府绩效、提高政府治理水平和效能无疑起到了一定的作用。但是,在这些指标体系的制定和实施过程中也存在着许多不能回避的问题,例如评价方法和数据获取往往缺乏科学性和真实性,具体指标设计缺乏创新性,在指标制定和实施过程中缺乏公众参与等。如何克服当前评价指标体系工作中存在的这些不足,在理论和技术层面完善评价指标体系,在实践上正确发挥评价指标体系的导向作用,已经成为政府和专家学者共同关心的问题。在这方面,江苏省江阴市"幸福江阴综合评价指标体系"的做法和经验,给我们提供了一个具有启发意义的研究实例。

2005年,江阴市在江苏省率先实现全面小康达标后,开始思考更深层次的问题:"经济发展为什么?区域领先争什么?小康达标后干什么?"他们得出的结论是:经济发展的最终目的是增进人民幸福。在这个思想指导下,他们提出了建设"幸福江阴"的口号,确定了"五民五好"[1]的努力目标,并通过对"五好"的目标进行分解、细化和量化,制定出"幸福江阴综合评价指标体系",以此作为衡量和引导地区发展、考核政府绩效的重要依据和手段。在实施过程中,相关指标被量化并具体化到对乡镇基层的目标考核体系中,发挥考核的指挥棒作用,推动各项工作。

"幸福江阴综合评价指标体系"的最大特点在于不仅测评地区发展和政府工作的一系列客观指标,而且测评民众的主观满意度和幸福感。换句话说,这种测评方法较之通常的评价体系发生了双重变化,即不仅考评政府做得怎样,而且评估效果怎样;不仅测评"物"的发展状况,而且测评"人"的主观认知。测评内容的这种变化相应地带来了评价指标体系从理念到方法的一系列创新。

一、"幸福江阴综合评价指标体系"的构成和评价方法

(一)"幸福江阴综合评价指标体系"的构成

"幸福江阴综合评价指标体系"的框架是依照"五民五好"的目标设计的。"五民"体现政府的追求,是理性的。相比之下,"五好"反映了百姓的期盼,是感性的。抽象的理念和冰冷的数字往往不易为群众所理解并产生共鸣,他们更加关注的是往往是身边的、易于感受的民生问题,所以,"幸福江阴综合评价指标体系"通过把"五好"的目标具体化和量化,设计出具体的评价指标。

另外,"幸福江阴综合评价指标体系"设计了依据统计数据的客观评价指

---

1. 所谓"五民五好",即:以民生为本,力求个个都有好工作;以民富为纲,力求家家都有好收入;以民享为先,力求处处都有好环境;以民安为基,力求天天都有好心情;以民强为重,力求人人都有好身体。

标和来自民意调查的主观评价指标这两个部分。两个系列的评价指标总体上有机统一，操作上相对独立。（见下图）

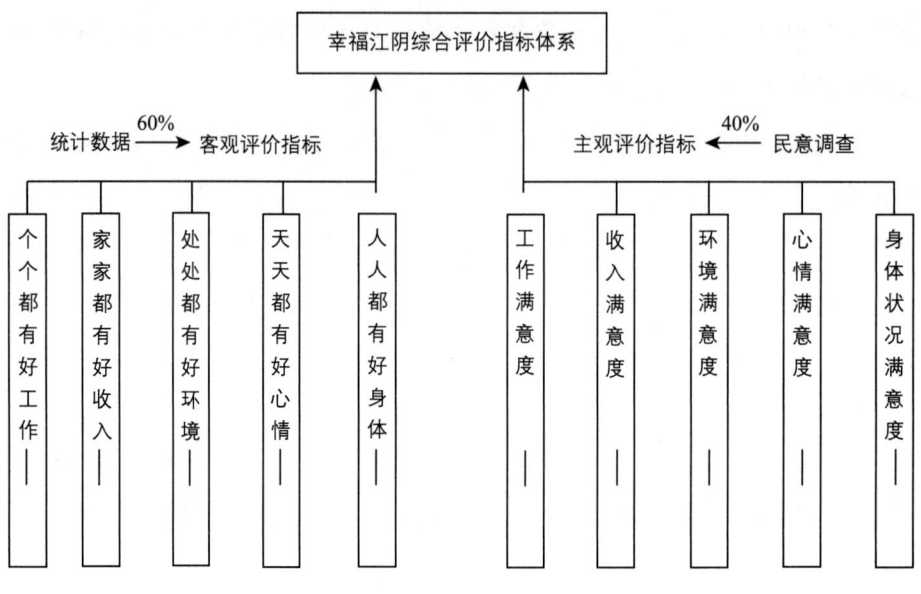

图 12　核心指标数据

客观评价指标以"五好"为 5 个子系统，设计了 26 个一级指标，44 个二级指标。5 个子系统下的 26 个一级指标分别包括：

1. 个个都有好工作。具体指标为：（1）劳动力市场每年提供的就业岗位数；（2）城镇登记失业率；（3）农村调查失业率；（4）农村青壮年劳动力技能培训率。

2. 家家都有好收入。具体指标为：（1）城镇居民户均可支配收入；（2）农村居民户均可支配收入；（3）工资性收入；（4）财产性收入；（5）家庭经营性净收入；（6）社会保险综合覆盖率；（7）基尼系数。

3. 处处都有好环境。具体指标为：（1）城市公共交通分担率；（2）城市绿化覆盖率;(3)森林覆盖率;(4)环境质量综合指数;(5)文明社区占全部社区的比重;(6)安全社区占全部社区的比重;(7)新农村建设示范达标率;(8)人民群众对社会治安的满意率。

4. 天天都有好心情。具体指标为:(1)居民文教娱乐服务支出占家庭消费支出的比重;(2)全社会人均慈善捐款数;(3)城乡居民人均文化公共场馆面积;(4)公益性文化设施达标率;(5)每万人拥有福利院床位数;(6)城镇居民人均住房建筑面积;(7)农村居民人均住房建筑面积。

5. 人人都有好身体。具体指标为:(1)人均受教育年限;(2)每万人拥有医生数;(3)食品检测合格率;(4)人均预期寿命;(5)城乡居民健康档案建档率;(6)体育人口占总人口的比重;(7)城乡居民人均公共体育设施面积。

主观评价指标也按照"五好"的标准设计了五个方面的指标,下设33个主要指标和14个辅助指标,重点反映市民的满意度和幸福感,综合体现"五好"的实现程度。

(二)"幸福江阴综合评价指标体系"的评价方法

首先,客观评价指标按相应的评价功能进行归类,对各项指标确定"目标值",并按"赋权法"确定权重,各项指标累计权数设定为100。客观指标的测评由统计局会同相关部门根据当年度完成情况测算出完成状况综合指数。

其次,主观评价指标即民意调查的内容,也分类赋以权重,最后计算综合指数为100。主观指标的测评委托第三方社会专业评估机构进行,通过随机抽取1200户左右市民(或家庭)进行上门问卷调查或电话访问调查等形式获得相关信息,综合反映全市面上的情况。

再次,把客观评价指标和主观评价指标这两个部分合在一起,按客观指标占60%权重、主观指标占40%权重进行加权平均,计算出全市的幸福指数,最后向社会公开发布。

二、"幸福江阴综合评价指标体系"的特点

"幸福江阴综合评价指标体系"具有以下一些明显的特点。

(一) 客观评价和主观评价结合,注重百姓主观满意度评价

"幸福江阴综合评价指标体系"由客观评价指标和主观评价指标两部分组成,之所以加入主观评价指标,并非由于像通常的指标体系那样因为技术原因难以确定客观量化指标(比如服务态度评价,通常的做法也是调查接受者的满意度),而是由于该指标体系以评价幸福度为目的,并确立了"幸福不幸福,百姓说了算"的原则。这样,就必然使该指标体系有别于其他指标评价体系,尤其重视民众的主观感受评价。也是由于同样的原因,该指标体系中主观评价指数所占权重达到40%之多。现在,该指标体系的制定者们正在考虑将主观评价指数的权重提高到50%以上。

(二) 着重关注民生问题

在"幸福江阴综合评价指标体系"中,与家庭和个人直接相关的指标数达到了80%以上。该指标体系的制定者之所以如此突出民生指标的比重,正是为了贯彻"发展经济的目的是为了致富百姓、造福百姓"的宗旨。他们明确提出"群众关心什么就考什么",把民众最关心的甚至直接由民众评选出的具体的民生问题纳入指标体系中,从而使该指标体系呈现出明显的以人为本、关注民生的特色。

（三）注重缩小贫富差别、城乡差别

"幸福江阴综合评价指标体系"专门设计了城镇居民户均可支配收入指标，力求解决平均数代替大多数、城市代替农村的问题。指标体系的制定者认识到：平均数不代表大多数，富裕村还有贫困户，统筹城乡发展的重点在农村，难点在农民。他们的目标是：幸福江阴不仅要让富裕户说好，还要让贫困户说好；不仅要让市民说好，还要让农民说好。

（四）把制定指标体系当做动态的过程

一般的指标体系总是在设计时力求完美，一旦完成并实施便很少进行修订。但是，"幸福江阴综合评价指标体系"在制定之初就确定了每年进行修订、把制定指标体系当做动态的过程的原则。该指标体系实施以来，每年都开展"幸福江阴"高层论坛和"幸福指标万人大调查"活动，根据实践效果和现实变化，根据人民群众新的利益诉求，以及有关专家学者的意见，对具体指标、相应权重进行合理调整。

（五）委托第三方测评，确保测评结果的科学性、客观性和公正性

由于政府自己承担测评工作很难避免测评结果受人为因素影响，且由于地方政府的评估人员受专业水平所限难以确保评估结果的科学性，因此近两年，江阴市委托第三方测评机构——中郡县域经济研究所对1200个样本进行调查和分析，通过测评的"去行政化"，确保了测评结果的科学性、客观性和公正性。这在目前国内实施的各种政府绩效考核中，还是很少采用的一种先进的方式。

三、"幸福江阴综合评价指标体系"的创新之处

"幸福江阴综合评价指标体系"的创新性主要体现在以下三个方面。

(一)"幸福江阴综合评价指标体系"体现了新的发展观

改革开放以来,发展成为我国经济社会活动的主题,人们的发展观念也随着实践的变化而不断进步。最初人们所理解的发展基本限于经济领域,所谓发展就是指经济不断增长。后来随着经济持续发展和人民物质生活水平的普遍提高,民众的政治诉求和文化需求变得日益突出。这使人们意识到发展不仅仅意味着实现经济增长,而且要实现经济、社会、文化的综合发展。进入 21 世纪,人们的发展观又前进了一步,不仅重视经济和社会的可持续发展,更关心生态环境的可持续性,人与自然的和谐发展成为当今社会追求的目标。多年来各种社会发展指标体系的制定,体现了发展观的逐渐深化过程。

但是,发展是否就是最终目的?换句话说,制定评价指标体系是否就是为了进一步加快发展呢?在这个问题上,"幸福江阴综合评价指标体系"向我们展现了一种新思路。前面我们已经提到,江阴市之所以推出幸福指数评价体系,正是因为江阴市在江苏省率先实现全面小康达标后,他们给自己提出了一个更深层次的问题:"经济发展为什么?"他们的回答是:发展的根本目的是为了造福于民,让人民群众过上幸福的、满意的生活,具体来说就是生活富裕、精神愉快、身体健康。于是,他们把通常流行的测评综合发展水平的指标体系,改成了测评人民群众幸福程度的指标体系,以"工作好、收入好、环境好、心情好、健康好"这五个方面的满意度为框架制定出了"幸福江阴综合评价指标体系"。

因此,不难看出,"幸福江阴综合评价指标体系"的制定和实施,不仅是

转换了一种指标评价体系,而是实现了评价标准从过去笼统的经济社会发展程度到人民是否幸福满意的根本转变,意味着一种以人民幸福为明确目的的新的发展观正在形成。

(二)"幸福江阴综合评价指标体系"体现了新的执政理念

"幸福江阴综合评价指标体系"并不仅仅是为了考核政府绩效而制定的,如前所述,它是为了贯彻发展的目的、是为了增进人民幸福的理念制定的,同时,也是为了贯彻执政为民的理念制定的。这个特点充分体现在"幸福江阴综合评价指标体系"的制定和实施的全过程中。

首先,在指标设计阶段,就充分地"问需于民"、"问计于民"。民生的需求就是发展的目标。对每年民生五大类39个指标设置,包括与之相对应的为民办的10件实事,都通过大讨论,通过对江阴市公共服务呼叫中心"12345"民生热线受理的10多万件市民诉求件和建议件的研究分析,通过书记、市长信箱、社情民意、群众座谈会等途径广泛听取基层群众意见,再进行汇总、梳理、提炼。在选择确定指标阶段,群众关心什么就考核什么。让市民在由干部和专家提供的备选指标中投票选出他们最关注的"幸福指标",在此基础上经过专家学者反复论证,最终形成了"幸福江阴综合评价指标体系"。其次,在指标的测评上也采取"问绩于民"的方法,即由群众参与给政府打分。幸福不幸福百姓说了算。每年随机选取1200个样本,其中1000个本地家庭和200个新市民家庭,由人民群众对权重占40%的主观指标进行评价和打分。再次,在指标体系的修订过程中,仍然听取群众意见。

"幸福江阴综合评价指标体系"的制定和实施,包含了"问需于民"、"问计于民"、"问绩于民"三项内容,概括起来,就是让民众给政府出题目,让民众给政府打分。民众不仅始终参与到这项工作中,而且在制定和实施过程中扮演着重要的角色。它打破了原来"自上而下"的施政理念,以"自上而下、自下而上、再自上而下"的方式，推动"政民互动"，加速政府转型，增进政治民主。"幸福江阴综合评价指标体系"的制定和实施，贯彻了胡锦涛总书记提出的"权为民所用，情为民所系，利为民所谋"的执政理念，是这一执政理念在党和政府实际工作中的具体体现。而由群众参与政府绩效考核的这种做法，在某种意义上来说也体现了权为民所授的更为根本的政治理念。

（三）"幸福江阴综合评价指标体系"对主流指标体系的突破和创新

第一，它是指标体系制定主体的一次创新尝试。评价指标体系通常是由政府和专家制定的，这是由制定指标评价体系的目的及其专业性特点所决定的。但是，"幸福江阴综合评价指标体系"在设计之初就突破了这个惯例。由于该指标体系的制定者确定了"幸福不幸福，百姓说了算"、"群众最关心什么、最关注什么，就考核什么"的宗旨，因此就不能只由干部和专家关起门来制定指标体系，而是要充分发动群众参与到指标体系的设计工作中来。他们在一开始设计指标体系的时候，就通过开展大讨论和公共服务热线等途径广泛听取基层群众意见，再由专家进行汇总、梳理，提炼出50个备选的评价指标。开展"幸福指标大家选"活动，向市民发放15万张选票，让市民在50个备选指标中选出了10项百姓最关注的"幸福指标"。在此基础上，通过座谈会、研讨会，听取和吸收专家学者、干部群众的意见，历经12次修改才最终形成。所以，在某种意义上可以说"幸福江阴综合评价指标体系"是一个由百姓"制定"的指标体系。

第二，它是指标体系构成上的一次创新尝试。通常的指标评价体系由于主要是用于考核工作绩效，因此在制定具体指标的时候，总是力求选择易于明确的、量化的客观指标，而避免使用定性的、因人而异的主观指标。但是，"幸福江阴综合评价指标体系"因为是以测评人们的幸福度和满意度为目的，所以突破了以往指标体系的传统。该指标体系不仅制定了客观评价指标，也制定了主观评价指标，并将两个相对独立的系统合为一体。既注重幸福感受的客观物质基础的测评，也注重百姓对幸福的主观感受的测评，把客观量化指标和主观感受指标有机结合在一起。更有特点的是，该指标体系突出了主观指标在综合评价中所占的权重，使之达到40%之多。他们不仅不担心主观指标的权重过大会降低测评结果的客观性和准确性，反而计划进一步增加主观指标所占的权重，让评价指标体系更凸显了为增进百姓幸福服务的目的。这是评价指标体系构成上的一次非常有意义的创新。

第三，它是指标体系操作程序上的一次创新尝试。通常的指标体系是由政府或专家制定并实施测评，但是"幸福江阴综合评价指标体系"打破了这种封闭的、自上而下的操作程序。市民不仅通过投票的形式参与了确定具体指标的工作，还以权重为40%的主观指标参与了对政府工作的测评工作，并且通过公共服务、市长信箱、群众座谈会等途径提出指标体系的修改意见，间接参与了指标体系的修订和完善工作。这是指标体系操作程序上一种创新。

第四，它是指标体系测评环节的一次创新尝试。通常的指标体系是由政府自己来实施测评的。为了克服这种做法的弊端，保证综合评价数据的客观公正性与科学准确性，自2008年起，江阴市委托北京中郡县域经济研究所进行民意问卷调查，并结合年度经济社会发展情况，对该年度"幸福江阴"建设情况进行综合评价。这种采用政府购买服务方式进行政府绩效测评的举措，是指标体系测评的一次有益尝试。

四、问题及启示

（一）当前评价指标体系普遍存在的问题和困境

由于种种原因，目前各地制定和实施的各类评价指标体系普遍存在着诸多缺陷，例如：

1. 具体指标的内容、标准、权重制定得不合理。造成这种情况的原因很多，有指标体系制定者技术能力不足的因素，但其他因素更多，比如是否对制定者有利往往会成为决定指标取舍、标准高低、权重大小的重要原因。某些方面（例如教育水平）基础条件好的地区，往往倾向于把这类指标的绝对值作为考评标准，并提高其权重。而比较落后的地区，则往往把相对值（比如增长速度）作为考评标准，并提高权重。

2. 指标项目庞杂，往往包含不同依据，缺乏内在逻辑。有些指标来自政府规划，有些指标来自部门职能分工，有些指标来自领导的意见，有些指标又是为了突出地方特色等。指标选择的随意性使得指标体系失去评估的科学性。

3. 指标项目过多。因为很多指标体系是根据考核指标制定的，所以列出的评价指标项目过多。这样就造成了评估成本过大，烦琐的评估工作往往又会导致敷衍了事和弄虚作假。而且更大的问题是指标过多会相互冲突，加上权重不合理，导致最终得出的指数失去可信性。

4. 数据不真实。数据获取体制机制不完善，统计方法不科学，对数据造假也缺少监督，都降低了数据的真实性。

5. 评估主体是政府自己，民众和社会参与度低。由于指标体系大多是政府出资立项、政府主导制定、政府实施评估，所以即使邀请专家参与制定和评估，专家的作用也非常有限，普通民众更是很少参与其中，最终难免变成政府自己"既划船又掌舵"。

指标体系制定和实施中存在的种种问题反映出当前政府治理所处的深层困境，比如政府权力过大、职能不清、政绩观扭曲、科学管理水平低、群众参与度低、公信力差等。这些深层问题不解决，就会影响到指标评价工作的客观性、科学性、有效性。但是这只是事物的一方面。从另一方面来看，尽管在指标体系的制定与实施过程中存在着这些深层问题，但是制定与实施评价指标体系的过程也是不断改进政府工作、推动政治进步的过程。指标评价工作中的每一点具体的改进，每一项科学化、民主化的创新，实际上都具有全局意义和深远的政治影响。这也是"幸福江阴综合评价指标体系"给我们的最大启示。

（二）"幸福江阴综合评价指标体系"的启示——实现"问绩于民"、"问需于民"、"取信于民"三级跳

1．"问绩于民"——从政府或专家评估到公众评估

评估工作一般是由政府专业人员或聘请社会专业机构进行，评估内容主要是比较明确的、易于量化的客观指标，同时也设计一些问卷调查项目作为补充。鉴于评估工作专业性强以及问卷调查存在着被调查者的认知差异等不确定因素，所以由政府专业人员或聘请社会专业机构进行评估的传统方式有其合理性。但是，"幸福江阴综合评价指标体系"作为专门评估公民幸福度的评价指标体系，如果不直接听取民众的声音就显得奇怪了。因此，江阴市在设计指标体系的时候就提出了"幸福不幸福，百姓说了算"的原则。他们每年随机选取1200个样本，其中1000个本地家庭和200个新市民家庭，由群众对权重占40％的主观指标进行评价和打分。尽管这种设计是否完美还值得继续探讨——例如有专家提出不妨把主观指标的权重提高到50％，而依笔者的看法，是40％还是50％其实都没有理论依据，如果就是以测评民众的幸福感和满意度为目的，那么主观指标占100％也未尝不可——但是，设计权重占40％的主观指标的真正意义不在这里，而在于使评估主体发生了变化。无论是政府自评，还是委托第三方评估，通常的评价指标体系基本是把作为最主要的利益相关者的市民排斥在了评估主体之外。而"幸福江阴综合评价指标体系"通过设置主观评价指标的方式，使民众回归到政府工作的评估主体的地位。

同时，评估主体从政府或专家转向公众这一变化还为克服当前评价指标

体系存在的诸多弊端提供了可能。我们已经谈到，当前的评价指标体系往往只考评政府做了什么，而不考核其效果如何；指标体系从设计到实施往往消耗巨大的人力、物力和时间，成本过高；数据的真实性也存在问题；特别是民众对名目繁多的各类评估活动很少关心和了解。而一旦公众成为评估主体，上述这些缺陷和困境就可望从根本上得到改善。

2. "问需于民"——从公众参与评估到公众给政府出题

前面已经提到，在"幸福江阴综合评价指标体系"制定过程中也发生了指标制定主体的变化。通称的评价指标体系是由政府和专家制定的，但是，"幸福江阴综合评价指标体系"在一开始设计具体指标的时候，首先通过各种方式广泛听取基层群众意见，专家将这些意见总结成50个备选的评价指标，制作了15万张选票发放给市民，让市民从中选出10项百姓最关注的"幸福指标"，最终被运用到评价指标体系中。通过这种方式，实现了评价指标体系的设计主体的变化。当然，在笔者看来，这种做法还可以进一步彻底化，一是全部指标都可以以投票方式由市民来决定；二是每年都可以用这种市民投票的方式重新制定评价指标体系，而不是只在初次制定评价指标体系时这样做。如果这样改进的话，百姓就真正扮演了给政府出题的角色，而政府和专家恰如其分地成了执行者和配角。

同时，公众成为指标体系制定主体也为克服当前评价指标体系存在的弊端提供了可能。如前所述，现行各类指标体系存在着指标项目过多过杂、内容和标准以及权重不合理、随意性很大等问题。而造成这些问题的深层原因，既有政府方面的因素，也因为专家在指标体系制定方面存在着理论和方法上的欠缺。而一旦公众成为指标体系的制定主体，就有可能有效地避免陷入上述困境。

3. "取信于民"——从公众给政府出题到政府向公众施政承诺

"让民众给政府出题"，"让民众给政府打分"，尽管"幸福江阴综合评价指标体系"的这两项创新举措还只是限于一定程度上和一定范围内，但这个创新的方向却颇具意义。因为政府能够主动让民众来决定——虽然现在还是部分地决定——政府绩效考评的内容，政府去执行和落实，然后政府让民众来评价——虽然现在还是部分地由民众评价——政府的执行情况，这个过程实际上包含了政府对公众的公开承诺，承认公众的监督权利，以及政府接受公众问责等基本要素。在我国，政府或领导者一般不是由普选产生的，因此候选人一般并不公开对选民作施政承诺，这在一定程度上制约着我国责任政府的建设。在这种情况下，江阴市在制定和实施"幸福江阴综合评价指标体系"过程中采取的"让民众给政府出题"、"让民众给政府打分"的做法，为我们提示了一条把我国政治改革引向深入的可能的途径。

参考文献

贾和亭、梁世林主编：《深圳市改革政府审批制度》，深圳：海天出版社1999年版。

贾和亭主编：《率先建立新体制——社会主义市场经济理论与深圳改革实践》，北京：中央编译出版社2000年版。

俞可平主编：《地方政府创新与善治：案例研究》，北京：社会科学文献出版社2003年版。

俞可平主编：《中国地方政府创新案例研究报告（2003—2004）》，北京：北京大学出版社2006年版。

俞可平主编：《中国地方政府创新案例研究报告（2005—2006）》，北京：北京大学出版社2007年版。

俞可平主编：《和谐社会与政府创新》，北京：社会科学文献出版社2008年版。

俞可平主编：《科学发展观与政府创新》，北京：社会科学文献出版社2009年版。

俞可平主编：《中国地方政府创新案例研究报告（2007—2008）》，北京：北京大学出版社2009年版。

俞可平主编：《中国地方政府创新案例研究报告（2009—2010）》，北京：

北京大学出版社 2010 年版。

俞可平：《敬畏民意——中国的民主治理与政治改革》，中央编译出版社 2012 年版。

周天勇：《中国行政体制改革 30 年》，上海：格致出版社 2008 年版。

［美］阿尔蒙德：《比较政治学：体系、过程和政策》，曹沛霖等译，上海：上海译文出版社 1987 年版。

［美］马克·G. 波波维奇：《创建高绩效政府组织》，北京：中国人民大学出版社 2002 年版。

鲍静、解亚红：《科学确定大部门体制改革的推进策略》，载《中国行政管理》，2008 年第 4 期。

陈奇星、毛力熊：《浦东新区政府管理体制创新的目标及路径选择》，载《中国行政管理》，2006 年第 10 期。

李军鹏：《论中国行政体制改革的总体战略》，载《新视野》，2011 年第 3 期。

徐湘林：《行政审批制度改革的体制制约与制度创新》，载《国家行政学院学报》，2002 年第 6 期。

吴江：《我国政府机构改革的历史经验》，载《中国行政管理》，2005 年第 3 期。

应松年：《行政审批制度改革：反思与创新》，载《人民论坛. 学术前沿》，2012 年第 3 期。

浙江省杭州市综合考评办公室：《杭州市综合考评资料汇编》，2007 年版。

Al Gore. *Report of the National Performance Review*：*From Red Tape to Results*：*Creating a Government That Works Better and Costs Less*. Washington，D. C. 1993.

Charles K. Coe. *Performance Measurement*：*Grading Report Cards and Single Performance Measurement*. Paper of the 2001 Annual Meeting of the American Political Science.

Christopher Hood. Comparative Public Administration. Vol. 1, Dar Ermonth Publishing Grop, 1998.

Donald F. Ketti, Putting Performance Measurement to Work in the Federal Government. Paper of the 2001 Annual Meeting of the American Political Science.

Joseph S. Wholey, Kathryn E. Newcomer. *Improving Government Performance: Evaluation Strategies for Strengthening Public Agencies and Programs.* Jossey-Bass Inc Pub; 1 edition (January 1989).

Tjerk Budding. *Decentralization, Performance Evaluation and Government Performance.* AAA 2009 Management Accounting Section (MAS) Meeting Paper, July 2008.

后　记

理论研究还是实证研究？定性研究还是定量研究？案例研究还是调查研究？选择某个研究路径和研究方法时，研究问题、研究条件以及信息渠道如何是决定性要素。从机构改革、行政审批制度改革、电子政务到政府绩效管理，效率政府理念在中国的实践形式与发展内容如何？是本书最重要的研究问题，这一研究问题决定了本书主要由描述性案例研究和解释性案例研究构成。本书内一个个单案例研究为我们呈现了相关案例现象及其情境的描述，并解释了事情是如何发生的。

社会科学界已经习惯于定性研究和定量研究的二分法思维方式，案例研究被视为处理不充分论据的定性研究，其价值远低于以大量数据为基础的、科学的定量研究。在实际操作中，因其耗时更短、出成果更快，单案例研究成为实证研究中最受青睐的一种方法。但实际上，一个好的案例研究必须有坚实的理论基础和清晰的理论脉络，同时实现描述、解释和探索三个功能，即，同时解答"是什么"、"为什么"、"如何走"三个问题。本书收录的单案例研究大多只回答了"是什么"，对"如何走"的对策性研究热情也很大，但对于更宏观层面上的"为什么"以及该案例的理论意义涉猎甚少。

把多个同一主题的单案例研究收录成书，最大的意义是可以在一定程度上实现多案例研究的目的，成就了探索性案例研究的可能。本书试图探索效率政府建设过程中展示出的中国改革的改革逻辑和改革路径，以及其对中国整体政治生态的折射和影响。但最大的遗憾是，这一多案例研究的设计并不是开始于诸多单案例研究之前。希望这一遗憾在下一研究计划中不再出现。

写作这一后记时,笔者正身处"中德之桥交流营",15名中国营员、15名德国营员,跨文化交流可以给彼此带来新鲜的视角和深度的相互理解,研究也是如此,超越方法论上的二分法,跨界研究可以带来更多的惊喜。

2013年6月3日

于德国柏林法国街

图书在版编目(CIP)数据

效率政府/陈雪莲主编. —北京:中央编译出版社,2013.8
(中国的民主治理:理论与实践/俞可平主编)
ISBN 978-7-5117-1730-6

Ⅰ.①效…
Ⅱ.①陈…
Ⅲ.①国家行政机关–行政管理–研究–中国
Ⅳ.①D630.1
中国版本图书馆 CIP 数据核字(2013)第 178049 号

效率政府

出 版 人	刘明清
出版统筹	薛晓源
学术统筹	陈家刚
责任编辑	苗永姝
责任印制	尹　珺
出版发行	中央编译出版社
地　　址	北京西城区车公庄大街乙 5 号鸿儒大厦 B 座(100044)
电　　话	(010)52612345(总编室)　　(010)52612335(编辑室)
	(010)66161011(团购部)　　(010)52612332(网络销售)
	(010)66130345(发行部)　　(010)66509618(读者服务部)
网　　址	www.cctphome.com
经　　销	全国新华书店
印　　刷	北京印刷一厂
开　　本	787 毫米×960 毫米　1/16
字　　数	219 千字
印　　张	19
版　　次	2013 年 8 月第 1 版第 1 次印刷
定　　价	60.00 元

本社常年法律顾问:北京市吴栾赵阎律师事务所律师　闫军　梁勤
凡有印装质量问题,本社负责调换。电话:(010)66509618